清华通识文库

王 路 著

读不懂的
西方哲学

清华大学出版社
北京

内容简介

"being"是西方哲学最核心的概念，关于它的翻译，国内已经讨论多年。究竟是把它翻译成"存在""有"，还是翻译成"是"，看法各异。本书认为，翻译的基础是理解，如何翻译恰好反映了如何理解西方哲学。本书作者主张以"是"来理解和翻译"being"，并且在西方哲学的研究中把这样的翻译和理解贯彻始终。

本书以柏拉图的《泰阿泰德篇》、亚里士多德的《形而上学》、胡塞尔的《逻辑研究》、海德格尔的《形而上学导论》中的论述为例，并以国内一些学者关于海德格尔和托马斯·阿奎那的讨论为例，具体而深入地探讨为什么以"是"而不是以"存在"来翻译"being"及其相关概念乃是一个至关重要的问题，以及为什么这个问题归根结底是如何理解西方哲学的问题。

本书适用于哲学专业师生及哲学爱好者。

版权所有，侵权必究。举报：010-62782989，beiqinquan@tup.tsinghua.edu.cn。

图书在版编目（CIP）数据

读不懂的西方哲学 / 王路著.—北京：清华大学出版社，2022.5
（清华通识文库）
ISBN 978-7-302-60528-7

Ⅰ.①读… Ⅱ.①王… Ⅲ.①西方哲学 Ⅳ.①B5

中国版本图书馆CIP数据核字（2022）第056448号

责任编辑：梁 斐 张维嘉
封面设计：常雪影
责任校对：欧 洋
责任印制：刘海龙

出版发行：清华大学出版社
网　　址：http://www.tup.com.cn, http://www.wqbook.com
地　　址：北京清华大学学研大厦A座　　邮　　编：100084
社 总 机：010-83470000　　邮　　购：010-62786544
投稿与读者服务：010-62776969, c-service@tup.tsinghua.edu.cn
质量反馈：010-62772015, zhiliang@tup.tsinghua.edu.cn

印 装 者：三河市金元印装有限公司
经　　销：全国新华书店
开　　本：165mm×235mm　　印　张：19.25　　字　数：273千字
版　　次：2022年5月第1版　　印　次：2022年5月第1次印刷
定　　价：78.00元

产品编号：094238-01

序

中国人学习西方哲学，绝大多数是从阅读翻译著作开始的。译著经过语言转换，把一些不同于我国思想文化的东西呈现出来。人们希望读懂它们，吸收有益的思想，扩展自己的视野，丰富自己的知识结构，为我所用。所以，读懂大概是首要的，也是最重要的。

西方哲学著作的中译者通常具有专业背景。大多数人建立专业背景的过程也是从阅读译著开始的，即使对于专业人士来说，读懂也是至关重要的。

不少专业人士可以直接阅读外文，出国学习，学成归国，但这多是有了一定专业背景之后的事情。或者说，他们良好的专业背景有一部分是通过阅读译著建立起来的，即使阅读外文著作，这部分专业背景依然会起作用，甚至影响到理解。所以，读懂始终是重要的。

所谓读懂，指的是人家说的是怎么一回事，你把它理解成怎么一回事。如果人家说的是这样的，你把它理解成那样的，那就是没有读懂。一个人没有读懂是自己的事情，把没有读懂的东西翻译成文字，结果就会使他人读不懂。即使他人自认为读懂了，实际上也没有读懂，因为译文本身与原文是有距离的，甚至是错误的。

研究西方哲学是以个体方式进行的，却不是个人的事情。在我看来，我们中国人始终有一个不断阅读和翻译西方哲学著作，理解、认识和发展西方哲学研究的过程，我们的西方哲学研究也始终处于这样一个过程中，所以我们应该力求读懂西方哲学著作。这是一切的基础。

西方哲学著作，尤其是形而上学著作，以难懂著称。在我看来，有些问题难懂是思想层面的，有些则是翻译造成的。比如，being 是系词，应该译为"是"，而不是译为"存在"。原因简单而明确："是"乃是系词，而"存在"不是系词，而且 being 是系词，这是西方哲学家的共识。将 being 翻译为"存在"，这肯定是不对的，这样的译文一定会使人读不懂。being 是西方哲学的核心概念，涉及西方的语言和逻辑，这个词翻译错了，西方哲学家对许多重要哲学思想的阐述肯定是读不懂的，至少会大打折扣。但是我国的西方哲学著作大多采用了"存在"这一译语，因而在许多地方都是让人读不懂的。应该看到，这样的译著造就了我国西方哲学的专业背景，培养了一代又一代哲学家，成就了我国西方哲学研究的现状。过去和今天是这样，明天可能依然还会是这样。

实事求是地说，"读不懂"指的是西方哲学著作的翻译问题，反映的问题比较复杂，既有思想文化方面的问题，也有学术观念和学术水准的问题。应该认识到，所谓"读不懂"的问题并不是某一部译著中的问题，也不是某一个人的问题，而是一个具有普遍性的问题。正因为如此，指出这一问题，提醒人们注意和重视这个问题，揭示这一问题的根源，给出纠正办法，不仅是有意义的，而且具有学术价值。归根到底，这涉及如何理解西方哲学的问题，涉及如何更好地发展我国哲学研究的问题。

衷心感谢清华大学出版社梁斐和张维嘉女士为出版本书付出的辛劳！

衷心感谢清华大学出版社所有为出版本书付出辛劳的同志！

王路

2022 年 2 月

目 录

引 言 ……………………………………………………………（1）

第一章 柏拉图的《泰阿泰德篇》 ……………………………（5）
  一、关于人是万物的尺度 …………………………………（5）
  二、关于感觉与判断 ………………………………………（15）
  三、应该是"是",而不是"存在" ………………………（29）
  四、是与真 …………………………………………………（40）
  五、为什么是"是",而不是"存在"？ …………………（56）

第二章 亚里士多德的《形而上学》 …………………………（67）
  一、存在是什么？ …………………………………………（67）
  二、最确实的原理及其论证 ………………………………（72）
  三、词典解释 ………………………………………………（83）
  四、实体与存在 ……………………………………………（87）
  五、是本身 …………………………………………………（95）
  六、矛盾律及其论证 ………………………………………（101）
  七、"是"一词的解释 ……………………………………（112）
  八、是与实体 ………………………………………………（116）
  九、《形而上学》的主要思想 ……………………………（124）

第三章 胡塞尔的《逻辑研究》 ………………………………（130）
  一、科学与知识 ……………………………………………（130）
  二、规范科学 ………………………………………………（136）
  三、系词及其表述 …………………………………………（145）

四、起源……………………………………………………（154）
　　五、为什么是"是"，而不是"存在"？…………………（161）

第四章　海德格尔的《形而上学导论》…………………………（169）
　　一、问题的提出………………………………………………（169）
　　二、"是"与"在"有什么关系？……………………………（177）
　　三、如何理解"在"与"思"？………………………………（186）
　　四、应该是"是"，而不是"在"……………………………（192）
　　五、为什么是"是"，而不是"在"？………………………（214）

第五章　读不懂的解读……………………………………………（221）
　　一、关于海德格尔的论述……………………………………（222）
　　二、关于托马斯·阿奎那的论述……………………………（231）
　　三、几点思考…………………………………………………（241）

第六章　一脉相承的"是"………………………………………（247）
　　一、语言………………………………………………………（247）
　　二、语言与语言所表达的东西………………………………（254）
　　三、"是"与"存在"…………………………………………（261）
　　四、逻辑与哲学………………………………………………（270）
　　五、"是"与知识……………………………………………（279）
　　六、中西差异…………………………………………………（285）

参考文献……………………………………………………………（297）

引 言

围绕西方哲学中的"being"①，国内已经讨论多年。究竟应该把它翻译为"存在""在"或"有"，还是翻译为"是"，看法各异。翻译的基础是理解。所以我一直认为，围绕这个概念的讨论，归根结底，还是如何理解西方哲学的问题。

我主张以"是"来理解和翻译"being"，并且在西方哲学的研究中把这样的翻译和理解贯彻始终②。人们批评的一种所谓"从古到今，一'是'到底"的观点③，大概就是指我的这种看法。与此形成对照的是，有人认为，应该按照不同的语境来理解西方哲学，根据不同的语境而采取不同的译名④。按照这种观点，有些地方应该把 being 翻译为"是"，有些地方应该把 being 翻译为"存在"。有人就明确指出，亚里士多德的理论应该用"是"，黑格尔的理论应该用"有"，而海德格尔的理论应该用"存在"⑤。

---

① 本书以英文"being"一词表示西方哲学中与它相应的词，包括希腊文中的"einai"和德文中的"Sein"（以及拉丁文中的"esse"）等等。在有明确说明的语境中，"being"可以只是指英语中的这个词，而在没有明确说明的语境中，"being"也可以指希腊文中的"einai"或德文中的"Sein"。因此，并不排除在专门论述某一哲学家的思想时可能会使用他所使用的语言，比如在谈论海德格尔时可能会使用"Sein"一词。
② 参见王路:《"是"与"真"——形而上学的基石》，北京，人民出版社，2003年。
③ 参见赵敦华:《中国的西方哲学研究中的十个误解——从 Being 的意义谈起》，《哲学动态》2004年第10期，第8页。
④ 例如参见王晓朝:《读〈关于"存在"和"是"〉一文的几点意见》，载《Being 与西方哲学传统》上卷，宋继杰编，保定，河北大学出版社，2002年，第48—54页。
⑤ 参见赵敦华:《"是"、"在"、"有"的形而上学之辨》，载《学人》第四辑，南京，江苏文艺出版社，1993年，第391页。

表面上看，我的观点比较极端，上述其他观点比较灵活。但是我认为，这里的根本区别仍然在于对"being"的理解。直观上看，同样一个 being，之所以能够此处译为"是"，彼处译为"存在"，还不是凭借译者的理解？同样一个 being，之所以把亚里士多德的论述译为"是"，把黑格尔的论述译为"有"，把海德格尔的论述译为"存在"，总不会是因为亚里士多德使用的是希腊文，而后者使用的是德文，也不会是因为黑格尔使用的是古体德文"Seyn"，而海德格尔使用的是现代体的德文"Sein"（尽管他有时也用"Seyn"一词）吧！因此，这里最根本的问题还是理解。

与过去一直以"存在"来翻译和理解 being，甚至不假思索相比，今天能够认识并且主张，在一些地方不能而且也不应该把 being 翻译为"存在"，而应该翻译为"是"，无疑是进步。但是我认为这还远远不够。从理解的角度说，关键问题不在于一个哲学家的某一句说的是什么意思、某一段话说的是什么意思，而在于他的主要著作、主要思想、主要论述说的是什么。也就是说，一个哲学家说的"being"是什么，不在于他说的某一句话、某一个段落，而在于他的整个思想、主要思想。而且，我强调把"是"的理解贯彻始终，指的不是对某一个哲学家的理解，而是至少对哲学史上最主要的哲学家，即构成哲学史主体的哲学家的理解。所以我强调，这实际上是如何理解西方哲学的问题。

人们不赞同以"是"来翻译 being，有许多理由。比如，在有关讨论中，有人说"不少人建议用'是'来强行翻译 Being 一词"[①]，这似乎是在陈述一个事实，但是其中的"强行"一词不仅表达出不赞同用"是"来翻译 being，而且似乎还隐含着一种指责：这种翻译本来就是行不通的，可还是非要硬来不可。又比如，有人认为，用"是"这个译名会有一个严重的后果，即"易于把形而上学的思辨理解为纯逻辑的分析"；"是"可以表达命题中主词和谓词之间的关系，但是"是"的解释"有过于浓重的逻辑学倾向，

[①] 邓晓芒：《Being 的双重含义探源》，载《Being 与西方哲学传统》上卷，宋继杰编，保定，河北大学出版社，2002 年，第 287 页。

而我们显然不能把哲学仅仅归结为逻辑学或语言学"①。还有人认为,"是"的这种译法隐藏着一种倾向,这就是把"existence"(存在)从"being"(是)彻底割裂出去,从而完全从知识论,甚或逻辑学的角度去理解哲学②。无论这些看法是不是有道理,它们至少表明,是不是采用"是"这个术语,确实牵涉到理解的问题。它不仅牵涉到人们对西方哲学中 being 这个词本身的理解,而且牵涉到人们对哲学、语言学和逻辑的理解,包括对这些学科本身的理解,以及对它们之间关系的理解。这就充分说明,在西方哲学研究中,应该把 being 翻译为"是"还是"存在",或者,being 究竟是"是",还是"存在",不是一个无足轻重的问题,而是一个非常重要的问题。

本书将以柏拉图的《泰阿泰德篇》、亚里士多德的《形而上学》、胡塞尔的《逻辑研究》、海德格尔的《形而上学导论》中的论述为例,并且以国内一些学者关于海德格尔和托马斯·阿奎那的讨论为例,具体而深入地探讨这个问题。在进入文本研究之前,需要有以下几点说明。

第一,本书的目的主要不是探讨上述哲学家的思想,而是探讨对他们思想的理解。因此,本书要对一些中译文进行分析讨论。

第二,本书主要探讨关于 being 的理解。因此在所引译文中,本书主要围绕与 being 相关的翻译进行探讨。

第三,本书将通过分析指出,由于把 being 翻译为"存在"或"在",因而中译文给我们造成了理解的问题,本书还将具体分析它们是一些什么样的问题。

第四,本书将把 being 翻译为"是",以此对中译文作出修正。然后指出,这样的翻译消除了原中译文给我们造成的理解问题,并且说明为什么修正的中译文可以消除原有的理解问题。

最后,基于这些讨论,本书将进一步讨论,为什么在西方哲学的研究

---

① 周迈:《论亚里士多德哲学中的存在(是)"on"》,载《Being 与西方哲学传统》下卷,宋继杰编,保定,河北大学出版社,2002 年,第 809—810 页。
② 参见《Being 与西方哲学传统》下卷,宋继杰编,保定,河北大学出版社,2002 年,第 1172 页。

中，应该以"是"来翻译 being，并且应该把这样的翻译贯彻始终；而且，为什么这不是一个简单的翻译问题，而主要是理解的问题。也就是说，本书将说明，为什么以"是"还是以"存在"来翻译 being 及其相关概念乃是一个至关重要的问题，为什么这个问题归根结底乃是如何理解西方哲学的问题。

第一章　柏拉图的《泰阿泰德篇》

柏拉图是古希腊哲学家，他留下来的对话是我们了解和研究古希腊思想的宝贵资料。在柏拉图时代，尚未形成学科划分，因此他的著作没有分门别类，这与他的学生亚里士多德的著作形成了鲜明的对比。此外，柏拉图的著作以文字和文体优美著称，许多对话成为文学经典。但是，这并不意味着柏拉图的对话就没有理解的问题，尤其是对于我们中国人来说，还有一层通过翻译来理解的问题。在理解柏拉图思想的过程中，有些问题是柏拉图本人的，有些问题则是由中译文造成的，尤其是在涉及"being"的地方。在我看来，由于把"being"翻译为"存在"，结果使本来没有什么问题的地方产生了理解的问题，从而使本来可以读懂的地方变得无法理解。这种情况对于理解柏拉图的思想显然是不利的。

在柏拉图的著作中，涉及"being"的讨论很多，尤其是在《泰阿泰德篇》《智者篇》《巴门尼德篇》《国家篇》等对话中。本文将以《泰阿泰德篇》为例，说明以上问题，并且试图在这些说明的基础上简要探讨柏拉图的有关思想。

一、关于人是万物的尺度

《泰阿泰德篇》探讨知识，并借苏格拉底之口明确指出，"我问你的问题不是知识的对象是什么，也不是有多少种知识。我们不想数清知识的门类，而是想发现知识本身是什么"[①]，"当一个人不知道某个事物是什么的时

[①] 柏拉图：《泰阿泰德篇》，载《柏拉图全集》第二卷，王晓朝译，北京，人民出版社，2003年，第657页。以下引文只注页码。

候,你不会设想他能理解这个事物的名称"(第658页)。经过一些讨论之后,借泰阿泰德之口得出了一个结论:"知识无非就是感觉"(第664页),然后由此出发,展开了深入讨论。

【译文1】

苏格拉底 你提出的关于知识性质的解释无论如何都不会被轻视。你的解释与普罗泰戈拉的解释是一样的,只不过叙述方式有些不同。他说,你要记住,"人是万物的尺度,是存在的事物存在的尺度,也是不存在的事物不存在的尺度"。无疑,你读过这段话。

泰阿泰德 是的,读过好几遍。

苏格拉底 他的意思岂不是在说,你我都是人,因此事物"对于我就是它向我呈现的样子,对于你就是它向你呈现的样子",对吗?

泰阿泰德 对,他就是这个意思。

苏格拉底 一个聪明人说的话不会是胡说八道。所以,让我们来了解一下他的意思吧。有时候一阵风吹来,我们中间的一个人感到冷,另一个人感到不冷,或者一个人感到有点冷,而另一个感到非常冷。

泰阿泰德 当然是这样。

苏格拉底 那么,在这个例子中我们可以说风本身是冷的或不冷的吗?或者我们得赞成普罗泰戈拉的看法,风对于感到冷的人来说是冷的,风对另一个人来说是不冷的?

泰阿泰德 后一种说法似乎是合理的。

苏格拉底 那么,风就是这样对我们每个人"呈现"的吗?

泰阿泰德 是的。

苏格拉底 "对他呈现"的意思就是他"感觉到"它是这个样子的吗?

泰阿泰德 对。

苏格拉底 那么,"呈现"与"感觉"在热和冷这个事例中,以及一些类似的例子中,是一回事。对每个感觉到它们的人来说,它们就是存在的。

第一章 柏拉图的《泰阿泰德篇》

泰阿泰德 似乎如此。

苏格拉底 因此，感觉总是对于存在的感觉，作为知识，它是无误的。

泰阿泰德 这一点很清楚。（第664—665页）

这段话有两层意思：一是提出普罗泰戈拉的观点，从而把关于知识就是感觉这种看法的讨论转换为关于人是万物的尺度的讨论；二是讨论普罗泰戈拉的观点。在具体讨论中，柏拉图以举例的方式说明什么是感觉、什么是呈现，从而说明感觉总是对存在的感觉。为了便于讨论，下面我们分步骤仔细分析这段话。

第一步设定所要说明的观点：人是万物的尺度。具体地说，人是存在的事物存在的尺度，也是不存在的事物不存在的尺度。

第二步是解释上述观点：一事物是向人呈现的样子。

第三步以风为例解释第二步的意思。"一阵风吹来"，人们感觉到冷。于是有两种情况：其一，风是冷的或风不是冷的；其二，对于感觉到冷的人来说，风是冷的，而对于不感到冷的人来说，风不是冷的。后一种情况是合理的。

第四步得出结论：风对一个人"呈现"某种样子，这意味着，这个人"感觉到"风是那种样子。

第五步进一步得出："呈现"和"感觉"是一回事。对于感觉到一事物的人来说，该事物是存在的。

第六步终于得出：感觉是对存在的感觉。

以上六步论证在这段话中非常清楚。所得出的结论是：感觉是对存在的感觉。由于人有感觉，因此说明了人有对存在的感觉，因而人是存在的事物存在的尺度。这些意思大致是清楚的，没有什么理解的问题。但是如果我们仔细分析其中具体的论述，就会发现一些无法理解的问题。最主要的问题是从所举的例子似乎得不出最后的结论，因而并不能说明所要说明的问题。让我们来看一看这个问题。

例子是清楚的：因人而异，风可以是冷的，也可以是不冷的。所要说明的问题也是清楚的：以风为例，人可以是风存在的尺度，也可以是风不存在的尺度。问题是，这个例子如何能够说明这个问题呢？第三步很清楚，"一阵风吹来"，因而人有了冷或不冷的感觉。这似乎应该说明，风的存在决定了人的感觉，无论人感到风是什么样子的。由此怎么能够得出人是存在事物存在的尺度呢？无论人感觉到风是冷的，还是感觉到风不是冷的，难道风不是同样存在的吗？无论哪一种感觉，"一阵风吹来"难道不都同样是它的前提条件吗？因此，以人感觉到风是冷的或不是冷的为例怎么能够说明人是存在的事物存在和不存在的事物不存在的尺度呢？

除以上无法理解的问题以外，细节上也有无法理解的问题，比如第五步。从"呈现"和"感觉"是一回事，怎么能够得出对于感觉到事物的人来说，事物就是存在的呢？根据第三步来理解，"呈现"似乎意味着有一事物，它表现为一种样子。如果第五步的意思是说，由于感觉和呈现是一回事，所以人感觉到一事物，则该事物存在，因为这隐含着一个前提，即有该事物，且它表现为一种样子，那么似乎可以解释这里的问题。但是这样一来，我们就无法理解，既然如此，为什么还要区别冷风、不冷的风、有点冷的风、非常冷的风，以及热风呢？难道人们有感觉还不能够说明有风吗？无论什么样的风，难道不都是存在的吗？换句话说，关于风的这些区别对于说明风的存在又会有什么帮助呢？

从以上例子还可以看出，它们与所要说明的问题有一点是相应的。人是存在的事物存在的尺度，也是不存在的事物不存在的尺度，无疑包含着相互否定的情况。风是冷的，风不是冷的，显然也包含着相互否定的情况。这就表明，它们都涉及肯定和否定的情况。例子中说的乃是"是"和"不是"，而所要说明的则是"存在"和"不存在"。如果例子不是随意的，而是要说明特定的问题，那么一定会起到非常明确的作用。如果这样来理解，那么非常明显，这些例子无法说明所要说明的问题，因为它们根本就不含有"存在"一词。由此可见，这里举的例子与所要说明的问题似乎是完全不匹配的。

第一章 柏拉图的《泰阿泰德篇》

由于这是柏拉图反驳知识就是感觉的初步论述，所以，以上无法理解的问题虽然非常明显，却也可以先放一放。让我们带着这样的问题继续往下看，看在随后的阅读中会不会得到解决。

【译文2】

苏格拉底 那么，足智多谋的普罗泰戈拉把这句隐晦的话甩给像我们这样的凡夫俗子，还说是为我们好，而把真理保留下来，作为秘密的学说启示给他的门徒，是这样吗？

泰阿泰德 你这样说是什么意思，苏格拉底？

苏格拉底 我会让你明白这种学说确实值得注意。它宣称，没有任何事物仅凭自身就可以是"一"事物，你也不能正确地用某些确定的名称称呼任何事物，甚至不能说出它属于任何确定的种类。相反，如果你称它为"大"，那么你会发现它也是小；如果你称它为"重"，那么你会发现它也是轻，其他所有名称亦莫不如此，因为无物是"一"物或"某"物，或属于任何确定的种类。我们喜欢说的一切"存在的"事物，实际上都处在变化的过程中，是运动、变化、彼此混合的结果。把它们叫做"存在"是错误的，因为没有什么东西是永远常存的，一切事物都在变化中。在这一点上让我们注意到，除了巴门尼德以外，一长串哲学家，普罗泰戈拉、赫拉克利特、恩培多克勒，都赞同这种看法；而在诗人中，两种诗体的大师们，写喜剧的厄庇卡尔谟和写悲剧的荷马，也同意这种看法。荷马说："俄刻阿诺，诸神之来源，诸神之母是忒提斯。"[①] 他的意思是，万物都是流动、变化的产物。你是这样理解的吗？

泰阿泰德 确实应当这样理解。（第665—666页）

[①] 《伊利亚特》第14卷，第201行，第302行。在希腊神话中，俄刻阿诺（Oceanus）是大洋神，忒提斯（Tethys）是河神之母。

这段话紧接着前一段译文，继续解释普罗泰戈拉的那句名言，又举了一些例子，因此应该有助于我们的理解。它的主要意思是说，一事物不能仅凭自身而是一事物，人不能确切地称呼任何事物。因为一切事物都是变化的，而且这是许多著名哲学家的看法。这些意思大致是清楚的，没有什么理解的问题。但是对于一些具体的论述，却有一些无法理解的问题。

最主要的一个问题与译文 1 的问题是一样的，举的例子与所要说明的问题不相应，因而说明不了所要说明的问题。这一段举的例子是大、小、轻、重等等。值得注意的是这里的表述"称"。显然可以看出，所谓称一事物大，即是说"它是大的"，同样，称一事物重则是说"它是重的"。这样的例子中显然不会有"存在"，因而与存在没有什么关系。因此我们无法理解，这样的例子怎么能够说明存在呢？

另一个问题是，在"我们喜欢说的一切'存在的'事物"这一句中，"存在"这一概念不好理解。由于这里明确说明"把它们叫做'存在'是错误的"，因此"存在"一定是一个词，一定是说出的东西。如果想一想，我们就会发现，在日常表达中，除了说"某事物存在"或"存在某事物"以外，大概不会再有什么其他方式说"存在"了。以我个人的经验，我不知道日常表达中还有别的什么方式说到"存在"一词。在我看来，在日常语言中，"存在"乃是很小的一类表达。因此，我们无法理解，为什么要考虑这样一个表达呢？即使这个问题不重要，我们也无法理解，说明中所举的例子本来不含"存在"一词，为什么忽然又谈论起"存在"了呢？既然举的例子不含"存在"，就是说，在日常语言中我们一般不说"存在"，那么如何可以看出我们"喜欢说""存在"呢？如何可以看出我们把例子中的事物"叫做'存在'"呢？

还有一个问题是存在与变化的关系。这里的论述是，说一事物存在乃是错误的，原因在于所有事物都是变化的。这一点实在是无法理解，至少在我看来是无法理解的。变化的事物怎么就不存在呢？按照这里的例子，一事物可能会由小变大或由大变小，也可能会由轻变重或由重变轻。但是无论怎样变化，该事物依然是存在的。它怎么就不存在了呢？同样，为什

第一章　柏拉图的《泰阿泰德篇》

么由于事物变化，我们说事物存在就是错误的呢？

【译文3】

苏格拉底　我已经把要说的全都说了，所以我只能假定，无论我们如何表达，物与我应当"相互为对方"而存在或变化。必然性把我们的存在捆在一起，但没有把我们分别与其他事物捆在一起，更没有把我们分别与必然性本身捆在一起，所以我们只能相互捆在一起。同理，无论我们谈论某事物的"存在"，还是谈论它的"变化"，我们都必须把它作为"为某事物的"，或"关于某事物的"，或"朝着某事物的"存在或变化来谈论，我们也一定不能把某事物当作仅仅存在于自身，或依靠它自身而存在或变化的事物来谈论，也不能允许别人这样说。这就是我们的论证所得出的结论。

泰阿泰德　当然是，苏格拉底。

苏格拉底　既然如此，那么由于作用于我的事物是为了我，而不是为了别人，所以只有我，而不是其他任何人，才能真正地感觉到它。

泰阿泰德　当然。

苏格拉底　所以我的感觉对我来说是真实的，因为它的对象在任何时候都是真实的我，如普罗泰戈拉所说，我是一名审判者，如果它为我而存在，那么它就存在；如果它不为我而存在，那么它就不存在。

（第677—678页）

这段话说的是事物与人之间的关系，或者说，从这一角度继续论述人是万物的尺度这一观点。它的主要意思是说，事物的存在和变化与判断事物的人有联系，因此人是事物的评判者，由此也就说明人是万物的尺度。这些意思大致是清楚的，但是在具体论述中却有一些无法理解的问题。

最主要的问题是关于谈论事物的说明。这段话可以分为三个小段。在第一小段中，关于事物的说明有两种：一种是谈论的东西，即事物的"存在"或"变化"；另一种是谈论的方式，即把事物作为"为某事物的"或

"关于某事物的"或"朝着某事物的"存在或变化来谈论。在我看来，谈论变化，大概还是比较容易理解的，比如由小变大、由轻变重等等，因此我们不用讨论。问题在于谈论"存在"。什么叫谈论事物的"存在"呢？从前面的举例来看，"是冷的""是小的""是轻的"这些都是日常的谈论。从中如何能够看出谈论"存在"呢？因此谈论事物的存在乃是无法理解的。难道会是谈论有没有吗？此外，谈论事物存在的方式也无法理解。如前所述，我们能够谈论事物存在的方式大概只有"事物存在"或"存在事物"。一事物存在，怎么会是"为某事物的"呢？怎么会是"关于某事物的"？又怎么会是"朝着某事物的"呢？换句话说，一事物存在，为什么就不能是存在于自身的呢？为什么就不能是依靠自身的呢？即使认为一事物对于人来说才是存在的，因而它的存在离不开人，但是为什么非要说它是"为某事物的"，或"关于某事物的"，或"朝着某事物的"而存在的呢？

此外，第三小段说的如果事物"为我而存在，那么它就存在；如果它不为我而存在，那么它就不存在"，从直观上就不好理解。事物存在也好，不存在也罢，怎么会为了人而存在呢？这里，我们也许可以把"为人"大致理解为与人相关，因此我的问题是，事物的存在为什么会与人相关呢？苏格拉底固然是在以这种方式围绕普罗泰戈拉的观点进行讨论，并且试图最终反驳他的观点，但是如果无法理解他所说的意思，最终又怎么能够理解他的反驳和批评呢？

【译文4】

苏格拉底 ……

他会说，如果你们能够做到的话，请表现得光明正大些，向我真正说过的话发起攻击，并请证明，我们每个人并不具有独特的感觉；如果肯定它们是独特的，那么也不能由此推论，对每个人呈现的事物只对他才变得（或"是"，如果我们可以用"是"这个词的话）像它呈现的那个样子。在这个问题上讲什么猪和狒狒，而你自己的行为就像一头猪。更有甚者，你诱导你的听众以同样的方式对待我的著作，这

第一章 柏拉图的《泰阿泰德篇》

是不公平的。我确实像我在著作中写的那样，肯定这是一条真理。我们每个人都是存在与不存在的尺度，但是，这个世界上的这个人与那个人之间全是有区别的，这正是因为存在并对某人呈现的东西，与存在并对另一个人呈现的东西是不一样的。至于智慧和聪明人，我从未说过他们不存在。我用聪明人这个词指的是这样的人，他能改变我们中的任何人，当某事物存在并对他呈现为坏时，他能使它对他呈现为好。再次提醒，不要对我刚才说的话咬文嚼字，允许我作更清晰的解释。回忆一下我前面是怎么讲的。对病人来说，他的食物呈现为酸的，而且就是酸的；对健康人来说，他的食物的呈现和存在正好相反。我们现在不需要判断这两个人哪个更聪明，这样做也不可能。既不能说那个病人愚蠢，因为他竟然认为食物是酸的；也不能说那个健康人聪明，因为他的想法与病人不同。所需要的是使病人发生改变，因为另一种状态更好。（第687页）

这段话依然是关于人是万物的尺度的解释。它进一步说明，人是万物的尺度，但是人是有差异的，因此事物呈现为不同的样子。这里仍然通过例子来说明，事物对不同的人会呈现出不同的样子，因而人对事物会有不同的看法。这些意思大致是比较清楚的，没有什么理解的问题。但是如果我们仔细分析其中的具体论述，却会发现一些无法理解的问题。

最主要的一个问题是，对人来说，事物有两种情况：一种是呈现出什么样子；另一种则是是什么样子。二者是有区别的。这一点从上面译文中的说明和举例可以看得非常清楚。前面说过，呈现和感觉是一回事，因此这里的区别似乎是感觉和认识的区别。事物对人呈现的样子形成了人对事物的感觉，人通过对事物的感觉而获得了对事物的认识。但是，这些如何能够说明人是存在的尺度呢？这样说可能过于笼统，因此需要多说几句。

这一段里有两个不同的说明：一个说明是事物的呈现和事物变得（或"是"）的样子；另一个说明是事物存在并且呈现某种东西。为了这两个说明还有相应的举例说明："食物呈现为酸的"而且"食物是酸的"。例子无疑是为了让我们理解理论和理论说明的。因此我们应该把例子与这两个说明相对照，或者我们应该结合例子来理解这两个说明。但是这样一来，我们就会发现非常明显的问题。

对照前一个说明，我们可以看到，例子与说明中都用了"是"这个词，因此它们是一致的。但是这样的例子和说明都不涉及"存在"一词，那么它们与"存在"有什么关系呢？它们又怎么能够说明"存在"呢？对照后一个说明，我们可以看到，说明中谈到了存在，因而与存在相关，是关于存在的说明。但是由于举例中没有涉及"存在"，因此这样的说明与所举的例子明显不符。这里的例子怎么能够有助于我们理解这样的理论说明呢？由此可以看出，给出的例子要么与说明一致，要么与说明不一致。不一致的情况显然是有问题的，因而会造成理解的困难。而一致的情况虽然本身没有问题，但是由于不涉及"存在"，因而说明不了所要说明的东西，这同样会给我们的理解造成困难。显然，无论如何理解，总是有问题的。

【译文 5】

苏格拉底　那么，这里有个问题给普罗泰戈拉或任何赞同他的观点的人。按照你和你的朋友们的说法，人是万物的尺度，无论它是白的、重的、轻的，还是该类事物中的任何一个。个人本身拥有判断事物的标准，可以相信它们就是被他感觉到的那个样子，他相信某个事物是真的，它对他来说就是真的，对吗？

塞奥多洛　对。（第 701 页）

这一段基本是重复前面的论述。由于是重复，因此应该没有什么理解的问题。但是正由于是重复，前面所指出的一些问题这里依然会出现，因此我们可以通过它们更好地认识前面的问题。

这里说明人有判断事物的标准，因此说明人是万物的尺度。根据前面的说明，这里的意思是：人是存在的事物存在的尺度，也是不存在的事物不存在的尺度。对于万物，这里也有举例说明，如白的、重的等等。表面

第一章　柏拉图的《泰阿泰德篇》

上看，这些大致都是可以理解的，没有什么理解的问题。但是如果我们深入思考，就会发现这里同样存在着所举的例子与所要说明的问题是不是相符的问题。

按照这里的例子，我们可以理解，一事物可以是白的、是重的等。它们可以是事物呈现的样子，因而可以是人的感觉，可以形成人的判断，比如"雪是白的"。这与前面给出的例子"风是冷的""食物是酸的"乃是相似的，也是一致的。因此理解这里的例子没有什么问题。但是，这样的例子不含"存在"，因而与"存在"没有任何关系。在这种情况下，我们无法理解，它们怎么能够说明"存在"呢？

接下来柏拉图还有一些讨论，他最终说明，人是万物的尺度这种观点是有问题的。由于他是通过这种观点来解释知识就是感觉这种看法，因而也就说明，知识就是感觉这种看法乃是有问题的。这里我们只是指出柏拉图讨论的最终结果，而不再像前面那样通过引文来分析讨论其余论述。但是，从以上几段译文我们可以非常清楚地看出，柏拉图所讨论的是什么，他讨论的方式是什么样子的，因而也就可以看出，中文翻译给我们对它们的理解造成了一些什么样的问题。

二、关于感觉与判断

抛弃了人是万物的尺度这种观点之后，柏拉图转而探讨一切事物都是静止的观点。他谈到巴门尼德的观点，讨论通过什么感官来感觉到各种可感觉的对象。

【译文6】

苏格拉底　很好。那么现在请告诉我，这个官能起作用要通过什么样的感官，不仅可以告诉你对这些对象来说相同的东西，而且可以告诉你对一切事物来说相同的东西，亦即你使用"存在""不存在"这些术语时表示的意思，以及我在前面提问时用过的其他术语表示的意思？你能说出有什么样的器官与这些术语一一对应，并通过我们的这些感官感知到它们中的每一个？

泰阿泰德　你指的是存在与不存在、相似与不似、相同与相异，还有一般用于事物的单一和数目，显然还包括"偶数""奇数"，以及所有这一类概念。你正在问的是，通过身体的什么部分，我们的心灵觉察到这些东西？

苏格拉底　你领会得极为透彻，泰阿泰德，这正是我的问题。

泰阿泰德　说真话，苏格拉底，我无法指出是什么器官，除非我想根本就没有什么专门的器官可以感觉到所有这些东西，就像有器官是用来感觉其他东西的那样。我很清楚，心灵本身就是它思考这些适用于一切事物的普遍术语的工具。

苏格拉底　实际上，泰阿泰德，你很漂亮，不像塞奥多洛说得那么丑，因为在讨论中，行为漂亮才是漂亮。如果你明白心灵以它自己为工具，凭借自己思考某些事物，而通过身体的官能思考其他事物，那么你对我何止是做得漂亮，因为这样一来省掉了我的麻烦，不必再对此作漫长论证了。这确实是我自己的想法，但我希望你也能同意。

泰阿泰德　好吧，我明白这一点。（第712页）

这段话探讨什么感官与"存在"和"不存在"这些术语相对应，通过什么感官能够感知它们；并且指出只能以心灵本身为工具来思考它们。这个意思是非常明确的，不用多说。但是其中的论述却有不容易理解的地方。

这一段对"存在"和"不存在"这两个概念有两点说明：一点是它们被称为"使用"的"术语"，另一点是它们是"对一切事物"的。第一点表明它们是说出的词。根据这一点，我们对它们的理解就要依赖于它们在语言中的表达，依赖于它们的日常用法。第二点表明它们的用法具有普遍性。根据这两点，我们就要考虑"存在"的日常用法是不是具有普遍性，以及如何具有普遍性。如果这样考虑，问题就来了。如前所述，"存在"一词的日常用法大致只有"某物存在"或"存在某物"。这样的用法在日

第一章 柏拉图的《泰阿泰德篇》

常表达中只是一小类，因此不是具有普遍性的用法。这样，存在的用法就与第二点不一致。有人可能会认为，尽管"存在"一词的使用范围很小，但是似乎也可以用于任何事物，即可以对任何事物说存在或不存在。在这种意义上，第二点与第一点似乎会是一致的。但是我想问：这样的理解会有什么意义吗？而且，这会是柏拉图的意思吗？在日常表达中会有这样的情况出现吗？无论如何，我也无法想象，更无法理解，谁会一天到晚总是把"存在"挂在嘴边呢？

【译文 7】

苏格拉底 那么你把存在归入哪一类？它属于一切事物，这是事物的首要性质。

泰阿泰德 我想把它归入心灵凭借自身来理解的那一类事物。

苏格拉底 相似与不似、相同与相异也是这样吗？

泰阿泰德 是的。

苏格拉底 关于"荣耀"与"耻辱"、"善"与"恶"又怎样？

泰阿泰德 首先，在我看来，它们属于那种其存在性要加以考虑的事物，它们之间要进行比较，心灵在其自身中对过去和现在进行反思，用眼睛看到未来。

苏格拉底 等一等。心灵通过触觉器官感觉到坚硬事物的硬和柔软事物的软，对吗？

泰阿泰德 对。

苏格拉底 但是，它们的存在、它们存在的事实、它们之间的对立，以及这种对立的存在，当心灵对这些事情进行反思和相互比较时，它们都是心灵本身为我们作出的判断。

泰阿泰德 当然。

苏格拉底 那么，一切通过身体渗入心灵的印象是人和动物一生下来都能感知到的东西，而对它们的存在和有用性的反思却是后来才有的，要通过漫长的、困难的教育过程才能出现，这样说对吗？

泰阿泰德 肯定对。

苏格拉底 不能达到存在的人有可能达到真理吗？

泰阿泰德 不可能。

苏格拉底 如果一个人不能达到某事物的真理，他有可能认识那个事物吗？

泰阿泰德 不，苏格拉底，这怎么可能呢？

苏格拉底 如果这样的话，那么知识并不在于印象，而在于我们对印象的反思。似乎在反思而非在印象中，才有可能把握存在与真理。

泰阿泰德 显然如此。（第712—714页）

这段话紧接译文6，继续探讨存在。它说明，存在乃是心灵凭借自身理解的东西。与此相对，还有一类事物是心灵通过感觉器官来理解的，比如硬的东西、软的东西。这两类东西的区别很清楚。对后者的感知被称为印象，是人生下来就有的，对前者的反思要通过教育才能够实现。由此也就说明，知识不等于印象。这些意思大致是比较清楚的，但是在具体论述中，却有一些无法理解的问题。

一个问题与对通过感官感觉的东西的说明有关。这里给出的例子是：硬的事物和软的事物。前面说过，事物的呈现和感觉是一回事。因此，以硬的事物为例，对硬事物的感觉就是该事物对人呈现为硬的，因此人对它的感觉就是，它是硬的。这些无疑是可以理解的，但是这样的理解与硬事物的存在、硬事物存在的事实等等又有什么关系呢？难道说，感觉到一事物是硬的，就是感觉到一事物存在吗？如果是这样，结果就会是：无论感觉到一事物是什么样子，比如是硬的、是白的、是黄的、是高的等等，都会是感觉到一事物存在。既然如此，事物的不同样子乃是不重要的，重要的只是事物的存在。若真是这样，为什么不直接谈论事物的存在，即事物的有没有，而要以事物各种不同的样子为例来说明事物的存在呢？从举例来看，柏拉图强调的似乎恰恰是对事物的不同感觉，因此事物是什么样子乃是重要的，而不是不重要的。在这种意义上，我们如何能够理解他说的

第一章 柏拉图的《泰阿泰德篇》

存在呢？

另一个问题与对通过心灵自身进行反思的东西的说明有关。相同和相异、相似和不相似，显然不是通过感官可感觉的东西，荣耀、耻辱、善、恶等等，也不是通过感官可感觉的东西。对它们的思考要通过心灵自身，要牵涉到"比较"和"反思"，这些都是不难理解的。但是，对它们的"存在性要加以考虑"是什么意思呢？也就是说，它们的存在性是什么呢？由于它们是一些例子，因此我们可以想一想，借助它们想说明些什么呢？又能够说明什么呢？与存在相关，我们都知道，有善和恶、荣耀和耻辱这样的东西。但是，考虑它们的存在性难道会是考虑它们是不是存在，是不是有它们这样的东西吗？而且，若是在这种意义上理解存在，那么关于硬、软这样的例子就不好理解了。硬和软这样的东西当然是存在的，那么举那些通过感官可感觉的例子都是为了说明它们是存在的吗？这样的说明难道会具有普遍性吗？

还有一个问题与对存在与真理的关系的说明有关。存在属于一切事物，包括通过感官可感觉的东西和通过心灵可反思的东西。但是，认识却在反思之中，因而在反思中，才会把握存在和真理。这说明，存在与真理有非常密切的联系。然而令人无法理解的是，为什么不能达到存在就不能达到真理呢？存在与真理又有什么关系呢？根据前面的例子，难道知道有善和恶，就是知道了关于善和恶的真理吗？如果是这样，问题似乎就会简单多了，只需要知道，并因而只需要考虑有什么和没有什么就可以了。比如前面的例子，感觉到有风就可以了，为什么还要区分冷的还是不冷的，有点冷的还是非常冷的呢？这样的区别难道不是多此一举吗？但是，既然柏拉图作了这样的区别，我们大概就不能得出这样的结论。因此这里的问题似乎不会这样简单。由此可以看出，这里关于存在与真理的论述确实是难以理解的。

经过以上论述之后，柏拉图继续探讨关于感觉和知识的区别，他指出，"感觉和知识不可能是一回事"，"不能在感觉中寻找知识，而应当到心灵被事物充满时发生的事情中去寻找"知识（第714页）。他说，这样的活动"的名称是'作判断'"（同上）。然后他进一步指出，"有两种判断，一种是真实的，另一种是虚假的"，人们"把知识定义为真实的判断"（第715页），但是他承认，他感到"有一个问题在困扰"他，这就是"作虚假的判断"（同上）。由此他开始探讨虚假的判断。

【译文8】

苏格拉底　那么我们该怎么个开始法？我们的意思到底是什么？我们肯定，对任何事物来说，我们中有人思考虚假的东西而作出一个虚假的判断，其他人思考真实的东西而作出一个真实的判断，这就是事物的性质，对吗？

泰阿泰德　我们确实这样说过。

苏格拉底　在个别事例中或在所有事例中，我们可以既知又不知某个事物吗？在这里我不想解释当下熟知然后遗忘这种居间状况，而只涉及知与不知。因为我们现在的问题与居间状况无关。

泰阿泰德　好吧，苏格拉底，除了知与不知，在任何事例中都没有第三种可能性。

苏格拉底　由此马上可以推论，当一个人在思考时，他一定在思考着他知道的某些事物或他不知道的某些事物，对吗？

泰阿泰德　必然如此。

苏格拉底　进一步说，如果你知道某物，你不能也不知道它，如果你不知道某物，你不能也知道它，对吗？

泰阿泰德　当然对。

苏格拉底　假定一个人在思考虚假的事物，而又设想他知道的事物并不是这些事物，而是他知道的其他事物，因此，当这个人知道两种事物时，他实际上对两种事物都不认识？

泰阿泰德　不，这是不可能的，苏格拉底。

苏格拉底　好吧，这个人会设想他不知道的事物是他不知道的另一些事物吗？一个人既不认识泰阿泰德又不认识苏格拉底，他会认为

第一章 柏拉图的《泰阿泰德篇》

苏格拉底是泰阿泰德，或泰阿泰德是苏格拉底，这有可能吗？

泰阿泰德 不可能。他怎么会这样想？

苏格拉底 所以一个人确实不会想象他知道的事物是他不知道的事物，或者他不知道的事物是他知道的事物？

泰阿泰德 不会，否则的话简直是个奇迹。

苏格拉底 那么，对虚假地作判断来说，还有其他出路吗？我们推测，一切事物或是被我们所知或是未被我们所知，此外没有别的可能性，两者之间没有给虚假的判断留下任何余地。

泰阿泰德 相当正确。（第715—717页）

这段话谈论对事物的思考和认识。它的主要意思是说：人们在思考的时候，总是在思考他们知道的情况或不知道的情况；而且，如果知道一事物，就不可能不知道它，如果不知道一事物，也就不可能知道它。在这种情况下，谈论虚假判断就有了问题。因为要么知道一事物，要么不知道一事物，由此看不到虚假判断的情况。这一段的意思本身还是比较清楚的。我之所以引用它，主要是想说明，虽然它本身是比较清楚的，没有什么理解的问题，但是与其他译文联系起来时，却产生了理解的问题。

最主要的问题还是与存在的联系。从开始的论述可以看出，虚假判断是从对判断的区分得出来的，与真实的判断相对立。而真实的判断又与真理相关。从译文7则可以看出，真理是与存在相关的。由此也就说明，虚假判断与存在应该是相关的。但是译文8的论述根本就没有涉及存在，没有关于存在的论述。字面上没有关于存在的论述其实也没有什么关系。既然虚假判断与真实判断相关，因而通过与真理的关系才与存在有联系，我们总应该从有关论述中看到一些联系，即有些间接的联系。在这种意义上，让我们分析一下其中举的例子——"苏格拉底是泰阿泰德"。无论是认识苏格拉底还是认识泰阿泰德，都不会认为"苏格拉底是泰阿泰德"。当然，如果既不认识苏格拉底，也不认识泰阿泰德，同样不会认为"苏格拉底是泰阿泰德"。也就是说，"苏格拉底是泰阿泰德"这个例子与存在显然没有任何关系。字面上肯定没有什么关系，那么引申的意义上会不会有什么关系呢？它的意思是说苏格拉底存在或泰阿泰德存在吗？无论是认识苏格拉底还是认识泰阿泰德，或者，如果二者都不认识，它的意思是说苏格拉底或泰阿泰德存在吗？这里我们特别应该思考两个问题。一个问题是，"苏格拉底是泰阿泰德"这句话是不是与存在相关？另一个问题是，柏拉图本人在举这个例子的时候，他想说明的东西是不是与存在相关？

既然考虑间接的意义，我们还可以再多思考一下。在谈论知道与认识的时候，这一段谈到个别事物和所有事物，并且只谈知与不知，明确排除第三种可能性。这说明，它所谈论的是普遍意义上的东西，或至少是具有普遍性的东西。在这种意义上，"存在"显然是不适合的，因为它是很小的一类表述，因而不太可能适用于个别事物和所有事物，不能够说明知与不知。以这里的举例为例。"苏格拉底是（或不是）泰阿泰德"显然涉及个别的事物，显然涉及知与不知。但是大概我们很难会想到它与存在相关。无论是认识还是不认识苏格拉底，考虑苏格拉底是谁，是一个什么样的人，大概还是有可能的，但是我们会考虑"苏格拉底存在"吗？

尽管有以上问题，这一段还是表明，通过知道与不知道、认识与不认识来说明虚假判断乃是有问题的。因此需要尝试其他方式。

【译文9】

苏格拉底 那么，我们最好还是换一个办法来接近我们想要寻找的东西。不用"知或不知"，而用"存在或不存在"。

泰阿泰德 你这是什么意思？

苏格拉底 一个人无论处于什么样的心灵状态，他对不存在的事物的思考只能是对虚假的事物的思考，这不是很简单吗？

泰阿泰德 这个说法有些道理，苏格拉底。

苏格拉底 那么，泰阿泰德，如果有人问："你们所说的这种情况是否对任何人都可能？人有可能思考不存在的东西吗？这个不存在的东西是关于存在的某事物的或是绝对不存在的？"对此我们该怎么说？

我想，我们必须这样回答："是的。他相信某事物，而他相信的事物又是不真实的，他在这种时候就是在思考不存在的东西。"或者，我们还会有别的回答吗？

泰阿泰德　我们必须这样说。

苏格拉底　那么这种事情在任何情况下都是可能的吗？

泰阿泰德　什么事情？

苏格拉底　一个人看见某物，然而他看见的东西却是无。

泰阿泰德　不。这怎么可能呢？

苏格拉底　然而，如果他看见某物，那么该物一定是存在的某物。或者你把某物设想为可以算作根本不具有存在的事物吗？

泰阿泰德　不，我不这样想。

苏格拉底　那么，如果他看见某个事物，他就看到了一个存在的事物。

泰阿泰德　显然如此。

苏格拉底　如果他听见一个事物，那么他就听到了某个事物，并且听到了一个存在的事物。

泰阿泰德　对。

苏格拉底　如果他触到一个事物，那么他就触到了某个事物；如果他触到了某个事物，那么他触到的这个事物是存在的。

泰阿泰德　这也是对的。

苏格拉底　如果他在想，那么他一定在想某个事物，对吗？

泰阿泰德　必然如此。

苏格拉底　当他想某个事物的时候，他在想某个存在的事物吗？

泰阿泰德　我同意。

苏格拉底　所以想不存在的事物就是想无。

泰阿泰德　这很清楚。

苏格拉底　但是，想无和不想不就是一回事吗？

泰阿泰德　这很明白。

苏格拉底 如果这样的话，无论这个被想的事物是存在着的某物，还是绝对的不存在，想不存在的事物是不可能的？

泰阿泰德 显然如此。

苏格拉底 那么虚假的思考必定与想不存在的东西不同。

泰阿泰德 似乎如此。

苏格拉底 除了我们正在追踪的这些线路外，虚假的判断对我们来说没有其他可能产生的途径。

泰阿泰德 没有，确实没有。（第717—718页）

这一段显然表明，柏拉图认识到上一段说明中的问题，因此直接用"存在或不存在"来进行说明。这一段最显著的特点是明确以感官感觉为例来说明不存在，通过论证说明，想不存在的事物是不可能的，由此得出结论：虚假的思考与想不存在的东西乃是不同的。这些意思是可以理解的，但是在具体论述中，却有一些难以理解的问题。

一个问题与关于无的说明有关。"无"，顾名思义，就是"没有"。"一个人看见无"，意思不大可能是"一个人看见'没有'"。因此这里的意思大概是说"一个人什么也没有看见"。这样，一个人若是看见某物，当然就不可能什么也没有看见。否则这里的意思就无法理解。如果这样理解，这句话倒是没有问题了，但是另一句话，即"想不存在的事物就是想无"，却有了问题。按照"什么也没有"的理解，这里所说的"想无"应该理解为"什么也没有想"。如果是这样，想不存在的东西怎么会是什么也没有想呢？比如人们想金山、方圆或永动机，西方人想上帝，中国人想玉皇大帝，等等，即便所想的这些东西不存在，终究还是想了。怎么能说想不存在的东西就会是什么也没有想呢？

这里，对"想无"也许可以有另一种理解，即"想没有的东西"。如果这样理解，前一个问题似乎就解决了，因为不存在的东西与没有的东西可以是等价的，或者说有某些相似性，因此"想不存在的事物就是想无"这样的说法就可以理解了。但是在这种意义上，"想无和不想不就是一回事

第一章 柏拉图的《泰阿泰德篇》

吗?"这句话就无法理解。因为在这句话中,大概只有把"想无"理解为"什么也没有想",才能理解这里的意思,而如果把它理解为"想没有的东西",意思就无法理解了。

也许,"无"这个词本身是有歧义的,因此可以有两种理解。换句话说,在与"想不存在的事物"相联系的时候,它的意思是"没有的东西",而在与"不想"相联系的时候,它的意思是"什么也没有"。在这种意义上,"想不存在的事物就是想无"和"想无和不想不就是一回事吗?"这两句话就都可以理解了,因而不存在理解上的问题了。不是说这样的理解不可以,但是这样的理解建立在一个前提的基础之上,即"无"这个词是有歧义的。认识到这一点,虽然上述两句话可以理解了,但是这段话为了得出最终结论所作出的整个论证却有了问题。

简单地说,这个论述是从看、听等感官感觉与存在的关系,以类比的方式得出一个结论:想某个事物,就是在想某个存在的事物。然后从这里又得出一个结论:想不存在的事物就是想无。无论前一个结论是不是有道理,基于它,后一个结论确实是必然的。接着,柏拉图插入一个解释:想无和不想是一回事。接着这个解释,他最终得出:想不存在的事物是不可能的。因此我们可以看得非常清楚,无论最后这个结论是不是有道理,它基于两个前提:一个是"想不存在的事物就是想无";另一个是"想无和不想是一回事"。这两个前提正是刚才我们谈到与"无"相关的有理解问题的两句话。即使不考虑这里的前一个前提的得出是不是可靠,也不考虑这里的后一个前提本身是不是有道理,从前面的讨论我们至少可以看出,对它们的理解是有问题的。所谓对它们的理解,实际上是建立在"无"的歧义之上的。因此,从这样两个前提得出的结论难道是没有什么问题的吗?但是从柏拉图的论述来看,这两个前提却是"很清楚"的,"很明白"的。这又怎么能够理解呢?究竟是柏拉图自己的论述和论证有问题,还是我们的理解有问题呢?

从前面的论述可以看出,对"无"的理解实际上牵涉到对柏拉图所说的"不存在"的理解,因此,如果在关于"无"的理解上出了问题,不仅会影响对柏拉图最终结论的理解，实际上最终会影响到对存在的理解。与此相关，我们还可以看一看译文 9 中的另一段说明：他相信某事物，而他相信的事物又是不真实的，他在这种时候就是在思考不存在的东西。

【译文 10】

苏格拉底 好吧，被我们称作虚假判断的东西是以这种方式产生的吗？

泰阿泰德 如何产生？

苏格拉底 我们承认虚假的判断作为一种错误的判断而存在，当一个人在他的心中将两个存在的事物互换，并断言其中一个事物是另一个事物。以这种方式，他总是想着存在的某物，但总是将之置于另一事物的位置上，由于他错认事物的标记，因此说他虚假地作判断是公正的。

泰阿泰德 我相信你现在的看法相当正确。当一个人在"美"的位置上想着"丑"，或在"丑"的位置上想着"美"，那么他确实真的在思考虚假的东西。

苏格拉底 我看到你现在不再对我敬畏，泰阿泰德，并且开始藐视我了。

泰阿泰德 为什么，你能说清楚一点吗？

苏格拉底 我相信，你以为我会忽略你说的"真的思考虚假的东西"这句话，不会问你一个事物能否慢地快、重地轻，或者是一个背离其自身性质，像它的对立面一样行事的事物。但无论如何，我赞赏你的勇敢，把这个问题放过去是正当的。所以，你喜欢这样一种观念，虚假的判断是一种误解。

泰阿泰德 对。

苏格拉底 那么按照你的看法，心灵可以把一物当作另一物，而不是当作该物本身。

泰阿泰德 是的，有这种可能。

第一章 柏拉图的《泰阿泰德篇》

苏格拉底　当心灵这样做的时候，它一定不会同时想着两个事物，或者其中之一吗？

泰阿泰德　它一定会，或者同时想，或者先想一个，后想另一个？

苏格拉底　好极了。你接受我对思维过程的描述吗？

泰阿泰德　你如何描述这个过程？

苏格拉底　我把思维说成心灵与它自身围绕正在思考的某个主题而进行的谈话。你必须把这个解释当作一个无知者的看法。但我有这种想法，当心灵在思考时，它只是在与自己谈话，提出问题，回答问题，说出对错。一旦它作出决定，无论是缓慢的还是突如其来的，此时疑问已经消除，两个声音肯定了相同的事情，于是我们就称之为"判断"。所以我会把思维描述成谈话，把判断说成是宣布了的陈述——不是大声地对别人说，而是沉默地对自己说。

泰阿泰德　我同意。

苏格拉底　这就意味着，当一个人把某物当作他物来思想时，他对自己肯定该物就是他物。

泰阿泰德　当然。

苏格拉底　那么回想一下，你有无对自己说过"没错，美的东西就是丑"，或者"不公正的东西就是公正"。更一般地说，想想你有没有使自己信服过，某物肯定是他物，或者相反，甚至连梦中你也从来没有达到这种地步，对自己说奇数一定是偶数，或者说出其他类似的话来。

泰阿泰德　你说得对，我没说过。

苏格拉底　你设想其他人，疯子或精神不正常的，会这样做：在心中对他自己认真地说，牛一定是马，或者二者为一？

泰阿泰德　我当然不会这样想。

苏格拉底　如果对自己作陈述与下判断是一回事，那么只要一个人正在同时对两样事物作陈述或下判断，他的心灵拥有这两样事物，那么他就不能说或下判断，认为它们中的一个事物是它们中的另一事物。你在答话时一定不要对我的用语进行挑剔，我指的是没有人会认为"丑就是美"或其他类似的说法。

泰阿泰德　我不会吹毛求疵，苏格拉底。我同意你的看法。

苏格拉底　那么，正在思考两样事物的人不会把其中的一个当作另一个。

泰阿泰德　似乎如此。

苏格拉底　另一方面，如果他只思考一个事物，根本没有想到其他事物，他也决不会认为这个事物是其他事物。

泰阿泰德　对，否则他心中一定有从前有过而现在并没有想到的事物。

苏格拉底　由此可见，无论想到两样事物还是只想到一样事物，"误解"都是不可能的。所以，把虚假的判断定义为"误判"是没有意义的。以这种形式存在于我们中间的虚假的判断比我们前面打消了的那些形式更不会出现。

泰阿泰德　似乎如此。（第 718—721 页）

这一段紧接着上一段，继续讨论虚假判断。它主要讨论了一种看法，即虚假的判断是不是错误的判断。借助对心灵过程的描述，这一段试图说明，虚假的判断不是"误判"。这些意思都是比较清楚的，没有什么理解的问题。我们只讨论其中一些无法理解的问题。

一个问题是关于虚假判断的说明。这个说明的意思大致如下：一个人心中有两个事物，他将这两个事物互换，把其中一个误当成了另一个。这个意思大致可以理解，但是经不起细究。既然是关于判断的说明，当然应该具有普遍性。在这种意义上，对事物的说明可以具有普遍性，因为"事物"具有泛指、任意的东西的性质，但是心中的事物加上"存在"的修饰，还具有普遍性吗？难道人们只思考存在的东西，而不思考不存在的东西吗？此外，前面的论证不是说明人们思考不存在的东西吗？既然如此，这里为什么要说在心中有两个"存在的事物"，而不是像我们那样大致地说"有两个事物"呢？而且，译文 9 已经明确说过，一个人如果在想，就一定在想某物，如果他想某物，他就是在想某个存在的事物。既然如此，这里还有必要以"存在"来修饰某物吗？关键问题在于，这里的几点相关说明，即"互换""断言其中一个事物是另一个事物""想着""将之（一个）置于另一事物的位置上"等等，实际上只与心中的这两个事物相关，而与它们的存在不相关，或者至少可以毫不相干。因为我们无法理解，这里为什么要加上"存在"的修饰，从而把一种具有普遍性的说明变成一种不具有普遍性的说明了呢？

这一点从这段话关于思维的描述也可以看出来。那里谈论心灵的思考时，谈到了"与自己谈话""提出问题""回答问题""说出对错"。因此，判断是"宣布了的陈述"。从这些论述可以清楚地看出，柏拉图是在普遍性的意义上论述判断，而不是论述某一类判断。因此，即使谈论虚假的判断，也是在普遍意义上的，不会也不应该在谈论过程中消除所谈论的东西的普遍性。因此，关于"存在的事物"的说明在这样的论述中是无法理解的，因为它恰恰消除了谈论的普遍性。

另一个问题与举例有关。这段话所举的例子是：美的东西是丑，丑是美，不公正的东西是公正，奇数是偶数，牛是马，等等。这些例子与关于判断的一些说明显然是相关的。比如，牵涉到两个事物，而且显然是不同的事物；它们可以是对自己的谈话，可以是对问题的回答，可以有对错，而且显然都是虚假判断。但是，它们与存在有什么关系呢？也许它们会与存在相关，但是，即使它们与存在无关，难道我们就不能理解它们了吗？

三、应该是"是"，而不是"存在"

以上我们从柏拉图的《泰阿泰德篇》中选了一些与普罗泰戈拉的观点、与感觉和判断相关的论述，讨论了中译文中无法理解和不容易理解的问题。我认为，柏拉图的著作本身确实有一些不太容易读懂的地方，确实有一些不太容易理解的问题，但是以上问题不是柏拉图的著作本身造成的，而是由中文翻译造成的。最主要的原因在于我们把其中的"being"翻译为"存在",因而把它理解为存在,由此造成在理解这个概念以及与这个概念相关的一些概念和问题时产生了问题。在我看来,若是以"是"来翻译,更为重要的是,若是依据"是"来理解,则会消除上述问题。下面我对以上10段译文中的"being"这个概念作适当的修正[①],然后依据修正后的中译文来探讨柏拉图的相关思想。

【译文 1*】

苏格拉底 你提出的关于知识性质的解释无论如何都不会被轻视。你的解释与普罗泰戈拉的解释是一样的,只不过叙述方式有些不同。他说,你要记住,"人是万物的尺度,既是是的事物是的尺度,也是不是的事物不是的尺度"。无疑,你读过这段话。

泰阿泰德 是的,读过好几遍。

苏格拉底 他的意思岂不是在说,你我都是人,因此事物"对于我就是它向我呈现的样子,对于你就是它向你呈现的样子",对吗?

泰阿泰德 对,他就是这个意思。

苏格拉底 一个聪明人说的话不会是胡说八道。所以,让我们来了解一下他的意思吧。有时候,同一阵风吹来,我们中间的一个人感到冷,另一个人感到不冷,或者一个人感到有点冷,而另一个感到非常冷。

泰阿泰德 当然是这样。

苏格拉底 那么,在这个例子中我们可以说这阵风本身是冷的或

[①] 关于以下中译文,需要有几点说明:第一,加星号"*"以示与前面的中译文相区别;第二,译文的修正一般只涉及 being 这个概念和与之相关概念的翻译;第三,本文只讨论对柏拉图著作的理解,并且主要讨论与 being 相关的理解,不讨论翻译的对错;第四,修正译文只注标准页码。参见 Page, T.E.: *Plato*, II, Greek-English text, trans. by Fowler, H.N., Harvard University Press, 1952; Hamilton, E. / Cairns, H.: *Plato, The Collected Dialogues*, Bollingen Series LXXI. Princeton University Press, 1978; Hamilton, E. / Otto, W.F. / Grassi, E. / Plamboeck, G.: *Platon, Saemtliche Werke* (4), Rowohlt Taschenbuch Verlag GmbH, Hamburg, 1958.

第一章　柏拉图的《泰阿泰德篇》

不冷的吗？或者我们得赞成普罗泰戈拉的说法，风对于感到冷的人来说是冷的，风对不感到冷的人来说不是冷的？

泰阿泰德　后一种说法似乎是合理的。

苏格拉底　那么，风就是这样对我们每个人"呈现"的吗？

泰阿泰德　是的。

苏格拉底　"对他呈现"的意思就是他"感觉到"它是这个样子的吗？

泰阿泰德　对。

苏格拉底　那么，"呈现"与"感觉"在是热的或类似事例中就是一回事。对每个感觉到它们的人来说，它们是像他们感觉那样的。

泰阿泰德　似乎如此。

苏格拉底　因此，感觉总是对某种是的东西的感觉，作为知识，这是无误的。

泰阿泰德　这一点很清楚。（152-c）

这一段提出并且讨论普罗泰戈拉的观点。我们可以按照讨论译文1那样分步骤讨论这段话。

第一步设定所要说明的观点：人是万物的尺度，既是是的事物是的尺度，也是不是的事物不是的尺度。虽然是设定，但是也可以看出，这里本身就包含着一种解释。确切地说，它提出的观点是：人是万物的尺度。对这个观点它立即给了一个解释：人既是是的事物是的尺度，也是不是的事物不是的尺度。由此也就说明了人是万物的尺度的意思。在这种意义上，"是的事物"和"不是的事物"乃是对事物的进一步说明，"是"和"不是"则是对尺度的进一步说明。由此可以看出，讨论人是万物的尺度，实际上是要讨论是的事物是和不是的事物不是的尺度，讨论人与事物的关系是不是这样，如果是，则为什么是这样，等等。这就说明，在后面的讨论中，虽然讨论的是人和事物之间的关系，但是核心的概念却是"是"和"不是"，或者至少要与它们相关。

第二步解释上述观点：事物是它向人呈现的样子。由此也就说明了人与事物的关系。需要指出的是，这个观点不是直接阐述的，而是从它的陈述得出来的。这里的"你"和"我"可以有两种理解：一种是指对话者；另一种是泛指不同的人。因此无论如何理解，都是指不同的人。在这一步解释中，新出现的概念是"呈现"。

第三步以风为例解释第二步的意思。对于吹来的同一阵风，不同的人会有不同的感觉，比如冷、不冷、有点冷、非常冷等等。在这种情况下可以有两种说法。以冷为例，一种说法是"风是冷的，或者风不是冷的"，另一种说法是"风对感到冷的人来说是冷的，风对不感到冷的人不是冷的"。这里暂时赞同了后一种说法。在这一步解释中，新出现的概念是"感觉"。因此，这里是以"感觉"来解释"呈现"：风就是这样对人呈现的〔风是冷的，风不是冷的（或是不冷的），风是有点冷的，风是非常冷的〕。

第四步得出结论：风对人呈现什么样子意味着人感觉到它是什么样子。这样，以风为例的说明也就完成了。这个结论是显然的，不会有什么理解的问题。

第五步进一步说明，呈现和感觉是一回事。值得注意的是，这里依然有举例说明，即"热的"。对这个例子可以有三种理解。其一，它不是关于风的，因此可以理解为它超出了前面关于风的例子。其二，如果可以理解有的风是热的的话，比如夏天有时候人们会觉得风是热的，那么我们可能会认为这里仍然是在围绕着风这个例子进行论述。其三，它就是关于风的，并且是围绕前面的例子说的。这样则可以看出，"热的"是与"冷的"相对立的概念，它的表达就含有"不冷的"的意思。由此可以说明事物呈现的不是一样的，与人们的感觉不是一样的。但是无论怎样理解，随后的"类似事例"都清楚地表明，这里关于呈现与感觉的论述已经超出了风这个例子的说明。由此也就说明，呈现与感觉，通过风这个例子，已经得到了一般性的说明，即具有普遍性的说明。

第六步终于得出最后的结论：感觉总是对某种是的东西的感觉。

从以上六步论述可以看出，从一开始提出人是万物的尺度，并且在解释这一点的时候提到了是的事物是与不是的事物不是，到最后说明感觉总

第一章　柏拉图的《泰阿泰德篇》

是对是的东西的感觉，柏拉图的讨论始终围绕着"是"这个概念在进行。在理论层面，他借助呈现和感觉这两个概念来论述事物与人的关系，说明事物呈现的样子与人的感觉是一回事。此外，他还举了例子。通过围绕例子的说明，使我们明白这里想要说明的东西。而且，例子与理论层面的说明乃是一致的，都是围绕着事物是和不是的情况，从而说明人是万物的尺度所表达的究竟是什么意思。一个人感到风是冷的，这也是风向他呈现的样子，因此他认为风是冷的。以同样的方式，他也可能认为风不是冷的（或风是热的），风是有点冷的，或者风是非常冷的，等等。因此，事物对他呈现什么样子，他就会认为事物是什么样子，而不会认为事物不是什么样子。正因为这样，他才会既是是的事物是的尺度，也是那不是的事物不是的尺度，因而他才会是一切事物的尺度。

在译文 1 处我们曾经指出，一个最主要的问题是通过其中所举的例子得不出最后的结论，因而不能说明所要说明的问题。现在可以看出，这样的问题在译文 1* 中是不存在的。很清楚，围绕风这个例子可以得出所要得到的结论，因而能够说明人是万物的尺度这个问题。

【译文 2*】

苏格拉底　那么，足智多谋的普罗泰戈拉把这句隐晦的话甩给像我们这样的凡夫俗子，还说是为我们好，而把真理保留下来，作为秘密的学说启示给他的门徒，是这样吗？

泰阿泰德　你这样说是什么意思，苏格拉底？

苏格拉底　我会让你明白这种学说确实值得注意。它宣称，没有任何事物仅凭自身就可以是"一"事物，你也不能正确地用某些确定的名称称呼任何事物，甚至不能说出它属于任何确定的种类。相反，如果你称它为"大的"，那么你会发现它也是小的；如果你称它为"重的"，那么你会发现它也是轻的。其他所有名称亦莫不如此，因为无物是"一"物或"某"物，或属于任何确定的种类。我们喜欢说"是"的一切事物，实际上都是处在生成的过程中，是运动、变化、彼此混合的结果。说它们"是"乃是错误的，因为没有什么东西是永久的，一切事物总是在生成的。在这一点上我们注意到，除了巴门尼德以外，一长串哲学家，普罗泰戈拉、赫拉克利特、恩培多克勒，都赞同这种看法；而在诗人中，两种诗体的大师们，写喜剧的厄庇卡尔谟和写悲剧的荷马，也同意这种看法。荷马说："俄刻阿诺，诸神之来源，诸神之母是忒提斯。"他的意思是，万物都是流动、变化的产物。你是这样理解的吗？

泰阿泰德 确实应当这样理解。（152c-e）

这段话紧接上一段，思想是连贯的。它在继续讨论上述观点。这里提出的主要论点是，按照人是万物的尺度的观点，就会得出两个结果：其一，任何事物不可能仅凭自身而是一事物；其二，人不可能正确地用语言表述任何事物。为此，这里还给出了一些例子。直观上看，这两个结果以及这些例子是很容易理解的。按照人是万物的尺度的观点，事物与人密切联系，事物是什么样子乃是向人呈现的，因此事物是什么样子显然不能脱离人，也依赖于与人的关系。正因为事物与人有这样的关系，因此人们也无法正确表述它。根据译文1*的例子，同一阵风，有人会说它是冷的，有人会说它不是冷的。这显然是完全不同的表述。根据译文2*这里的例子，则同样的东西，比如一只蚂蚁，大概可以说它是大的，因为它在蚂蚁中显得非常大，但是我们都知道它是小的，因为作为一个种类，蚂蚁本身是很小的。

值得注意的是这一段所说的"用某些确定的名称称呼"任何事物。这个表达被我解释为"正确地用语言表述"任何事物。在举例中，与它相应的表述是"你称它为'重的'（或'大的'）"。由此可以看出，"重的"是一个名称，是用来称呼事物的。那么怎样称呼呢？根据例子，即是说"它是重的"，与它相对的则是说"它是轻的"。看到这一点，也就明白，为什么这段话会说到"我们喜欢说'是'的一切事物"和"说它们'是'"。这是因为在我们用语言来表述我们的看法的时候，我们必须用名称来称呼事物，而当我们把名称说出来的时候，离不开这个"是"。由此也就可以看出，

第一章　柏拉图的《泰阿泰德篇》

在表述中我们要说"是",而所谓说"是",不过是通过它把对事物的称呼说出来。我们说的不过是我们的感觉,而我们的感觉不过是事物呈现给我们的样子。由此也就可以理解,为什么人是是的事物是的尺度,也是那不是的事物不是的尺度。

基于以上说明,也就可以理解,为什么柏拉图会说,说事物"是"乃是错误的。他批评这种说法时依据了以下观点:一切事物都是在生成之中,都是变化的产物。对此他没有举例。这可能是因为在他看来这是显然的,甚至用不着举例。但是这里我们也可以举一个例子。比如我们说一块冰是重的,但是由于这块冰本身是在变化之中,比如在融化,因此可能它是在变轻,所以它是重的这种情况不是永久的。

关于"生成"这一概念,这里可以多说两句。这是希腊哲学中常常说到的一个概念,而且与"是"这个概念常常一起讨论。"生成"本身有"变为""变成""变化"等涵义。它的字面意思是:成为是。它的引申意思是:过去不是,现在将成为是。比如一块冰变成水(the ice becomes water),这句话的意思是说,这块冰过去不是水,现在是水了(the ice was not water, and now it comes to be water)。这样的讨论在古希腊哲学中是非常多的。由此可以看出,"生成"这个概念与"是"这个概念是密切相关的,因而也可以理解,为什么古希腊哲学家会说"生成"包含着"是"。基于这样的认识,我们可以理解,当柏拉图把这两个概念放在一起说的时候,也是很自然的。

【译文 3*】

苏格拉底　我已经把要说的全都说了,所以我只能假定,无论我们如何表达,物与我的是或生成应当"相互对对方"而是或生成。必然性把我们的是捆在一起,但没有把我们分别与其他事物捆在一起,更没有把我们分别与必然性本身捆在一起,所以我们只能相互捆在一起。同理,无论我们谈论某事物的"是",还是谈论它的"生成",我们都必须把它说成"对某事物的"或"属于某事物的"或"与某事物相联系的"是或生成，但是我们一定不能把某事物说成它仅仅依自身或凭自身而是或生成任何事物，也不能允许别人这样说。这就是我们的论证所得出的结论。

泰阿泰德 当然是，苏格拉底。

苏格拉底 既然如此，那么由于作用于我的事物是对我而言的，而不是对别人而言的，所以是我，而不是其他任何人，实际上感觉到它。

泰阿泰德 当然。

苏格拉底 所以我的感觉对我来说是真的，因为它的对象在任何时候都是我的现实情况。如普罗泰戈拉所说，我是一名判断者。如果事物对我而言是，我就判断它是；如果它对我而言不是，我就判断它不是。（160b-d）

这段话论述事物与人的关系，以此继续讨论人是万物的尺度。按照苏格拉底的论述，这段话可分为三小段。第一小段对事物与人的关系作出一般性的说明。事物的是或生成乃是对人而言的，人的是或生成乃是对事物而言的。因此，事物的是与人的是被联系在一起。关于事物的是，我们已经有所理解，即事物向人呈现的样子。然而什么是我们的是，即人的是，似乎不是非常清楚。但是我们知道，人对事物是有感觉的，而且，人对事物的感觉与事物向人呈现的样子是一样的。因此可以理解，人与是必然联系在一起。正因为这样，谈论某事物的是，一定是有相对性的，因为说它是重的，它可能是轻的，说它是大的，它可能又是小的。关于生成也是同样的。这些情况前面已经作过一些说明，因此不用重复。而且，这种情况，对人而言，乃是具有普遍性的。因此对我们是这样，对别人也是这样。

第二小段基于第一小段的普遍性说明，过渡到对"我"，即对某一个人的具体的说明。这里虽然用了"作用"一词，但是很明显，它说的是一事物对某一个具体的人呈现出一种具体的样子。所以，对这样一种呈现或作用，有感觉的是这个具体的人，而不是其他人。

第三小段基于第二小段作出进一步的说明。可以看到，这里虽然还是

第一章 柏拉图的《泰阿泰德篇》

在说感觉,却谈到判断和真。我的感觉对我来说是真的,实际上是说,事物对我呈现的样子对我来说是真的。那么我对事物作出的判断,当然可以是根据我的感觉作出的,因此我的判断与真相关,可以是真的。关于判断,这里也有明确的说明。事物是,我就说它是,事物不是,我就说它不是,这就是判断。当然,无论事物是,抑或不是,都是对我而言的。这样,就从判断的角度对人是万物的尺度作出了说明。需要指出的是,这里的"我",既可以是指一个具体的人,也可以泛指任何一个人。如果按照前一种理解,通过举一反三,可以达到普遍性的说明。若是按照后一种理解,则它本身就是一种普遍性的说明。因此,这个例子想说明的,归根结底,是一种普遍性的东西。此外,这里的说明还牵涉到判断和真这两个概念。它们同样是具有普遍性的东西。这一点非常值得注意。

【译文 4*】

苏格拉底 ……

他会说,如果你们能够做到的话,请表现得光明正大些,向我真正说过的话发起攻击,并请证明,我们每个人并不具有自己独特的感觉;如果肯定它们是独特的,那么也不能由此推论,对每个人呈现的事物只对一个对其呈现的人才生成(或"是",如果我们可以用"是"这个词的话)。在这个问题上讲什么猪和狒狒,而你自己的行为就像一头猪。更有甚者,你诱导你的听众以同样的方式对待我的著作,这是不公平的。我确实像我在著作中写的那样,肯定这是一条真理。我们每个人都是是什么和不是什么的尺度,但是,这个世界上的这个人与那个人之间全是有区别的,这正是因为某物对此人是这样的并且呈现为这样的,而对彼人是别样的并且呈现为别样的。至于智慧和聪明人,我从未说过他们不存在。我用聪明人这个词指的是这样的人,当某种是坏的东西呈现出来并对某个人而言是坏的时候,他能改变这个人,他能使是好的东西呈现出来并且对这个人而言是好的。再次提醒,不要对我刚才说的话咬文嚼字,允许我作更清晰的解释。回忆一下我前面是怎么讲的。对病人来说，他的食物呈现为酸的，而且就是酸的；对健康人来说，它的食物是相反的情况并且呈现为相反的情况。我们现在不需要判断这两个人哪个更聪明，这样做也不可能。既不能说那个病人是愚蠢的，因为他竟然认为食物是酸的；也不能说那个健康人是聪明的，因为他的想法与病人不同。所需要的是变为对立的情况，因为另一种状态是更好的。（166c-167）

这段话依然在论述人是万物的尺度。根据这里的解释，人是有差异的。所以，尽管前面所说的事物与人的关系是普遍性的，比如事物向人呈现出某种样子，人感觉到事物，而且人对事物的感觉一如事物向他呈现的那样，但是这种关系在每一个人那里又是不同的。一事物对此人呈现为这样的并且是这样的，对彼人却可以呈现为那样的并且是那样的。因此，一事物对此人是这样的，同时也可能对彼人不是这样的。也就是说，对不同的人而言，同一事物可以呈现为不同的样子，并且是不同的样子。所以，既然人是万物的尺度，那么每一个人自己就是万物的尺度，因此，每一个人都是事物是的尺度，并且是事物不是的尺度。这实际上是一个简略的说法。从这里的论述可以看得非常清楚，它的意思是说：每一个人都是事物是什么、是怎样的尺度，并且是事物不是什么、不是怎样的尺度。谈论人与事物的关系，尤其是围绕着人是万物的尺度，这种意思是非常清楚的，也应该是非常清楚的。有了这样的明确说明，也就反驳了这里假设的一个观点：如果一个人的感觉是独特的，那么可以得出，一个对他呈现的事物只对他才生成为某种样子或是某种样子。这是因为，根据这里的前提，如果此人的感觉是独特的，那么彼人的感觉也是独特的。因此，一个对此人呈现的事物也可能对彼人呈现，因而它对此人生成为某种样子或是某种样子，对彼人可能会生成相同的样子或是相同的样子，也可能会生成不同的样子或者是不同的样子。

这一段关于聪明人的论述，实际上是提供了一个例子，进一步说明以上道理。这个例子固然说明聪明人可以使对事物的看法发生变化，但是最

第一章 柏拉图的《泰阿泰德篇》

主要的还是说明,同样的事物,对不同的人来说,可以呈现为不同的情况,并且本身就是不同的。

值得注意的是,这里谈到"生成"时补充说"是"。在同样的上下文里,"是"表示的是静止的情况,而"生成"表示的是运动的情况。但是前面我们已经解释了"生成"的涵义,它本身就会有"是"的意思。因此,它们的意思在这里是相通的。由于是在论述人是万物的尺度,而"是"乃是其中的核心概念,因此柏拉图的论述总是围绕着"是"来进行,乃是可以理解的。这一点,从这里的例子,"食物是酸的",则可以看得更加清楚。

【译文 5*】

苏格拉底 那么,这里有个问题给普罗泰戈拉或任何赞同他的观点的人。按照你和你的朋友们的说法,人是万物的尺度,无论它是白的、重的、轻的,还是该类事物中的任何一个。人本身拥有判断事物的标准,而且由于相信事物是被他感觉到的那个样子,所以他相信对他来说是真的和实在的东西。是这样吗?

塞奥多洛 对。(178b)

这一段论述虽然很短,却涉及一些非常重要的问题。一个问题是重复人是万物的尺度。从这里给出的例子"白的""重的""轻的"等来看,它们是对人是万物的尺度的说明,因此是对人既是是的事物是的尺度,也是不是的事物不是的尺度的说明。由于这些例子只是形容词,是不完整的说明,因此需要我们把它们"恢复"成完整的说明。也就是说,我们应该想一想,在事物向人呈现的过程中,在人对事物的感觉中,这些例子会告诉我们一些什么。在我看来,它们大致都表明,一事物向我们呈现为白的(或轻的、重的),我们感觉到它是白的,我们的感觉就是它向我们呈现的样子,因此,它是白的,这大概就是这个例子最恰当说明的东西。如果以此来理解人是万物的尺度的表述,我们可以非常清楚地看出,"白的"恰恰是"是的事物是的尺度"中所省略的东西。由此也就明白,"是"这个概念乃是一个省略的表达，省略的乃是跟在它后面的东西，即它所引出的用来表达的东西。在这种意义上，在谈论"是"的时候，或者，在围绕着"是"而谈论的时候，乃是涵盖着以它所引出的不定式所表达的东西的。

另一个问题牵涉到真。这一段说到人有判断事物的标准，尽管这里没有明确说明什么是判断，什么是判断事物的标准。人们相信自己的感觉，根据自己的感觉作出判断，这是很自然的事情。因此人们相信对自己来说是真的和实在的东西，这似乎也是很自然的事情。这里说得虽然简单，似乎也很直观，但是却隐含着一个观点：对一个人来说，一事物呈现的样子，即一事物是的样子乃是真的和实在的。这样，一事物是怎样的与是真的就联系起来，尽管是对某个人而言的。因此，在这一段似乎是漫不经心的论述中，我们可以看到"是"与"真"这两个重要的概念发生了联系。

我认为，这种联系是很重要的。根据以上围绕人是万物的尺度的说明，事物对一个人呈现出什么样子，一个人就会感觉到事物是什么样子，比如同一阵风，不同的人会认为是冷的、不冷的、有点冷的、非常冷的等等。感觉到冷的人会认为这阵风是冷的乃是真的，感觉不冷的人会认为这阵风是冷的不是真的。因此，与真相关的乃是对这阵风是什么样子的感觉，或者简单地说，这里相关的乃是这阵风是什么样子的，而不是这阵风是不是存在，即是不是有这阵风。因此，根据与真的联系也可以看出，围绕人是万物的尺度，谈论的核心概念乃是"是"，而不是"存在"。

四、是与真

在反驳了人是万物的尺度的观点，因而反驳了知识就是感觉的观点之后，柏拉图转而探讨其他一些关于知识的看法。下面我们看一看柏拉图与感觉和判断相关的一些论述。感觉是与知识相关的重要概念，判断也是与知识相关的重要概念。它们也是两个相互区别的概念。由此也可以看出，柏拉图对这两个概念的讨论依然是与知识相关的探讨，他依然是在讨论知识是什么。首先我们看他关于感官感觉的讨论。

第一章 柏拉图的《泰阿泰德篇》

【译文 6*】

苏格拉底 很好。那么现在请告诉我,这个官能起作用要通过什么样的感官,不仅可以告诉你对这些对象来说是相同的东西,而且可以告诉你对一切事物来说是相同的东西,亦即你使用"是"和"不是"这些术语时表示的意思,以及我在前面提问时用过的其他术语表示的意思?你能说出有什么样的器官与这些术语一一对应,并通过我们的这些感官感知到它们中的每一个?

泰阿泰德 你的意思是指是与不是、相似与不相似、相同与相异,还有一般用于事物的单一和数目,显然还包括"偶数""奇数",以及所有这一类概念。你正在问的是,通过身体的什么部分,我们的心灵觉察到这些东西?

苏格拉底 你领会得极为透彻,泰阿泰德,这正是我的问题。

泰阿泰德 说真话,苏格拉底,我无法指出是什么器官,除非我想根本就没有什么专门的器官可以感觉到所有这些东西,就像有器官是用来感觉其他东西的那样。我很清楚,心灵本身就是它思考这些适用于一切事物的普遍术语的工具。

苏格拉底 实际上,泰阿泰德,你是漂亮的,不像塞奥多洛所说是丑的,因为在讨论中,行为漂亮才是漂亮的。如果你明白心灵以它自己为工具,凭借自己思考某些事物,而通过身体的官能思考其他事物,那么你除了是漂亮的以外,还省掉了我的麻烦,不必再对此作漫长论证了。这确实是我自己的想法,但我希望你也能同意。

泰阿泰德 好吧,我明白这一点。(185c-e)

这段话的意思很明确,也很简单。它主要说明,"是"这个词,以及与它密切相关的"不是"这个词,与其他词是不同的。其他一些词所表达的意思可以通过感官来感觉,而"是"和"不是"这两个词不能通过感官来感觉。根据这里的说明,这两个词需要通过心灵本身来思考。关于这一点,这一段没有给出论证,而是通过赞扬对话者的方式把它省略了。引申的意思则是说，这一点是自明的，是可以理解的。

从具体说明可以看出，"是"与"不是"，还有其他一些词，比如相同和相异、相似和不相似，以及表示数的一些词，确实与前面给出的例子中的那些词不同，比如白的、轻的、重的、冷的、热的、酸的等等。能不能通过感官来感觉，确实可以作为区别它们的一个标准。通过心灵本身来思考，确实也可以作为一条说明它们的理由。不管这样的标准是不是确定，无论这样的理由是不是充分，我们至少可以看出，这里关于是和围绕是的说明在深入。这是因为，在前面关于人是万物的尺度的说明中，是乃是核心概念，而那里的说明又利用了人对事物的感觉来说明事物对人的呈现。无论是不是有明确的说明（在我们的引文中没有明确的说明），对事物的感觉当然是要通过感官进行的。因此，是与感官似乎是有联系的。这里则要通过与感觉的区别，对是作出进一步的说明。

需要说明的是这里提到的两句话：一句是"对这些对象来说是相同的东西"，另一句是"对一切事物来说是相同的东西"。前一句指的是声音和颜色等等，它们是译文 6* 之前谈论的东西，没有在我们援引的译文中出现。这些东西显然是感官可感觉的东西。与此相对，后一句指的似乎是超出感官可感觉的东西。从这两句话可以看出，用是和不是所表达的东西，不仅包括感官所感觉的东西，而且包括不是感官所感觉的东西。当然，仅从"一切事物"这一句就可以看出，它们的表达乃是具有普遍性的，既然如此，当然一定会包括感官所感觉的东西。所以无论怎样理解，都可以看出，这样的论述既强调了是和不是这两个表达的普遍性，也区分了它们所表达的东西。

【译文 7*】

苏格拉底 那么你把是归入哪一类？它属于一切事物，这是事物的首要性质。

泰阿泰德 我想把它归入心灵凭借自身来理解的那一类概念。

苏格拉底 相似与不似、相同与相异也是这样吗？

第一章 柏拉图的《泰阿泰德篇》

泰阿泰德 是的。

苏格拉底 关于"荣耀"与"耻辱"、"善"与"恶"又怎样？

泰阿泰德 首先，在我看来，它们属于这样的事物，对它们所是的思考一定要进行比较，心灵在其自身反思过去和现在，却着眼于未来。

苏格拉底 等一等。心灵通过触觉器官感觉到坚硬事物的硬和柔软事物的软，对吗？

泰阿泰德 对。

苏格拉底 但是，它们的是、它们是什么、它们之间的对立，以及这种对立的是，当心灵对这些事情进行反思和相互比较时，它们都是心灵本身为我们作出的判断。

泰阿泰德 当然。

苏格拉底 那么，一切通过身体渗入心灵的印象是人和动物一生下来都能感知到的东西，而对它们的所是和有用性的反思却是后来才有的，要通过漫长的、困难的教育过程才能出现，这样说对吗？

泰阿泰德 肯定对。

苏格拉底 不能达到是的人有可能达到真吗？

泰阿泰德 不可能。

苏格拉底 如果一个人不能达到某事物的真，他有可能认识那个事物吗？

泰阿泰德 不，苏格拉底，这怎么可能呢？

苏格拉底 如果这样的话，那么知识并不在于印象，而在于我们对印象的反思。似乎在反思而非在印象中，才有可能把握是与真。

泰阿泰德 显然如此。（186-d）

这段话紧接上一段，而且说明"是"与"不是"属于心灵凭自身理解的概念。除此之外，它还谈到两类概念：一类是"善"和"恶"等等，另一类是"软"和"硬"等等。这两类概念不同，思考前者要通过比较，思考后者要通过感官感觉。虽然对二者的思考都要通过心灵，但是前者不是通过感官感觉来思考的。这一点虽然没有明说，而且似乎也没有怎么刻意强调，意思却是非常清楚的。

在我看来，这两类概念的区别和论述固然有意义，但是此后的两点论述更有意义。一点是关于软和硬的是的论述。在作出以上区别之后，柏拉图谈到了它们的所是、它们是什么、它们之间的对立，以及这种对立的所是，并且说明"它们都是心灵本身为我们作出的判断"。而且，对它们的是的反思与对它们的感觉不同，后者是动物也有的，而前者却是通过教育才得到的，也就是说，只有人才有，而且是后天的。由于对它们的是的反思牵涉到人与动物的区别，因而具有非同寻常的意义。

软和硬是一对对立的概念，表示对立的性质。译文中也已经说明，它们是要通过感官感觉获得的。在这种意义上，人和动物大概没有什么区别，因为感觉是人和动物天生的能力。但是，人与动物的区别在于人能够通过心灵进行反思，而动物不能。无论这种观点是不是有道理，译文7*显然表达了这样的意思。但是，反思什么呢？就是反思上面说到的四种情况。第一种，"它们的所是"。由于硬和软的概念是通过感觉得到的，因此"是硬的"和"是软的"乃是最直观的东西。在获得这样的感觉的基础上，所谓反思，就是对"是硬的"和"是软的"这样的东西作出思考，这就是它们的是。第二种，"它们是什么"。获得以上两种感觉乃是自然的，但是作为人，询问"什么是硬？""什么是软？"也是自然的，而且这是进一步的思考。这样的思考，当然不是通过感官感觉进行的。第三种，"它们之间的对立"。硬和软无疑是两种对立的性质。单纯地考虑硬或单纯地考虑软固然可以，但是也可以把它们加以比较。这样就有了对它们的对立的思考。第四种，"它们对立的所是"。由于硬和软是两种对立的性质，因此"是硬的"和"是软的"则是两种对立的表述。这样的表述牵涉到它们的是。如果一事物"是硬的"，则它一定不能"是软的"，因而它一定"不是软的"；反过来也是一样。虽然柏拉图没有作出以上说明，但是从他的论述可以看出这样的意思。或者，根据他的论述我们可以这样理解。值得注意的是，柏拉图在这里谈到以上情况是心灵本身为我们作出的判断。显然，"是硬的"是判断（的一部分），

第一章 柏拉图的《泰阿泰德篇》

"硬是（如此这般的）"是判断，"硬和软是不同的性质"是判断，"'是硬的'则不能是'是软的'"（因而"是硬的则一定不是软的"）也是判断，如此等等。其中有些是可以通过感觉得到的，有些则不是通过感觉得到的。但是最核心的东西无疑乃是"是"。无论如何，这个"是"乃是无法通过感官来感觉的。

另一点是关于是与真的关系的论述。在说明要通过教育才能达到对事物的是的反思之后，忽然说到不能达到是就不能达到真，而且不能达到真，就不可能达到认识。由此也就说明，把握是与真，不是通过感觉，而是通过反思才能达到的。这样的说明意思是清楚的。直观上看，真与认识相关，是与真相关，因此，是与认识相关。由此也就说明，为什么前面的讨论一致要围绕着是来进行。此外，这里虽然没有展开论述，然而是与真的关系，直观上乃是不难理解的。比如"是硬的"是可以感觉的，但是"是硬的"是不是真的，则是需要思考的。这样的思考要牵涉到其他一些问题，比如硬是什么、是不是硬的等等。这样的思考虽然会与感觉有关，但是绝不仅限于感觉。因此，按照柏拉图的说法，这是心灵对事物的反思和比较，是心灵本身为我们作出判断。

译文 7*的论述虽然简单，却涉及许多重要问题，比如感觉与认识的区别、是与真的关系等等，并且还提到了判断。接下来，柏拉图继续探讨感觉和知识的区别，他指出，"感觉和知识不可能是一回事"，人们"不能在感觉中寻找知识，而应当到心灵被事物充满时发生的事情中去寻找"知识（第714页）。他说，这样的活动"的名称是'作判断'"（同上）。然后他进一步指出，"有两种判断，一种是真的，另一种是假的"，人们"把知识定义为真判断"（第715页），但是他承认，他感到"有一个问题在困扰"他，那就是"作假判断"（同上）。由此他开始探讨假判断。

【译文 8*】

苏格拉底 那么我们该怎么个开始法？我们的意思到底是什么？我们断定所有情况下都有一个假判断，我们之间有人会作出假判断，有人会作出真判断，而且这就是事物的性质，对吗？

泰阿泰德　我们确实这样说过。

苏格拉底　在个别事例中或在所有事例中,我们可以要么知道要么不知道某个事物吗?在这里我不想解释当下熟知然后遗忘这种居间状况,而只涉及知与不知。因为我们现在的问题与居间状况无关。

泰阿泰德　好吧,苏格拉底,除了知与不知,在任何事例中都没有第三种可能性。(第一步)

苏格拉底　由此马上可以推论,当一个人在思考时,他一定在思考着他知道的某些事物或他不知道的某些事物,对吗?

泰阿泰德　必然如此。(第二步)

苏格拉底　进一步说,如果你知道某物,你不能也不知道它,如果你不知道某物,你不能也知道它,对吗?

泰阿泰德　当然对。(第三步)

苏格拉底　一个人在思考假的事物,而又设想他知道的事物并不是这些事物,而是他知道的其他事物,因此,当这个人知道两种事物时,他实际上对两种事物都不认识?

泰阿泰德　不,这是不可能的,苏格拉底。(第四步)

苏格拉底　好吧,这个人会设想他不知道的事物是他不知道的另一些事物吗?一个人既不认识泰阿泰德又不认识苏格拉底,他会认为苏格拉底是泰阿泰德,或泰阿泰德是苏格拉底,这有可能吗?

泰阿泰德　不可能。他怎么会这样想?(第五步)

苏格拉底　所以一个人确实不会想象他知道的事物是他不知道的事物,或者他不知道的事物是他知道的事物?

泰阿泰德　不会,否则的话简直是个奇迹。(第六步)

苏格拉底　那么,对假地作判断来说,还有其他出路吗?我们推测,一切事物或是被我们所知或是未被我们所知,此外没有别的可能性,两者之间没有给假的判断留下任何余地。

泰阿泰德　相当正确。(第七步)(187e-188c)

第一章 柏拉图的《泰阿泰德篇》

这段话论述假判断,括号中的步骤是我标出的,为的是讨论的方便。这段话一上来就说,在所有情况下都有一个假判断,这是因为有人会作出真判断,有人则会作出假判断。从前面给出的例子可以看出,冷的和不冷的、硬的和软的,都是对立的情况。针对对立的情况形成的判断,一定是不同的判断。如果其中一个是真的,另一个一定是假的。所以,这一点是清楚的。"所有情况"这一表达说明这里讨论的是普遍情况,而不是一种特殊的情况。由于假的与真的相对立,因此关于假的讨论也有助于关于真的理解。因为从知识的角度说,真乃是重要的概念。这一点从译文 7[*]可以看得非常清楚。

值得注意的是,这一段不是直接论述假判断,而是通过知道与不知道来论述假判断,最后得出结论:没有假判断。因此反驳了在所有情况下都有假判断的观点。从标出的步骤可以看出,由于知道只有两种情况(第一步),因此思考也只有两种情况(第二步),因此知道某物和不知道某物都是确定的情况,不会混淆(第三步)。这三步论述非常清楚,也没有什么问题。

在第四步谈到了假判断。这种情况是:一个人思考假的事物,同时设想他知道的事物不是他知道的这些事物,而是他知道的其他事物。这句话大概需要解释一下。所谓假的东西指的是:一事物是如此,但是被认为或说成不是如此。比如一事物是硬的,若被认为或说成是软的,就是假的,因为软的不是硬的。所以,如果一个人思考假的事物,就是把一个是的事物看作或说成不是。由于他知道就是知道,不知道就是不知道(第三步),因此他不能作如上设想,即设想他知道的事物不是他思考假事物时所知道的那样的事物,而是其他样子的事物。由此也可以推论,如果一个人知道两种事物,他当然不可能不知道它们,或者,如果一个人知道两种事物,他也不可能认识不到它们(根据第三步)。

第五步也是与假判断相关的情况:一个人思考假判断,同时设想他不知道的事物是其他一些事物,而这些事物也是他不知道的。由于这种情况不是非常清楚,因此柏拉图举了一个例子。从这个例子可以看出,苏格拉底是泰阿泰德乃是一个假判断,如果一个人既不知道苏格拉底,也不知道泰阿泰德,就不可能认为苏格拉底是泰阿泰德,因而不可能会思考这个假判断。

可以看出,第一步至第三步说明只有知道和不知道两种情况,第四步从知道的角度说明不可能思考假判断,第五步从不知道的角度说明不可能思考假判断。这样就穷尽了前面几步给出的情况。因此第六步再次总结知道和不知道的两种情况,并且由此得出第七步:由于没有其他可能性,因此不可能有思考假判断的情况。这样就反驳了最初的前提:在一切情况下都有假判断。

【译文 9*】

苏格拉底 那么,我们最好还是换一个办法来接近我们想要寻找的东西。不用"知或不知",而用"是或不是"。

泰阿泰德 你这是什么意思?

苏格拉底 一个人无论处于什么样的心灵状态,他对任何不是的东西的思考只能是对是假的东西的思考,这不是很简单吗?

泰阿泰德 这个说法有些道理,苏格拉底。(第一步)

苏格拉底 那么,泰阿泰德,如果有人问:"你们所说的这种情况是否对任何人都可能?关于是或绝对是的东西,人有可能思考不是的东西吗?"对此我们该怎么说?我想,我们必须这样回答:"是的。当他相信某事物,而他所相信的又不是真的时,他就是在思考不是的东西。"或者,我们还会有别的回答吗?

泰阿泰德 我们必须这样说。(第二步)

苏格拉底 那么这种事情在任何情况下都是可能的吗?

泰阿泰德 哪种事情?

苏格拉底 一个人看见某物,然而他却没有看见任何东西。

泰阿泰德 不。这怎么可能呢?(第三步)

苏格拉底 然而,如果他看见的是某物,那么该物一定是一个是

第一章 柏拉图的《泰阿泰德篇》

的东西。或者难道你假定可以把某物算作根本没有所是的东西吗?

泰阿泰德 不,我不这样想。(第四步)

苏格拉底 那么,如果他看见的是某个事物,他就看到了一个是的事物。

泰阿泰德 显然如此。

苏格拉底 如果他听见一个事物,那么他就听到了某个事物,并且听到了一个是的事物。

泰阿泰德 对。

苏格拉底 如果他触到一个事物,那么他就触到了某个事物;如果是某个事物,那么一定是是的事物。

泰阿泰德 这也是对的。(第五步)

苏格拉底 如果他在想,那么他一定在想某个事物,对吗?

泰阿泰德 必然如此。(第六步)

苏格拉底 当他想某个事物的时候,他在想某个是的事物吗?

泰阿泰德 我同意。(第七步)

苏格拉底 所以想不是的事物就是没有想任何东西。

泰阿泰德 这很清楚。(第八步)

苏格拉底 但是,没有想任何东西和不想不就是一回事吗?

泰阿泰德 这似乎是明白的。(第九步)

苏格拉底 如果这样的话,关于任何是的东西,或者绝对是的东西,想不是则是不可能的?

泰阿泰德 显然如此。(第十步)

苏格拉底 那么假的思考必定与想不是的东西不同。

泰阿泰德 似乎如此。(第十一步)

苏格拉底 除了我们正在追踪的这些线路外,假判断对我们来说没有其他可能产生的途径。

泰阿泰德 没有,确实没有。(第十二步)(188d-189b)

这一段话表明，由于前面通过知道或不知道得不到关于假判断的说明，因此这里尝试改用"是或不是"来说明。为了讨论方便，我在括号中标出步骤，这样我们可以把这一大段论述简要地概括如下：

第一步：对不是的东西的思考乃是对假的东西的思考。

第二步：如果相信某物，而所相信的不是真的，则是在思考不是的东西。

第三步：不可能有如下情况：看见某物，却没有看见任何东西。

第四步：如果看见的是某物，则该物一定是一个是的某物。不能假定：把某物算作根本没有所是的东西。

第五步：如果看见、听见、触到一个事物，就看见、听见、触到一个是的东西。

第六步：如果在想，就是在想某物。

第七步：如果想某物，就是在想某个是的东西。

第八步：想不是的事物就是没有想任何东西。

第九步：没有想任何东西和不想乃是一回事。

第十步：关于是的东西，想不是乃是不可能的。

第十一步：假的思考与想不是的东西不同。

第十二步：产生假判断是不可能的。

从以上十二步大致可以看出，译文9*通过"不是"来说明"假"，围绕这样的讨论，最后得出不可能产生假判断的结论。

我认为，这一段论述有三点需要注意。一是以"不是"作出发点的说明。在第一步，"不是的东西"与"是假的东西"对应起来，这实际上是用前者说明后者。而且，这一说明很简单，没有什么特别之处，对于对话者双方似乎都是自明的。因此，如果理解柏拉图这里所说的意思以及后面的论证，我们就必须对这一步所说的东西也有充分的理解。也就是说，我们必须明白，为什么这里所说的"不是的东西"会与"是假的东西"对应，为什么这样的对应会是自明的。在我看来，这是因为，在古希腊语言中，"是"和"不是"乃是日常表达中最常见和最经常使用的词，而且它们的意思是自明的，是没有歧义的。一事物是怎样，说它是怎样就是真的，说它不是怎样就是假的。这大概是一个常识。因此这里才会把"不是的东西"与"是假的东西"对应起来，而且把这种情况当作显然的，没有什么理解问题的。这一点从第二步的说明也可以看出来，因为这一步谈到真。正如是与不是乃是对立的概念一样，真与假也是对立的概念。而且，真与假是日常语言中常用的表达，意思也是自明的。第二步的意思是说，一个人相信某物，比如雪是黑的，他相信这种情况。但是，他所相信的显然不是真的。也就是说，他所相信的乃是假的。这是因为，雪是白的，也就是说，雪不是黑的。所以，当他思考雪的时候，他会按照自己所相信的情况来思考，所以他思考的乃是雪是黑的，而这恰恰是雪所不是的情况。有了我们这个例子的说明，这两步的意思可以看得非常清楚。柏拉图在说明过程中没有给出例子，意思也非常清楚。而且在我看来，也许恰恰是因为非常清楚，所以柏拉图认为这里根本就不用通过例子来说明。

第二点是从感觉到思想的论述。从看、听、触这些感觉事物的方式出发，最后得出，如果想某物，则在想某个是的东西。这是一个典型的类比论证。且不论这个论证是不是有道理，是不是有效，由于谈到感官感觉，而感官感觉比较直观，因此关于感官感觉的说明会有助于我们对思考的理解。前面曾经举过软和硬的例子（译文 7*）谈论感官感觉，因此我们也可以此为例来考虑触觉。一个人触到某物，会觉得它是硬的，或是软的。前面还曾经谈到风的例子（译文 1*），风吹在一个人身上，他也会形成一种触觉，会觉得它是冷的或热的，或者，它是比较冷的或非常冷的。由于人有差异，因此对事物的感觉会因人而异，所以事物是什么样子会是不同的。这些都是前面关于感觉的说明，也是我们对前面的说明的理解。这里虽然没有举例，但是这并不妨碍我们借用前面的例子来帮助理解。因为既然是为了说明触觉而举的例子，那么关于触觉的说明在哪里都是一样的。这样，从前面例子的说明就可以清楚地看出，这里所说的"是的事物"乃是指它是什么样子的。由此出发，理解其他感觉情况也是比较容易的。比如，如果看到一事物，一定看到它是大的或是小的，它是漂亮的或是丑的，等等。因此可以说，看到的乃是一个是的东西。

还有一点是最后一部分关于想不是的事物的说明。前面所有论证都是为了这一点，因此在这个论证中，这一点是最重要的。必须指出，第七步是从前面的步骤得出来的。如上所述，前面的论证使用了类比论证，因此我们不用考虑第七步这个结论是不是有效。第八步是从第七步得出来的，这大致是一个假言易位推理，是有效的。这里需要说明的是，经过否定，"想某个是的事物"变成"想不是的事物"，而"想某个事物"则变成"没有想任何东西"（或"不想任何东西"）。由此也就得出下一步：没有想任何东西和不想乃是一回事。因此，第七、第八、第九这三步论述是比较容易理解的。第十步否定了"想不是"的情况，但是这一步似乎是一个自明的说明，与第九步无关。直观上说，一事物是怎样，即使不是绝对的，似乎也不能想它不是怎样。因此，有了这一说明，也就暗含着一个说明：既然想某物，则一定想某个是的事物（第七步），因而也就不可能想不是的事物。此外，假思考也是思考，因此不能是想不是的东西，因为想不是的东西等于不想任何东西（第九步），因而就是不思考。这样，由于只有是和不是两种情况，想是的情况不是假思考，想不是的情况也不是假思考，因此从是与不是的角度可以说明，不可能出现假思考的情况。

　　最后一步是总结性的，它表明，前面从知或不知的角度说明不能产生假判断的情况，这里又从是或不是的角度说明这一点。由此也就表明，柏拉图关于假判断的疑惑依然没有消除。

【译文 10*】

苏格拉底　好吧，被我们称作假判断的东西是以这种方式产生的吗？

泰阿泰德　如何产生？

苏格拉底　我们承认假判断是一种误判，当一个人在他的心中将两事物是的情况互换，并断言其中一事物是另一事物时，就发生这样的判断。以这种方式，他总是想着某物是的情况，但总是将其中一事物当作另一事物，由于未能切中目标，因此说他作了假判断可能会是公正的。

第一章　柏拉图的《泰阿泰德篇》

泰阿泰德　我相信你现在的看法相当正确。当一个人把"美"想成"丑",或把"丑"想成"美",那么他确实真的在思考假的东西。

苏格拉底　我看到你现在不再对我敬畏,泰阿泰德,并且开始藐视我了。

泰阿泰德　为什么,你能说清楚一点吗?

苏格拉底　我相信,你以为我会忽略你说的"真的思考假的东西"这句话,不会问你一个事物能否慢地快、重地轻,或者是一个背离其自身性质,像它的对立面一样行事的事物。但无论如何,我赞赏你的勇敢,把这个问题放过去是正当的。所以,你喜欢这样一种观念:假判断是一种误解。

泰阿泰德　对。

苏格拉底　那么按照你的看法,心灵可以把一物当作另一物,而不是当作该物本身。

泰阿泰德　是的,有这种可能。

苏格拉底　当心灵这样做的时候,它难道不是在同时想着两个事物,或者只想其中之一吗?

泰阿泰德　它一定会,或者同时想,或者先想一个,后想另一个?

苏格拉底　好极了。你接受我对思维过程的描述吗?

泰阿泰德　你如何描述这个过程?

苏格拉底　我把思维说成心灵与它自身围绕正在思考的某个主题而进行的谈话。你必须把这个解释当作一个无知者的看法。但我有这种想法,当心灵在思考时,它只是在与自己谈话,提出问题,回答问题,说出对错。一旦它作出决定,无论是缓慢的还是突如其来的,此时疑问已经消除,两个声音肯定了相同的事情,于是我们就称之为"判断"。所以我会把思维描述成谈话,把判断说成是宣布了的陈述——不是大声地对别人说,而是沉默地对自己说。

泰阿泰德　我同意。

苏格拉底　这就意味着,当一个人把某物当作另一物来思想时,他在对自己肯定该物就是这另一物。

泰阿泰德 当然。

苏格拉底 那么回想一下，你有无对自己说过"没错，美的东西是丑的"，或者"不公正的东西是公正的"。更一般地说，想想你有没有使自己信服过，任何一事物肯定是另一事物，或者相反，甚至连梦中你也从来没有达到这种地步，对自己说奇数一定是偶数，或者说出其他类似的话来。

泰阿泰德 你说得对，我没说过。

苏格拉底 你设想其他任何人，疯子或精神不正常的人，甚至会达到在心中对自己认真地说，牛一定是马，或者二一定是一吗？

泰阿泰德 我当然不会这样想。

苏格拉底 如果对自己作陈述与下判断是一回事，那么只要一个人正在同时对两样事物作陈述或下判断，并且他的心灵拥有这两样事物，他就不能作出如下说明或判断：它们中的一个事物是它们中的另一事物。你在答话时一定不要对我的用语进行挑剔，我指的是没有人会认为"丑的是美的"或其他类似的说法。

泰阿泰德 我不会吹毛求疵，苏格拉底。我同意你的看法。

苏格拉底 那么，正在思考两样事物的人不会把其中的一个当作另一个。

泰阿泰德 似乎如此。

苏格拉底 另一方面，如果他只思考一个事物，根本没有想到其他事物，他也决不会认为这个事物是其他事物。

泰阿泰德 对，否则他心中一定有从前有过而现在并没有想到的事物。

苏格拉底 由此可见，无论想到两样事物还是只想到一样事物，"误解"都是不可能的。所以，把假判断定义为"误判"是没有意义的。在我们中间不会有我们前面消除的那些形式的假判断，也不会有这种形式的假判断。

第一章　柏拉图的《泰阿泰德篇》

泰阿泰德　似乎如此。(189b-190e)

这一段紧接着上一段，换了一种探讨方式，尝试把假判断解释为误判。所谓误判，就是把两个不同的事物搞错了，把其中一个误当成另一个。为了说明这一点，这一段还描述了心灵思考的过程。这可以有两种情况：一种情况是同时思考两个事物，另一种情况是一次只思考一个事物。所谓判断，就是把思考的结果说出来。

需要指出的是，这里所说的被思考的两事物，实际上是两种对立的东西或情况，而不是一般的随意的两个事物，这可以从两点看出来。一点是柏拉图借苏格拉底之口说出希望对方不要挑剔自己的用语。一般总是苏格拉底挑剔别人的用语，比如这一段苏格拉底曾幽默地说到泰阿泰德蔑视自己，说出"真的思考假的"，他暗示这样的说法是自相矛盾的，但是他没有追究。如果细究"两个事物"这样的说法，一定还会有其他一些意思。苏格拉底对语言表达非常敏感，不会不知道这一点。另一点是这一段举的例子。美的和丑的、不公正的和公正的，显然是对立的东西；牛和马、二和一，虽然不是对立的，却是截然不同的东西。对立的东西显然不能混淆，因此说其中一方是，就不能说另一方是，当然也就不能把其中一方说成另一方。对于截然不同的东西，显然也是如此。所以，柏拉图在这里才会得出以下结论：如果一个人思考两样事物，就不会把其中一个当作另一个。如果一个人只思考一个事物，也就不会把这个事物当作其他事物。这样就反驳了以误解来解释假判断，因为不可能有误解的情况。

接下来柏拉图还有一些关于假判断的探讨，他还探讨了形成假判断的原因，探讨了假判断是不是感觉与思想的不符合，等等。限于篇幅和本文的目的，对这些内容我们就不继续引文和讨论了。在我看来，以上讨论足以说明，柏拉图的讨论与知识相关，它们涉及"是"和"不是"、"真"和"假"这样一些重要问题。因此，我们只要认识到在中译文柏拉图著作中存在上述问题，它们阻碍我们正确地理解柏拉图的思想，应该得到纠正，如何能够得到纠正，就足够了。剩下的则不过是做的问题了。

五、为什么是"是",而不是"存在"?

前面我们从《泰阿泰德篇》选了 10 段译文,指出其中有一些读不懂的地方,并且分析了为什么读不懂。然后我们指出,这些问题并不是柏拉图本人造成的,而是中文翻译造成的,这是由于把其中的"being"及其相关概念翻译为"存在",因而造成了理解的问题。通过把这一翻译名称改变为"是",我们看到,原来译文中那些无法理解的问题消失了。由此也就说明,应该把"being"及其相关概念翻译为"是",而不是翻译为"存在"。以"存在"来翻译"being"及其相关概念,乃是有问题的。

表面上看,以上问题似乎只是翻译的问题,但是我认为问题不是这样简单。这里实际上牵涉到如何理解柏拉图思想的问题,因而归根结底是理解的问题。为了说明这个问题,有必要基于以上论述再进一步讨论,为什么柏拉图所说的乃是是,而不是存在。在我看来,柏拉图的讨论有三个显著特征,它们是:举例、谈论语言、以明白或比较明白的东西说明不明白或不太明白的东西。充分地认识这三个特征有助于我们更好地理解柏拉图的思想。下面让我们围绕这三个特征进行探讨。

先看第一个特征。柏拉图的讨论主要与什么是知识有关。我们虽然只选择了其中两部分,一部分与人是万物的尺度有关,另一部分与感觉和判断有关,然而它们都是与知识相关的重要问题。围绕这些问题,我们看到,柏拉图的讨论涉及了一些人的观点,比如普罗泰戈拉的观点、巴门尼德的观点。这表明,这些讨论涉及并围绕古希腊一些重要的观点或理论,因此是非常重要的。围绕这些问题,我们还看到,他以不同的方式举了一些例子。他显然是要通过这些例子更好地说明他所讨论的问题。因此,理解这些例子对于理解柏拉图的思想是非常重要的。

举例在理论讨论中是常有的事情,也是容易理解的。理论的讨论和说明是抽象的,例子是具体的、生动的、直观的。因此,为了更好地阐述自己所主张或反驳的观点,讨论中常常会举一些例子,以此来帮助说明和理解。这样,举例就要有一些标准。在我看来,举例至少要有两个标准。其

第一章　柏拉图的《泰阿泰德篇》

一是自明，即例子必须是直观明白的，没有什么歧义。其二，例子必须与所要说明的问题相关，必须能够说明所要说明的问题。如果没有这两条，举例就不会有什么用处。基于对例子这样的理解，我们来看一看柏拉图所举的例子。

在柏拉图所举的例子中，有些是非常明确的。比如"风本身是冷的或不是冷的"（译文 1 和译文 1*），"它（一事物）也是小的""它（一事物）也是轻的"（译文 1 和译文 2*），"食物是酸的"（译文 4 和译文 4*），"苏格拉底是泰阿泰德"（译文 8 和译文 8*），"不公正的东西是公正的""牛一定是马""二一定是一""美的东西是丑的""丑的是美的"（译文 10*）。我之所以说这些例子是非常明确的，主要是因为它们以完整的句子的形式出现，而且它们几乎是最简单的句子，因此不会有什么歧义，不会给我们的理解造成任何困难。下面我们只考虑其中第一个关于风的例子。

这句话有一个联结词"或"，因此我们既可以把它如上看作一个句子，也可以看作是两个不同的句子：一个是"风本身是冷的"，另一个是"风本身不是冷的"。译文中与此相应的两句话是："风对于感到冷的人来说是冷的"，"风对不感到冷的人来说不是冷的"。这样，我们可以非常清楚地看出这个例子所要说明的东西。即使不考虑这一点，我们至少也可以看出，这个例子以及相应的例子都是以"是"表达的，其中根本没有"存在"一词，因此与存在无关。现在我们知道，这个例子是为了说明感觉的。其中的"本身"一词表明与感觉无关，相应的句子中的"对感觉冷（或不冷）的人来说"这一短语则与感觉相关。由此可见，这两个表达式是关于感觉的说明。也就是说，关于感觉的说明，是通过增加了这两个表达式而形成的。如果去掉这两个相应的表达式，这个句子就成为"风是冷的"（或者"风不是冷的"）。这无疑是一个自明的例子。可以看出，它是最简单的表达，也是最自然的表达，没有任何歧义。这个例子显然与存在无关。或者我们想一想，从这样一个例子，人们如何能够想到存在呢？

我们看到，译文 1 和译文 1*在例子的翻译上是相同的，这说明对例子的理解是一致的。由此也说明柏拉图所举的例子确实是非常清楚的，没有歧义。但是，在译文 1 中，这样的例子说明不了人是万物的尺度，因为关于后者的说明是：人是存在的事物存在的尺度，也是不存在的事物不存在的尺度。由于例子中没有"存在"一词，因而似乎与存在无关，这样也就不能说明存在。或者，我们无法理解这样的例子如何能够说明存在。而译文 1* 没有这样的问题，因为它关于后者的说明是：人既是是的事物是的尺度，又是不是的事物不是的尺度。风是冷的或不是冷的，感觉到风是冷的或不是冷的的人认为它是冷或不是冷的，例子与所要说明的问题显然是一致的。对照之下可以看出，在具体的举例说明中，两种译文的理解是一样的，但是在抽象说明中，两种译文的理解是不同的。它们形成的结果显然是有重大区别的。

有人可能会认为，风只有存在，才会是冷的。因而，最终风一定会与存在有关。不能说这样的解释一点道理都没有。问题是，这是柏拉图本人的意思吗？这是这个例子在这里要说明的意思吗？我认为不是。柏拉图在这里明确地说明，对同一阵风，不同的人会有不同的感觉，比如是冷的、不是冷的、是有点冷的、是非常冷的。他的意思显然是在说，人有不同的感觉，才会有不同的结果，才会有不同的是。如果说柏拉图想说明的乃是人是存在的事物存在的尺度，那么区别对风的这些不同的感觉又有什么意义呢？风是冷的，是因为风存在，风不是冷的，也是因为风存在，风是有点冷的、风是非常冷的，还是因为风存在，那么这些区别还有必要吗？此外，这样的区别似乎都与风的存在有关，而与风的不存在没有任何关系。在这种意义上，这些例子即使是与存在相关，也只说明了存在的事物的情况（尽管没有说明存在的事物存在），但是，它们显然没有说明不存在的事物不存在的情况，这又该如何理解呢？在我看来，柏拉图的意思显然是说，有人可以感觉到风是冷的，有人可以感觉到风不是冷的。正是在这种意识上，说人既是是的事物是的尺度，也是那不是的事物不是的尺度才有意义。而且，这里虽然谈论的是事物的呈现和人的感觉，但是探讨的却是人的认识，只不过是通过前者来探讨而已。而从人的认识的角度看，"是"恰恰可以表达人的不同认识，"不是"则可以表达人的相反的认识。因此

第一章　柏拉图的《泰阿泰德篇》

与"是"相关，体现了柏拉图所讨论的东西乃是与人的认识相关的。

在柏拉图所举的例子中，有些是不太明确的，比如"热的""白的""大的""重的""善""恶""硬""软"等等。因为它们不是以完整的句子的形式给出的，这样，思考和理解的空间似乎可以大一些。在我看来，对于这样的例子可以通过两种方式来理解。一种方式是借助给出的更加明确的例子来理解。比如，关于风的说明，已经有了"风是冷的"这样的例子，那么类似的"热的"则看作"风是热的"。已经有了"它（一事物）是小的""它（一事物）是轻的"这样的例子，则可以类似地把"大的"和"重的"看作"它是大的"和"它是重的"，等等。这样的理解是自然的，不会有任何问题，也不应该有什么问题。更何况对话本身就是把大的和小的、重的和轻的等等作为对立的不同的东西来举例说明的。这样的理解不仅没有问题，实际上由此还可以看出，所谓人是是的事物是的尺度，也是那不是的事物不是的尺度，指的就是人可以有完全不同的认识。正像引文中曾明确说到不会说"美的东西是丑的""不公正的东西是公正的"一样，人们显然也不会说"大的东西是小的""轻的东西是重的"。由此可见，大的东西不是小的，轻的东西不是重的。因此当人们有了不同感觉的时候，就会形成不同看法，这样的不同就是：关于是的事物的看法就表达为是，而非不是，关于不是的事物的看法就表达为不是，而非是。

另一种理解的方式是根据所给的例子的语言形式，借助给出的例子的方式，结合上下文来理解。比如"善（的）"和"恶（的）"，这两个词是形容词，因此我们就要依据形容词的使用方式来理解它们。从已经给出的例子可以看出，冷的、热的、大的、小的、重的、轻的等等，都是形容词。从这些例子可以看出，它们都是以"是"来表达的，因此"善（的）"和"恶（的）"这样的形容词也可以这样理解，即"是善的（好的）""是恶的（坏的）"。从给出的例子的语言形式，我们可以非常自然地想到它们的使用方式，因此借助例子可以想到以它们构成句子的方式。我想，这样来理解这些例子，应该是清楚的，不会有什么问题。由此也可以看出，这些例子都与"是"相关，而与"存在"没有什么关系。在给出的例子中，似乎也有名词，比如"坚硬事物的硬""柔软事物的软"（译文 7 和译文 7*）。这里所说的"硬"和"软"无疑是名词。既然是名词，似乎就会有可能与存在相关，比如硬存在、软存在。但是在这种情况下，我们应该考虑两点。其一是考虑一下词根。在眼下这个例子中，词根显然是形容词，而且例子本身已经非常清楚地说明了这一点。而从形容词的角度来思考，则又会非常自然地与以"是"所表达的方式联系起来。其二是考虑一下与存在联系起来的表达是不是自然。在我看来，"硬（的）存在"这样的表达是非常不自然的。不是说这样的表达无法理解，或者一点也不能理解。问题是，有谁会作出这样的表达呢？

再看第二个特征。在柏拉图的论述中，有时候我们可以看到明确的关于语言的论述，比如他在谈到事物的生成时说到如果可以"用'是'这个词"（译文 4 和译文 4*）。这表明，"是"是一个词，而且是一个可以使用的词，可以表示事物对人的呈现。又比如，在探讨心灵是凭自身还是凭感官感觉来思考是和不是的时候，他明确地问"使用'是'和'不是'这些术语时"是什么意思，并且称它们为"适用于一切事物的普遍术语"（译文 6*）。这表明，"是"和"不是"不仅是词，而且是具有普遍性的词，因为它们可以适用于一切事物。这些论述非常明确地把"是"称为"词""术语"，因此是关于语言的说明。由此我们可以确定，"是"一定是语言中的词，或者，它是以语言中的词来表示的。这样我们就可以从语言中的词的角度来考虑柏拉图所说的"是"。

除明确地谈到词外，柏拉图也有一些不是那么明确的关于语言的谈论。比如他在举例时说到，"如果你称它为'大的'……；如果你称它为'重的'……"（译文 2*）。这里的"称"显然是指"说"。那么，该怎样"说"一事物大或重呢？这样就需要说出句子，因为这是人们表达的基本方式。这样考虑，我们就会明白，这里所谓的"称"，说的其实是"它是大的""它是重的"。又比如柏拉图说到我们总是把一事物"说成'对某事物的'……是……"（译文 3*）。把一事物说成"是"，无疑有两个意思：一个意思是说，这样就需要用语言来表述，另一个意思是要说明，它"是"怎样的。这样

第一章　柏拉图的《泰阿泰德篇》

就需要在表述中使用"是"这个词。因而"是"乃是说出来的词。有了这两个意思，我们就可以看出，这里的论述是围绕着句子进行。所以，从柏拉图在这些地方的论述可以看出，他的讨论实际上是与语言相关的，尽管不如上面的例子那样直接。

既然谈论涉及语言，这就说明柏拉图在谈论时考虑了语言。在谈论语言的时候，有的说明明确，有的说明不那么明确，这表明在进行与语言相关的讨论时，他有不同的考虑。如果说他在谈到"称"或"说成"这样的情况时对语言的考虑还不十分充分，那么"这个词"和"这些术语"显然是非常明确的关于语言的表达。最保守地说，从这些明确的表达可以看出，柏拉图在论证中认为有必要对语言进行明确的说明，或者有必要明确地从语言的角度来论述。因此我们理解他的相关论述时，就不能不考虑语言。换句话说，我们必须也要结合语言来考虑。这样，我们就要考虑，从语言的角度说，being及其相关概念是什么。确切地说，它究竟是"存在"，还是"是"？好在柏拉图不仅说明它是被使用的词，而且给出了一个标准："适用于一切事物"。除此之外，为了说明这个概念，他还给出了许多例子。那些例子，无论"是冷的""是有点冷的""是非常冷的"，还是"是轻的""是大的""是丑的""是公正的""是硬的""是酸的""是泰阿泰德"等，都使用了"是"这个词。而从这些例子所说明的东西可以看出，人（苏格拉底）、风、食物、美的东西、不公正的等等是明确说出的。它们所涉及的事物确实非常广泛。因此，结合语言来考虑，柏拉图所说的乃是"是"，而不是"存在"。

最后我们来看第三个特征。哲学家们在讨论问题的时候，一般是用明白的东西去说明不明白的东西。就是说，如果以概念为例，那么用来说明问题的概念要比被说明的概念更明白一些，这样才能达到说明的目的。柏拉图的讨论也是这样的。《泰阿泰德篇》讨论什么是知识，因此知识是一个需要说明的概念。本文的讨论集中在两点：一点是关于人是万物的尺度的讨论，另一点是关于感觉和判断的讨论。这两点都是柏拉图借以讨论知识的东西。有了前面的分析和讨论，我们大致可以看出柏拉图的论述过程。

在第一点上，由于人是万物的尺度乃是尽人皆知的观点，因此可以从它出发来探讨知识。在谈论过程中，我们看到柏拉图借助了事物的"呈现"和人的"感觉"来说明。这两个概念显然是清楚的，没有什么理解的问题。再加上一些显而易见的例子，最后说明，人是万物的尺度的观点乃是不能成立的。这样也就说明，以这种方式没有说明知识是什么。而在第二点上，由于感官感觉是清楚的概念，因此以它为基础来探讨，可以区分出哪些是心灵通过感官感觉而认识的概念，哪些是心灵凭自身而思考的概念。这样就使"是"与"不是"这样的概念的性质得到进一步的说明。

以关于假判断的讨论（译文 8* 至译文 10*）为例。柏拉图对作假判断这一点感到困惑，因而要讨论这个问题。在讨论中，他先利用"知道或不知道"来进行讨论。知道和不知道这两个概念显然是清楚的概念，至少是比假判断更清楚的概念。通过一番讨论最后说明，不可能产生假判断。然后，他利用"是或不是"来进行讨论。因此，"是"和"不是"也应该是清楚的概念。与"知道"和"不知道"相比，即使它们不是更清楚的东西，也应该至少是同样清楚的东西。在讨论中，我们看到柏拉图用"不是"来进行解释：对不是的东西的思考乃是对是假的东西的思考（译文 9*）。这个解释很直观，应该不难理解。这显然是在以"不是"来说明假。因此，"不是"似乎是比"假"更明白的概念。但是我们也看到他的另一种解释：一个人相信某物，而他所相信的又不是真的，他就是在思考不是的东西（译文 9*）。这个解释也很直观，同样没有理解的困难。我们可以明显看到，这里是在以"不是真的"来说明不是。由此可见，"真的"似乎是比"是"更明白的概念。我们知道，不是真的与是假的乃是等价的。这样，不是与是假的似乎是可以相互说明的。无论这是不是有些循环论证的味道，但是至少可以看出，它们是同样明白而清楚的概念。

现在，我们应该思考，为什么用自明的概念或比较明白的概念来讨论问题，同样的说明就是"是或不是"（译文 9*），而不是"存在或不存在"（译文 9）呢？也就是说，为什么"是或不是"会是更清楚的东西呢？在我看来，这是因为，在判断中，"是"乃是最基本的用语。这从柏拉图关于语言的谈论和所举的例子看得非常清楚。当然，这一点与西方语言的特点也有关系。"是"表达肯定，"不是"表达否定。因此，"是"与"不是"乃是语言中最常用的两个表达。实际上，"是"乃是系词，表示肯定，"不是"则是在系词上加了"不"这个否定词，因此也表示否定。所以，是与不是，乃是一对用语，而且是语言表达中最基本的用语。相比之下，"存在"与"不存在"就不是这样的用语。存在这个词并不是表达中必不可少的。这一点从柏拉图给出的那些例子可以看得非常清楚。因此，作为一个词、一个用语，"存在"的使用范围不大，因而不会具有普遍性。

此外，我们看到，柏拉图这里用"是或不是"取代"知道或不知道"来进行说明，并且以此来说明什么是知识。因此这种取代除了自明性以外，还有一点也是必要的，这就是前者能够说明后者所能够说明的东西。在探讨知识或认识的意义上，"知道"不可能只与存在有关。比如，它可能会与感觉相关，而感觉是非常复杂的东西。仅以风为例，柏拉图就给出了"冷的""不冷的""比较冷的"和"非常冷的"这样的不同感觉。因此基于这些不同的感觉，人们所知道的关于风的情况一定会是不同的。这种不同，不是关于风存在还是不存在，而是关于风究竟是这样的还是那样的。如果真要考虑存在，那么也很清楚，同样是在风存在的前提下，也会有这些不同的感觉，因而也会知道这些不同的情况。因此，这里关于这些情况的感觉的讨论，与风的存在还是不存在，没有任何关系。这里所讨论的实际上是风呈现的不同样子，因而是人的不同感觉。对这样的东西，从知道还是不知道的角度来探讨，当然是可以的。不用这种方式，从"是"和"不是"的角度来考虑，当然也是可以的。因为这里风的每一种样子，都是以"是"或"不是"表达出来的，或者，都可以以"是"或"不是"表达出来。

除了与感觉的东西相关以外，知道还与超出感觉的东西相关。从柏拉图所举的例子可以看出，至少有两类这样的东西。一类是像苏格拉底和泰阿泰德这样的人，另一类是像"善的"和"恶的"这样的性质。对苏格拉底和泰阿泰德的认识可以有多种方式，至少可以不是通过感觉获得的。如果我们知道他们，我们就不会说苏格拉底是泰阿泰德。所以，虽然超出感觉的范围，我们依然可以用是来表达我们的认识。对善和恶这样的性质的认识也不是凭感觉获得的。按照柏拉图的说明，对它们的思考要通过比较。但是，它们显然是人们可以知道的。如果我们结合柏拉图关于语言的论述，结合他给的例子来思考，我们就不难理解，关于它们最基本的表达是"是善的""是恶的"。而且，这也表达了我们的认识，即表达了我们所知道的情况。因此，无论是关于具体的个体事物的认识，还是关于一般性质的认识，都以"是"或"不是"表达出来，或者，都可以以"是"或"不是"表达出来。这与人们的认识是一致的，与"是"这个词适用于一切事物的特征也是一致的。

真与假是一对概念，它们相互对立。在柏拉图的解释中，我们可以清楚地看到，与是相应的乃是真，与不是相应的则是假。因此，不仅可以借助是与不是来解释真和假，也可以借助真和假来说明是与不是。这就表明：一方面，是与不是、真与假，大概是同样自明的概念；另一方面，由于它们自身是自明的概念，因此这样的解释也是可以理解的，并且在理解上不会有什么问题。在柏拉图的论述中，我们只是看到柏拉图这样的论述，没有看到他的明确说明。这一点是值得注意的。在我看来，这是因为柏拉图还没有认识到这里有一种十分重要的关系。这种关系就是逻辑关系。"是"与"不是"是词，它们所表明的确实可以是相互否定的关系，因而是对立的关系。但是这种对立关系乃是一种句法之间的关系。真的和假的也是词，它们所表明的也是相互对立的关系。但是这种对立的关系是一种语义关系。由于这种句法关系和语义关系是对应的，因此可以相互解释和说明。由于柏拉图对这种关系没有清晰的认识，也没有理论上的认识，因此他作出了一些直观的说明。实际上，到了亚里士多德那里，当他把逻辑建立起来之后，才开始探讨和论述这种关系，并且随着逻辑的发展，这种句法和语义之间的关系才逐渐被清楚地揭示出来。

综合以上三个方面，我们可以看出，柏拉图在讨论知识的过程中，非常注意论述的清晰性和明白性。也就是说，他非常注意把自己想表达的意思说清楚。举例的用意显然是这样。用明白或更明白的概念来说明不明白

第一章 柏拉图的《泰阿泰德篇》

的概念,用意显然也是这样。这两点不用解释。需要解释一下的大概只有第二个方面。谈论语言,实际上也有这样的用意。因为"是"在语言中是常用的词,是必不可少的用语,因此大家对它非常熟悉。在这种意义上,明确地谈论语言,实际上是从语言的角度来探讨问题,这样就把语言和语言所表达的东西区别开来。经过分析哲学的发展,今天我们都知道语言分析对于哲学讨论的重要性。在柏拉图时代,当然还没有今天这样的语言分析的意识,但是明确地谈论语言,无疑有助于说清楚所要探讨的问题。

认识柏拉图讨论知识过程中的以上三个方面,有助于我们更好地理解柏拉图的思想。从这三个方面可以非常清楚地看出,柏拉图所说的乃是"是",而不是"存在"。

从柏拉图的讨论我们还可以看出,柏拉图所讨论的东西与什么是知识相关,他的讨论涉及事物向人们呈现的样子、人们对事物的感觉,涉及语言,因为人们的感觉会形成认识,而人们的认识最终要以语言的方式表达出来,比如表达为判断。判断有语言形式,也有真假。尽管柏拉图通过讨论最后没有得出知识是什么,似乎只得出知识不是什么,但是他的讨论所涉及的这些问题却是哲学讨论中的基本问题,也是后来的哲学家一直在讨论的重要问题。所有这些问题集中在一点上,就是"是"。因为它是语言表达中最基本的用语,是语言表达中不可或缺的要素,可以表达人们的感觉和认识,包括相同的和不同的,甚至对立的感觉和认识,可以形成不同的判断,而且会与真和假相关。因此,围绕"是"进行讨论,至少会涉及以上各种问题,以及问题的方方面面,因而似乎直观上可以有助于人们对这些问题以及诸方面的认识。无论讨论的结果怎样,围绕着"是"与"不是",或者简单地说,围绕着"是",我们可以看得非常清楚,柏拉图所探讨的东西乃是一种最宽泛的知识论意义上的东西;尤其是其中"是"与"真"的联系,非常清楚地说明了这一点。

我一直认为,西方人所说的"being"究竟是"是"还是"存在",并不是一个翻译的问题,而是理解的问题。也就是说,这是如何理解西方哲学的问题。我国从事西方哲学研究的人一般都承认,古希腊哲学家最主要的工作是探讨世界的本原,他们最核心的问题是问世界的本原是什么,并且围绕这个问题不断地问是什么和为什么。在我看来,柏拉图的讨论与古希腊人探讨"是什么"和"为什么"("为什么"实际上是围绕"是什么"的进一步思考)的精神乃是一致的。感谢柏拉图,他的对话为我们提供了很好的样本!由此我们不仅可以得到关于古希腊人所探讨的问题的理解,而且可以得到关于他们围绕这个问题进行探讨的方式的理解。

第二章　亚里士多德的《形而上学》

亚里士多德的《形而上学》是西方哲学经典文献之一，也被公认是难懂的文献之一。由于语言和文化的差异，我国学者在研究中又多了一层困难。我们对其中的核心概念 being 不太容易理解。其传统的翻译是"存在"。在我看来，这样的翻译是有问题的。最明显的问题是，一些论述本来字面上没有什么理解的问题或比较容易理解，却由这样的翻译造成了问题。字面上尚且如此，深入研究和理解亚里士多德的有关思想当然就会更有问题了。

本章将以《形而上学》第四卷、第五卷、第七卷的一些译文为例，说明上面指出的问题，并且在这一探讨的基础上，简要说明亚里士多德《形而上学》的主要思想。

一、存在是什么？

《形而上学》第四卷第一章明确提出所要研究的东西。

【译文 1】

存在着一种研究作为存在的存在，以及就自身而言依存于它们的东西的科学。它不同于任何一种各部类的科学，因为没有任何别的科学普遍地研究作为存在的存在，而是从存在中切取某一部分，研究这一部分的偶性，例如数学科学。既然我们寻求的是本原和最高的原因，很明显它们必然就自身而言地为某种本性所有。故假若寻求存在物之元素的人寻求的就是这些本原，那么这些元素必然并不为就偶性而言的存在所有，而是为作为存在的存在所有。所以我们应当把握的是作为存在的存在之最初原因。①

这是一段非常出名的话。它明确提出形而上学是一门科学，并且说明了这门科学所研究的东西，这就是"作为存在的存在"以及和存在相关的东西。作为存在的存在，意思大概是说只在存在的意义上研究存在，因此我们可以理解为"存在本身"。明确了这一点，其他意思似乎也是可以理解的。只有形而上学研究存在本身，其他科学研究存在的一部分。由于这里还给出数学的例子，因此可以看出，形而上学的研究是比其他科学的研究更普遍的研究。基于这样的理解，就可以明白，《形》要探讨存在本身的最初原因。

显然，这一段也有一些不太明白的地方，比如"存在"是什么意思？中文字面上，它的意思是"有"。在我们看来，存在的意思应该是清楚的。因此我们不禁要问：怎么会研究这样一种东西呢？不过，既然亚里士多德说了这样的研究是一门科学，我们暂时不明白也没有什么关系，带着这个问题往下看就是了。第二章对这个问题进行了说明和解释。

【译文2】

存在有多种意义，但与某种唯一的本性相关，并非一个同名的字眼。而是像所有健康的东西与健康相关一样，有些是保持健康，有些是造成健康，有些是健康的标志；或者像医术上的与医术相关一样（有些是拥有医术而被称为医术上的，有些是自然地适用于医术，有些则是医术之功能），我们还可以找到其他一些与此相类似的用语。如此则存在有多种意义，但全部都与一个本原相关。因为事物被说成是存在，有些由于是实体，有些由于是实体的属性，有些由于是达到实体

---

① 苗力田主编：《亚里士多德全集》第四卷，北京，中国人民大学出版社，1993年，第84页。以下用《形》表示此书，引文只注页码。

的途径，有些则由于是实体的消灭、缺失、性质、制造能力或生成能力；或者由于是与实体相关的东西，或者由于是对这些东西中某一个或对实体的否定。故我们说非存在也是非存在的存在。所以，正如对于所有健康的东西只有一种科学，对于其他事物也应一样。因为不仅对于就某一事物而言的东西的思辨属于同一科学，而且对于与某一本性相关的东西也是如此，因为后者在某种意义上也是就某一事物而言的。所以对于作为存在的存在的思辨显然也属于同一门科学。在一切场合，科学都主要地研究首要的东西，其他事物依赖于它，并由它而得名。假如这东西就是实体的话，那么，哲学家应做的事就是掌握实体的原因和本原。（第 84 页）

这一段话是第二章的开始部分，紧接译文 1。似乎亚里士多德知道人们不太明白存在是什么意思，因此立即解释这个概念。直观上说，这一段有几层意思：一是说明"存在"有多种意义，二是通过举例具体说明它有多种意义，三是说明它为什么会有这些不同的意义，四是基于以上说明重申关于存在本身的研究是一门科学。而且，这四层意思也是比较清楚的，应该没有什么理解的问题。但是，如果我们仔细分析，尤其是结合其中的举例说明，就会发现一些问题。

一个问题是：存在怎么会有多种意义呢？除了表示"有"这样一种意思以外，存在还会表示什么意义呢？这一点不清楚，所谓与本性相关当然也就不会清楚。另一个问题是：这里举的例子与存在有什么关系呢？健康的东西与健康相关，乃是显然的，因此这个例子没有问题（医术的例子也是同样）。保持健康、造成健康、健康的标志等等，可以是健康的不同意义，但是它们与存在有什么关系呢？与存在的多种意义有什么关系呢？如果它们与存在没有关系，这样的例子又怎么能够说明存在有多种意义呢？特别不容易理解的是，在解释存在有多种意义时所说的"事物被说成是存在"这一句，以及后面的说明。从这句话可以看出，"存在"一定是一个词，因而是被用来说的。按照我的理解，事物被说成是存在，大概只能理解为说"事物存在"或"存在事物"。但是，如果这样来理解，它只能有一种意义，即有事物。怎么会有多种意义呢？而且，从"事物存在"这样的说法怎么可以看出或者想到事物在什么意义上是由于实体，在什么意义上是由于实体的属性或由于实体的途径等而存在呢？换一种方式思考，怎样说"事物存在"才会表现出"存在"这个词的多种意义呢？有了这样的问题，"说非存在也是非存在的存在"一句同样是不可理解的。说一个东西是非存在的存在，这会是什么意思呢？也许，这里的意思是说"不存在"，因为它与"存在"构成相反的论述，如果存在表示实体和与实体相关的东西，那么不存在就是表示实体或与实体相关的东西的缺失。但是，存在的多种意义是如何体现出来的呢？总不会是存在与不存在的区别吧。

我认为，译文1所说的存在不太容易理解，尚还情有可原，因为那里刚刚提出这个概念。但是译文2依然不可理解，就有些说不通了，因为这里是在具体地解释存在，而且是通过似乎是自明的例子来解释。经过这么一大段关于存在的解释和说明，我们依然无法理解存在是什么，这难道是由于亚里士多德本人尚未说明白吗？

接下来亚里士多德论述了一和存在的区别，谈到"有多少种实体，哲学就有多少种分支"（第86页），谈到否定和缺失、相同和差异，等等。基于这些讨论，他有如下论述：

【译文3】

能够研究所有这一切是哲学家的本分。若不是哲学家，谁来研究苏格拉底与坐着的苏格拉底是否相同；或者是否一事物有一个相反者，或这个相反者是什么，它有多少种意义？对于诸如此类的其他问题也是一样。既然这些东西是作为一的一和作为存在的存在的就自身而言的属性，而不是作为数目、线段或火，显然应由那种科学来认识它是什么以及它的偶性。研究它们的那些人之所以犯错误，并非因为远离了哲学，而是因为他们对其一无所知的实体是在先的。正如数目作为数目有其特有的属性，如奇和偶，通约和相等，超过和不足等等，这

第二章 亚里士多德的《形而上学》

些东西就其自身地存在于数目之中，并且彼此相关。与此相似，立体、不运动者、运动者、无重量者和有重量者之中存在着另外的特有属性。因此作为存在的存在中也存在着某种特有属性，哲学家正是通过考察这些属性来探索真理。（第87—88页）

这一段话字面上似乎是可以理解的。它首先说明，研究存在，研究实体，研究否定和缺失、相同和差异等是哲学家的事情；而且似乎还以数目为例说明了其间的区别，即关于数目的研究与哲学家所研究的东西乃是不同的。除此之外，通过以数目为例还说明，数目有属性，存在本身也有属性，因此，哲学家通过研究存在本身的属性来探索真理。值得注意的是，这里以数为例还批评了其他研究对实体一无所知。这一点似乎点出了实体的重要性，更加突出强调了哲学家所研究和关注的东西，或者至少暗示了关于存在本身的研究所要关注的东西。

但是，这里有一个非常大的问题，就是依然没有对存在作出明确的说明。我们可以明白哲学家研究的是什么，比如苏格拉底与坐着的苏格拉底是不是相同，一事物是不是有一个相反的事物，与一个事物相反的事物是什么，它有多少种意义，等等，但是所有这些与存在有什么关系呢？由此出发，诸如此类的问题与存在又有什么关系呢？虽然这里明确说到这些东西是"作为存在的存在的就自身而言的属性"，由此使它们与数目、线段等具体的东西区别开来，但是难道我们能够明白它们就是作为存在本身的属性吗？它们又是怎样成为作为存在本身的属性的呢？也就是说，我们可以明白哲学家研究的东西，比如一事物或情况与另一事物或情况是不是相同，一事物是什么，与它相反的事物是什么，但是我们无法明白这些东西与存在有什么关系。

这一章的结束语如下：

【译文4】

显然是由同一门科学来研究作为存在的存在，以及依存于作为存在之中的东西；这同一门科学不仅研究实体，还研究依存其中的东西，既研究前面说过的东西，也研究在先和在后，种和属，整体和部分，以及其他类似的东西。（第89页）

这一段的意思也是清楚的。它回应了译文1所提出的问题，也总结了译文2和译文3所谈到的问题，最后再次明确了这门科学的目的和特征。这门科学与其他科学不同，它研究存在本身，而且，它研究实体及其相关的东西。但是，它的意思再清楚，也仅仅是这几个大致的层次。这与前面几段译文的清楚程度是一样的。问题是，对于"存在本身"这个最核心的概念，前面没有说清楚，这里依然还是不清楚。一个重要的概念在提出时不清楚，这是可以理解的，因为它可能有待解释。经过一些说明它依然有不清楚的地方，也还可以理解，因为有的解释可能需要逐步地不断地深入进行。但是，如果经过许多解释之后还是不清楚，我们是不是就该对这个概念产生一些疑问了呢？因为这样的情况显然是令人无法理解的。

二、最确实的原理及其论证

在第三章，亚里士多德认为："对于每一个种知道得最多的人能够讲出事物的最确实的本原，故研究作为存在物的存在物的人能够讲出万物的本原。"（第90页）他指出，"这人就是哲学家"（同上），并且认为哲学家研究所有实体的本性，应该由哲学家来考察逻辑推理的本原。他明确地说：

【译文5】
故这样一种本原显然是所有本原之中最为确实的，它到底是什么，接着我就要讲到。同一种东西不可能在同一方面既依存于又不依存于同一事物（所有可能的其他限制都应加上，以防备逻辑上的困难），它即是所有本原之中最为确实的一个，因为它具备了先前说过的规定。因为任何人都不可能主张同一事物存在又不存在，就如有些人认为赫

第二章 亚里士多德的《形而上学》

拉克利特说过一样,因为一个人说什么,并不必然就主张什么。假如相反的东西不可能同时依存于同一事物(通常的限制仍须加在这一命题中),一种意见与另一种意见相对立就是与它相反,很明显同一个人不可能主张同一事物同时存在又不存在;因为犯这种错误的人就会同时具有彼此相反的意见。因此,所有进行证明的人都把它作为一个可以追溯到的最终论断,因为它本性上就是一切其他公理的本原。(第90—91页)

这一段话的意思是比较明确的,主要说明所有本原中最确实的本原:同一种东西不可能在同一方面既依存于又不依存于同一事物;并且认为这是其他一切公理的本原。因此这段话的主要意思应该没有什么理解的问题。

值得注意的是其中关于这个本原的解释:任何人都不可能主张同一事物存在又不存在。这里谈到了存在,它显然与前面所说的存在本身这一概念相关,因此值得我们认真对待。表面上看,一种东西对另一事物依存就是依存,不依存就是不依存,当然不能既依存又不依存,因此这一段关于本原的论述没有什么理解的问题。同样,一事物存在就是存在,不存在就是不存在,人们当然不会主张一事物既存在又不存在,因此这一段关于这种本原的解释也没有什么理解的问题。但是把这二者结合起来理解,却会产生问题。一种东西对另一事物的依存和不依存,为什么会因为人们认为事物存在和不存在呢?确切地说,一种东西依存还是不依存一事物,乃是表明它们之间具备什么样的关系,这样就会牵涉到至少两个东西之间的关系,而一事物存在还是不存在,乃是表明有没有该事物,这只涉及一个东西。这里显然区别极大,因此很难理解后者如何能够解释前者。难道是因为事物若不存在就不会有"依存"的关系吗?或者,难道是因为"依存"也是表示"存在"吗?

在关于对立意见的论述这里,也出现同样的问题。两种对立的意见无疑是指两种截然不同的彼此相反的意见。如果一种意见是肯定的,另一种意见就是否定的,因此才会"很明显同一个人不可能主张同一事物同时存在又不存在"。尽管这里的说明字面上可以理解，却依然有一个很大的问题，这就是，这是一种一般性说明吗？是一种原理性的说明吗？在我看来，这里根本看不出是一个一般性或原理性的说明，倒像是一个举例说明，即人们不能认为有一事物，同时又认为没有这个事物。因为我看不出，除了表示有，存在还能表示什么意思。因此它说明不了译文5这里所说的"一个人说什么""主张什么"和"意见"。一个人所说的东西、所主张的东西，以及意见，等等，包罗万象，肯定不会仅仅是表达存在不存在，即有没有。

以上问题虽然存在，但是我们毕竟明白了，亚里士多德谈到了所有本原之中最确实的本原。因此我们要带着这样的问题继续阅读。

在第四章第一段，亚里士多德明确指出：

【译文6】

如我们所说，有些人讲同一事物可以既存在又不存在，认为可以如此主张。而且不少研究自然的人也运用这种说法。但我们明确主张，事物不可能同时存在又不存在，由此我们证明了它是所有本原中最为确实的。（第91页）

这一段可以看得非常清楚，"事物不能同时存在又不存在"乃是基本原理，是所有本原中最确实的。这样一来，前面我们关于举例说明的理解似乎是不对的。也就是说，译文5说的"同一个人不可能主张同一事物同时存在又不存在"不是一个举例说明，而是一般性说明。但是译文5确实给我们造成那样的理解。而且，译文2讲"事物被说成是存在"，译文6这里也说，有人讲"存在"，这就说明，"存在"是被说出来的词。但是在语言中，"存在"确实说得不多呀！而且一般而言，除了说"事物存在"外，再无太多的其他说法。那么，为什么这样的表达会成为基本原理呢？会是最确实的本原呢？由此可见，一定是在什么地方出了问题！人们一致认为，一事物不能同时既存在又不存在，表述的是矛盾律。人们一般认为，亚里士多德这里实际上是在论述矛盾律。我们看到，他在说明矛盾律是一切证

第二章 亚里士多德的《形而上学》

明的出发点,不能要求对它进行证明,否则就是缺乏教养之后,开始对这一点进行了详细的说明。

【译文7】

首先至少这一点明显是真实的,存在或不存在一词表明某种确定的意义,因而并非一切事物都既如此又不如此。另外,假如人表明一种含义,姑且就认为是两足的动物;我所说的表明一种含义是指:假如这种东西是人,那么若人是某种东西的话,作为人而存在就将是这东西。即或有人说它有多种含义也没有什么两样,只要它是被规定了的,因为人们可以给每一个原理设置另外的名称。我的意思如下,如果说人不止一种含义,而是有多种,其中之一的原理是两足的动物,还有许多其他原理,而它们在数目上有限制。因为对于每一个原理都可以设置一个特殊的名称。如若有人说不是如此,而是有无限种含义,显然就无法与之理论。因为连一种意义也不表示就是什么也不表示,而所用的名称无含义就断送了同其他人的讨论,恰如其分地说也断送了同自己的讨论。因为连一件事也不思想就不可能思想任何事情,即便是可能,也要给这件事安一个名称。按我们开头所说,姑且让这个名称表示某种含义,或表示一种意义,那么作为人存在与不作为人存在竟然含义相同便是不可能的事。假如人不仅表示就某一事物而言而且表示一种含义(因为我们不认为就某一事物而言和一种事物含义相同,那样一来,文雅的、白的和人就会有同一含义,一切事物都将是一,因为它们都将是同名的)。

故同一事物便不可能既存在又不存在,除非由于用词含混,比如我们称为人的东西其他人称为非人。然而问题不在这里,而在于同一事物是否允许在同一时间既是人又不是人,不仅在名称上,而且在事实上。假如人和非人并不表示不同的含义,显而易见作为人存在和不作为人存在亦无不同,于是作为人存在就是不作为人存在,它们将是一回事。是一回事的意思,如同披风和外衣,其原理是一个。假如作为人存在和不作为人存在是一回事，它们就有同一含义。但是曾经证明过它们含义不同。因此假若有什么东西可以被真实地说是人，那么它必然是两足的动物，因为这即是人所指的东西，倘若必然如此，同一个东西就不可能在此时不是两足的动物。因为它必然是就意味着不可能不是。因而，说同一事物在同一时间是人又不是人便不可能是真实的。

同样的道理对于不是人也适用，因为作为人存在和不作为人存在表示不同的含义，就像人存在和白存在不同一样，前一种情况对立更加明显，故表示不同的含义。如果说白也意味着同一个东西，那么我们又得说先前说过的话，即万物都将是一，而不仅仅是对立物。倘若这不可能，就会得出说过的结论，假若对方回答我们的问题的话。

如果单纯地提问，却附加上否定成分，那就没有回答我们的问题。没有什么妨碍同一事物既是人又是白以及数不清的其他东西，尽管如此，当被问及说这东西是人或不是人是否真实时，应该作出含义唯一的回答，而不是再加上白和大。因为不可能穷尽无限多的偶性，故让他要么陈数全部，要么一个也不陈数。因此相类似地，即便同一事物一万次地是人又不是人，一个人被问及是否它是人但同时它又不是人时也不应在回答中有所附加，除非是需要在回答中提到所有偶然的事物，所有它是或不是的东西。倘若他这样做了，就不是在争论。

总而言之，这样说话的人取消了实体和是其所是。（第92—94页）

这一段话很长，《形》也没有分段。我们这里分出几个小段是为了讨论的方便。

第一小段的意思似乎是清楚的。它有这样几层意思：一是说存在或不存在的意思是清楚的；二是说人的意思也是清楚的。有了这样的认识，也就说明，说人存在或人不存在的意思也是清楚的。由此得出的结论就是，人存在同时人又不存在，乃是不可能的。但是如果仔细分析，却有非常难以理解的问题。

第二章　亚里士多德的《形而上学》

　　首先是关于存在的说明。在"存在或不存在一词表明某种确定的意义，因而并非一切事物都既如此又不如此"中，这两句话分别来看都是清楚的，没有什么理解的问题。这里的"因而"一词表明它们有一种因果联系。由于有这种联系，它们就不能孤立地看。而一旦联系起来，问题就来了。存在与不存在有确定的意义，与事物如此不如此又有什么关系呢？为什么前者的意义明确，事物就不能既如此又不如此呢？前一句中的"一词"再次表明，存在乃是人们的明确表述，因此说事物存在、事物不存在，无疑是明确的，意思是有事物、没有事物。后一句中的"如此"不是一个明确的语言表述，指的似乎是关于事物的表述。由于关于事物可以有各种各样的表述，因此用它来代表。不能既如此又不如此，意思是说，不能对一事物同时有两种完全相反的表述。如果这样来理解，似乎这句话的意思正好颠倒了。似乎应该是这样的：由于不能一事物既如此又不如此，所以才不能一事物既存在又不存在，因为"存在"似乎只是"如此"的一种情况的表述。这里，我们又想到译文 5 存在的问题，一事物对另一事物的依存还是不依存，怎么会因为事物存在不存在呢？译文 7 这里的问题实际上是相似的。一事物是这样的抑或不是这样的，怎么会因为它存在或不存在呢？

　　如果译文没有问题，似乎也可以换一种方式理解，即这里的"如此"似乎也可以是指前一句的"存在"。因此后一句话的意思依然是一事物不能既存在又不存在。但是这样一来，这句话不是成了同语反复了吗？那还会有什么意义呢？

　　其次是关于人的说明。人有含义，比如表示"两足动物"，乃是可以理解的。但是，"作为人存在"是什么意思呢？是指当我们说"人存在"的时候，这里的"人"是什么意思吗？如果这样理解，那么结合这里说的"这种东西是人"和"人是某种东西"，也就可以理解，当我们说"人存在"的时候，这里的人就指两足动物。且不说这样的说明是不是清楚，即使是清楚的，我也不明白，为什么要这样说明呢？无论人有一种含义还是有多种含义，这样的论述对于说明"人存在"又能有什么帮助呢？

　　最后是关于"文雅的"和"白的"的说明。这似乎是举例，它们与"人"

显然含义不同。但是由于突然插进来，有些不好理解。按照前面的说明，既然是举例，那么与"人存在"相似，也可以有"文雅的存在"和"白的存在"。然而在我看来，无论有什么问题，"人存在"毕竟还是可以理解的，但是"文雅的存在"和"白的存在"就无法理解了。不是说这样的话字面上有什么不懂的地方，问题是有谁说这样的话呢？或者，有谁这样说话呢？

第二小段似乎表达了两个意思。其一，如果用词含混，可能会违反矛盾律。因为一事物有一个名字，但是人们可能对它有不同的称谓，因此造成不同的理解。这样就形成违反矛盾律的表述。其二，前一种情况是不允许的，不仅在事实上不允许，而且在表达中也不允许。应该说这两个意思还是比较清楚的。但是在具体论述中，却有难以理解的问题。

一个最主要的问题是，关于人出现了两种完全不同的表达。一种是"作为人存在和不作为人存在"，另一种是"既是人又不是人"。前一个表达和前面的表达差不多一样，后一个表达与前一个表达不同，而且还有一些与此相似的表达：一事物"是两足的动物"，它"不是两足的动物"。特别是，经过这样的说明，最后的结论是"说同一事物在同一时间是人又不是人便不可能是真实的"。就是说，这个结论的表达方式不是与前面的表达相同，而是与这里的这些不同表达方式相同。这是为什么呢？

在第一小段我们曾经发现，"存在或不存在"与"并非一事物都既如此又不如此"的关系是有问题的。我们曾经说过，后一句若是表示不能对一事物同时有两种完全相反的表述，则存在和不存在是其中一种情况，但是这样一来，"因而"一词的意思正好相反，所以无法理解。而在第二小段，我们发现差不多同样的问题。如果把"并非一事物都既如此又不如此"看作原理性的表述，则"不能既是人又不是人"和"不能既是两足动物又不是两足动物"都可以是与它相符的表述，因而不会有理解的问题。但是这样一来，这些表达与这一小段一开始的那句话，即"同一事物便不可能既存在又不存在"的关系就无法理解了。如果把它们理解为并列的关系，即都是一些例子，则又会出现我们在第一小段针对"因而"一词提出的问题。如果把它们理解为是与那句话相符合的例子，则无法理解这样的例子如何

第二章 亚里士多德的《形而上学》

能够说明这样的原理。这是因为,既然"存在"与"不存在"乃是说出的词,意思又是明确的,而"是人"和"是两足动物"这些例子又根本不含"存在"一词,那么这些例子和这条原理之间的关系又怎么能够可以理解呢?换句话说,它们之间怎么可能会有什么关系呢?因为这条原理说的是存在,而在这些例子中,"存在"这个词根本就没有说出来。

第三小段的意思似乎也是明白的,只不过这里谈的是对立。人和白的意思不同,因此有不同的含义。但是如果仔细分析,这里依然是有问题的。

一个问题是,这里又出现了"不是人"这样的表达,因此又有了前面谈到的问题,即"是"和"存在"有什么关系呢?另一个问题是,这里明确谈到"白存在",因此我们前面提到的"白的存在"这种说法就不是一个假定,而是实在的表述。这样一来,前面的问题就是非常现实的。也就是说,在现实生活中,谁这样说话呢?

第四小段的意思是说,当问一事物是什么的时候,比如"它是不是人?"应该明确回答,比如说它是人,或者说它不是人,而不应该在这样的说明之后再加上其他一些说明,比如大和白,因为这些性质都是偶然的。这些意思无疑是非常清楚的,应该没有什么理解的问题。但是联系前面三小段,问题就来了。

一个问题是,这里提到了大和白。它们当然是举例。按照这里的理解,如果说明一个事物是人,就不要再说它是大的、它是白的等等,因为是大的和是白的这样的说明都是偶性的说明,对于认识事物没有什么帮助。这里的论述本身是清楚的。但是前面也提到白作为例子。对照一下就会发现,前面说的是白存在,或者作为白的而存在。这样的说明与是白的这样的说明无疑是不同的。"一事物是白的",这样的说法是很自然的。但是我们不知道加上"存在"以后该怎么说,是说"一事物是作为白的而存在"吗?我不知道有谁会这样说话。因此我们无法理解,同样是以白为例,为什么会有这样的区别呢?它们究竟是相同的例子还是不同的例子呢?它们是一样的说明还是不同的说明呢?它们若是不同的例子,二者之间究竟有什么区别呢?如果它们是相同的例子,难道它们会在此处是这样的,而在彼处是那样的吗？

另一个问题是，这里的说明竟然丝毫也没有谈到存在。因此我们不得不问，这里的说明与前面关于存在的论述难道没有关系了吗？如果没有关系，这样的论述不是跑题了吗？若是有关系，又会有什么关系呢？

还有一个问题，这一小段明确谈到"否定成分"。可以理解为，给"是"加上"不"，即加上否定成分，由此得到"不是"。但是这里的意思似乎不是这样的。它指的是下面的一系列说明。但是，给出"是白的"和"是大的"这样的说明也是给出否定的成分吗？如果是，这又是为什么呢？如果不是，"附加上否定成分"这一句话又该如何理解呢？最主要的是，这样的说明与存在又有什么关系呢？

人们一般认为，亚里士多德为要遵守矛盾律提出一些非常重要的证明。译文7则是其第一个证明，也是一个主要证明。从以上论述可以看出，它明确地从"存在"这个词的意义出发，因此这个词对于我们理解亚里士多德的相关思想就非常重要。但是，由于有以上诸多问题，这个证明实在难以理解。第一个证明如此，其他几个证明大概也可想而知，因此暂且略去不谈。下面我们看亚里士多德在第七章的论述：

【译文8】

在对立的陈述之间不允许有任何居间者，而对于一事物必须要么肯定要么否定其某一方面。这对定义什么是真和假的人来说十分清楚。因为一方面，说存在者不存在或不存在者存在的人为假；另一方面，说存在者存在和不存在者不存在的人则为真。因而说事物存在或不存在的人，就是以其为真实或者以其为虚假。但是存在者不能说成不存在，不存在者也不能说成存在。另外，或者对立物之间的居间者就像黑与白之间的灰颜色一样，或者像人与马之间的既非人又非马一样。如果是后一种情况，它们就不能变化（因为变化是从不善到善，或从善到不善），然而事实上它们却一直在变化。因为除非变成对立方式或居间者，变化就不能存在。如果它是居间者，这样将会有某种变化，

第二章 亚里士多德的《形而上学》

不是从不白生成白,但没看见有这种事情。思辨或者肯定或者否定被思辨或思想的每一个对象——这从定义中便可清楚——当其真实或虚假的时候。当以某种方式结合肯定或否定时,它为真,而以另一种方式时,则为假。(第106—107页)

这一段话主要讲对立的陈述之间的真假情况。对立的陈述包括肯定和否定两类。如此看来,存在者存在是肯定的陈述,不存在者不存在是否定的陈述,二者是对立的陈述。肯定和否定陈述如果说得不对,比如把存在者说成不存在,把不存在者说成存在,就是假的;说得对了,即把存在者说成存在,把不存在者说成不存在,就是真的。应该说,这些论述是清楚的,似乎不会有什么理解的问题。但是如果仔细分析,却不是这样。

最主要的问题是,谈陈述、陈述的肯定和否定,以及它们的真假,这一定是在最一般的意义上,因此应该具有普遍性,尤其是像亚里士多德这样一位哲学家。我的意思是说,我们不应该忘记亚里士多德是逻辑学家,而且是逻辑的创始人。他谈论陈述以及陈述的肯定和否定、真和假,一定是在普遍的意义上,而不会是其他样子。我的问题是,存在者存在或存在者不存在,这是不是最一般意义上的陈述,以及陈述的肯定和否定?因而这是不是具有普遍性?我实在是看不出来。从前面的译文大致可以看出,"人存在""白存在",或者"作为人存在"等可能是存在者存在的例子。我们说过,说"人存在"大致还是可以理解的,即有人。说"人是白的"是自然的,也是可以理解的。但是说白存在则不是那样容易理解。不是我们不明白这里说的意思指有白,而是我们不明白谁会这样说话。我们也许可以说人存在、动物存在、太阳存在等。问题是我们一般也不会说白的存在、大的存在。除此之外,"存在"充其量也只是一类表达,而且是很小的一类表达,因此不具有普遍性。它显然不如译文7给出的"是人""是白的""是两足动物"这类表达的形式那样具有普遍性。但是为什么会出现把存在者存在或不存在这样的表达方式作为陈述的普遍方式来说呢?看一看下面的译文,也许我们更能感到这里的问题:

【译文 9】

　　当一个人被问及某物是否是白的时回答不是,他否定的不是别的而是这种存在,不存在就是一种否定。(第 107—108 页)

　　这段话讲的是否定,它明确地说不存在是一种否定,这与我们关于上一段译文的理解是一样的。而且,这里的前一句话谈到问答,并且举了一个例子。这样,这段译文既有理论的说明,又有具体的实例,应该没有什么理解的问题。问题是,分开理解,这里的说明和例子都没有问题,而一旦结合起来,却产生了理解的问题。

　　关于否定不用再说什么,需要说明的只是这个例子。这例问答可以构造如下:

　　问:"这个东西是白的吗?"

　　答:"不是。"(或者:"这个东西不是白的。")

　　括号里是完整的回答。无论是问还是答,显然是非常简单的事情,没有什么理解的问题。这里的回答如果是肯定的,则会是"这个东西是白的"。显然,所谓否定就是在其中的"是"上加了"不",从而形成"不是"。简单地说,这里否定的乃是"是"。复杂一些说,这里否定的则是"是白的"。因此无论如何我们也无法明白,为什么这里否定的是存在呢?这里根本就没有"存在"出现!这里也不会有"存在"出现。亚里士多德在前面的论述中多次明确地说到"存在"这个词,因此在举例的时候,这个词一定应该在语言表述中出现才对。而在这样一个具体的例子中,它怎么会连一点影子都没有呢?既然没有,这样关于存在的说明如何能够让人理解呢?

　　以上我们援引了《形》第四卷的 9 段译文。通过对这些译文的阅读和分析,我们看到,亚里士多德提出要研究存在本身,并且围绕这个概念进行了深入的探讨。在他的探讨中,既有理论阐述,也有语言解释,还有举例说明。但是,从他的论述我们无法理解他所说的存在是什么。尤其是,越是结合他的语言解释,越是联系他举的例子,越是无法理解他所说的存在本身是什么。因此我们不仅要问:这是为什么呢?这仅仅是第四卷的问

第二章　亚里士多德的《形而上学》

题，还是《形》全书的问题呢？

三、词典解释

第五卷被认为是《形》的词典，它解释了《形》中一些主要和重要的术语。既然我们在理解存在这个概念的过程中遇到了困难，就让我们看一看这一卷关于存在一词的解释。希望从中可以得到一些帮助。

【译文 10】

存在的意义或者就偶性而言，或者就自身而言。就偶性而言的存在，例如，我们说公正的人是文雅的，这个人是文雅的，这个文雅的人是人；这正如我们说，这个文雅的人在造屋，这个造屋的人恰好是文雅的，或者这个文雅的人恰好会造屋；因为这一个是那一个就表示这一个恰好是那一个的偶性。之所以这样说，是因为我们说这个人是文雅的，而这个文雅的人是人，或者说这个白净的人是文雅的，或者这人是白净的。后者是由于两者恰巧属于同一个东西，前者是由于它恰巧是存在物的偶性。我们说，这文雅的是人，因为文雅的恰巧属于某物，而某物是存在的。就偶性而言的存在的意义就是这样多，或者由于两者同属于同一存在着的东西；或者由于一个属于另一存在着的东西；或者由于自身存在且属于它所规定的东西。

就自身而言的存在的意义如范畴表所表示的那样，范畴表表示多少种，存在就有多少种意义。在各种范畴的表述之中，有的表示是什么，有的表示质，有的表示量，有的表示关系，有的表示动作与承受，有的表示地点，有的表示时间，每一范畴都表示一种与之相同的存在。因为人正在恢复健康和人恢复健康之间并无区别，同样人正在走、正在切和人走、人切之间也无区别。同样也适用于其他情况。

此外，存在是表示真实，不存在表示不真实，而是虚假，肯定和否定也是这样，例如，苏格拉底是文雅的，这话真实，或者说，苏格拉底是不白净的,同样真实,而说对角线不是可通约的,在这里"不是"表示虚假。

　　此外,在说过的这些中,存在有时表示潜在地存在,有时表示现实地存在,我们说看有时是指潜在的看,有时是指现实的看。知识也是这样,或者指能够知,也可以指现实的知,宁静也是真正得到了宁静,或者是可能的宁静。这一区别也同样应用于实体。我们说赫尔墨斯在石块中,半条线存在于整条线中,未熟的谷物仍然是谷物。至于谷物什么时候是潜在的,什么时候不是潜在的,待在别处分析。(第121—122页)

　　这段话共分四小段。我们可以分段讨论。第一小段说明存在有就偶性和就自身而言两种意义,并且首先从偶性的角度探讨了存在。由于是术语说明,类似于字词解释,因此要举例说明。按理说,提供例子来说明一个词的意思,甚至包括用法,乃是词典规范的做法,本该是非常清楚的。但是在这里却有了问题。

　　应该承认,这里给出的例子本身确实是非常清楚的,比如人是文雅的,文雅的人是人,等等,因此不会有什么理解的问题。但是,这样的例子与"存在"有什么关系呢?由于在例子中我们看不到"存在"一词,因此我们不明白这些例子怎么能够用来说明存在的意义。按照这里的解释,文雅的和白净的"恰巧是存在物的偶性",说这文雅的是人,"因为文雅的恰巧属于某物,而某物是存在的"。如此说来,例子中所说的人就是指存在物了,可是我们从哪里知道它以及其他东西是存在物呢?我们又是从哪里知道文雅的所属于的东西是存在的呢?换句话说,我们从例子根本看不出这些意思来。因此,这样的说明是非常费解的。表面上看,它们似乎是在解释"这个人是文雅的"等例子。而这些例子是用来说明"存在"的意义的。也许是由于通过这些例子看不到关于存在一词的用法,因而看不到关于存在一词的意义的说明,才需要这样绕一个圈子来说明。且不要说这样的说明本身是不是有道理,即使它非常有道理,难道它还是语词说明吗?作为哲学

第二章　亚里士多德的《形而上学》

讨论，它也许会有一些道理，但是这样的讨论还会具有词典的效用吗？

第二小段从就自身而言的角度，并且以范畴为例说明存在的意义。由于范畴理论众所周知，因此这里的说明应该是清楚的，更何况为了更清楚地从范畴来进行说明，还给出几个具体的例子。但是实际情况却不是这样。

亚里士多德至少在两个地方明确谈到十种范畴。而在更多地方，谈到范畴的时候只是说出主要几种，比如这里谈到七八种。它们的意思是清楚的，比如，人、动物表示是什么，白净的、大的表示质，七肘长表示量，如此等等。问题是这些范畴与存在似乎没有什么关系。怎么能说有多少种范畴，存在就有多少种意义呢？日常表达是这样的：这个事物是人，他是白净的，他是七肘长，等等。这样的表达之所以不同，主要在于它们表达了不同的范畴。但是从这里怎么能够看到存在的不同意义呢？具体地说，从人是白净的我们能够看到一种范畴，即质，但是我们如何能够看到"一种与之相同的存在"呢？尽管这里还给出了几个例子，但这一点依然是不清楚的。比如，"人正在走"与"人走"之间没有区别，意思似乎是可以理解的。"走"表示一种动作，因此表示一种范畴，这也是可以理解的。但是它怎么就表示了一种与之相同的存在呢？还有，"正在走"不也是表示一种动作吗？这样，我们如何能够知道，二者哪一个表示范畴，哪一个又表示存在呢？

第三小段说明存在表示真实，不存在表示虚假，并且把它们对应于肯定和否定。译文8和译文9曾经谈到这样的问题，译文10这里还给出具体的例子，因此应该没有什么理解的问题。但是，正由于有了这些例子，这里的说明反而有了问题。

这里给出三个例子："苏格拉底是文雅的""苏格拉底是不白净的""对角线不是可通约的"。前两个例子是真实的，后一个例子是虚假的。例子是清楚的，真实和虚假的说明也是明白的。问题是，这样的例子中根本就没出现存在一词。在这种情况下，我们怎么能够明白它们是关于存在和不存在的说明呢？它们又如何能够说明存在呢？具体地说，"苏格拉底是文雅的"是真实的，这如何能够说明"存在"表示真实呢？这里和前面译文的问题其实是一样的:"苏格拉底是文雅的"如何能够说明"存在"呢？特别是，它如何能够说明对"存在"这个词的意义的解释呢？

在这一小段中，有"'不是'表示虚假"一句。这里的"不是"加了一个引号，大概是要强调一下吧。由于它构成对"是"的否定，由此大概可以推论，"是"表示真实。如果这样来理解，则可以看出，这里说的同样不是"存在"。若是把这里理解为存在或与存在联系起来，那么这里要说明的似乎是"存在表示真实"和"不存在表示虚假"。既然"是表示真实"，而"不是表示虚假"，那么是不是可以认为，所谓"存在"就是例子中所说的"是"呢？如果这样理解，亚里士多德似乎应该说明的就是"是"这个词的意义，而不是"存在"这个词的意义，可实际情况却是恰恰相反！

第四小段从潜在和现实的角度谈论存在。存在有现实的，也有潜在的，这是可以理解的，没有什么问题。但是在例子中依然有问题。

这里有三个例子，第二个例子说到"存在"，第一个例子说到"在"，大概也算是说到了"存在"，这样我们终于看到两个说明存在的例子。但是第三个例子，即"未熟的谷物仍然是谷物"，却又没有"存在"一词了，而这里作了一些解释的恰恰是这个例子。这个解释谈到了谷物的潜在性和现实性，尽管没有展开解释，我们也可以看出，这里的意思大概是说，未成熟的谷物是潜在的，成熟的谷物不是潜在的，而是现实的。依此类推，前面的例子是不是说，比如，半条线存在于整条线中，因而是潜在的整条线呢？而整条线是现实的，因而不是潜在的半条线呢？如果这样理解，这个例子说的难道不是半条线是在整条线中吗？这样一来，"在"成为一个介词，与"存在"的意思完全不同，因此我们看到，在这个表达中，"存在"再次消失了。或者说，按照我们的理解，"存在"并不是一个必须使用的词。当然，这毕竟是我们的理解。由于亚里士多德本人在这里没有这样说，我们大概就不能肯定地说这样的理解是正确的。但是这至少表明，这一小段是存在着理解的问题的。

综上所述，在关于存在一词的说明中，即这种词典解释的说明中，有许多理解方面的问题，它们使我们无法理解存在一词究竟是什么意思。尤其使我们不能理解的是，它明确地要说明"存在"这个词的意义，为此又给出那么多例子；恰恰是这些例子给我们的理解造成了巨大的障碍，带来许多问题。若是在进行哲学讨论，由于抽象和其他原因，我们产生了一些理解的问题，本来也是正常的。但是，这里根本就不是这样的情况。因此，这里的问题实在是难以理解的。

此外，这里还反映出一个问题。前面在第四卷存在的问题，这里依然存在。这就说明，关于"存在"的理解，并不仅仅是第四卷本身的问题。

四、实体与存在

第七卷被认为是《形》的核心卷（或至少是核心卷之一），一直是人们研究的重点。探讨存在这个概念，自然也离不开这一卷。下面我们就来看一看这一卷的一些论述。先看第一章。

【译文 11】

正如前面我们在区别多种意义时所说，存在有多种意义，它或者表示是什么和这个，或者表示质，或者表示量，或者表示这些范畴中的任何一个。尽管存在的意义有这样多，但"是什么"还是首要的，因为它表示实体。当我们说这个东西的性质是什么时，或者说是善，或者说是恶，而不说三肘长或是人；而我们说它是什么时，就不说是白净的、是热的、是三肘长，而说是人、是神。其他东西被称为存在，或由于它们是这种存在的质，或者由于是它的数量和性质，以及其他类似的东西。

所以，有人提出疑问，到底行走、康复、坐着这些词，是否每一个都标志着存在，还有其他相类似的词。就其本性而言，它们中没有一个是存在的，并且不能和实体分离。更确切地说，是某个存在着的东西在行走，在康复，在坐着。这些东西之所以更显得是存在，乃是由于它们的主体是被限定的。这个主体就是实体和个体，正由于它的出现这样的判断才得成立，离开了它就说不出什么善良、什么坐。所以很显然其他一切都由于实体而存在，原始意义上存在不是某物，而是单纯的存在，只能是实体。

尽管最初有许多意义，但实体在一切意义上都是最初的，不论在定义上、在认识上，还是在时间上。其他范畴都不能离开它独立存在。唯有实体才独立存在。在定义上实体是最初的，因为实体必然寓于每一事物的定义之中。和知道了质、量、地点相比，我们知道了人是什么，或火是什么，就更能知道个别事物。而且只有在我们知道量是什么、质是什么时，我们才知道它们中每一个。存在是什么，换言之，实体是什么，不论在古老的过去、现在，以至永远的将来，都是个不断追寻总得不到答案的问题。有些人说它是一，有些人说它是多，有些人说它是有限的，有些人说它是无限的。所以，我们的首要的问题，或者唯一的问题，就是考察这样的存在是什么。（第152—153页）

这一章共分三小节，阐明了第七卷所要做的事情。第一小节总结了前面几卷关于存在的论述，再次说明存在有多种意义。此外，它还说明在这多种意义中，哪一种是主要的，并且作了一些具体的解释。这些意思是清楚的，但是在具体的阐述中，我们却有一些无法理解的问题。

一个问题是存在与范畴的关系。存在为什么能够表示不同的范畴呢？存在如何能够表示不同的范畴呢？前面曾经讨论过这样的问题，因此这里不用再多说什么。

另一个问题是关于范畴的举例解释。"是善""是恶"说的是一事物的性质，而"是三肘长""是人"说的就不是一事物的性质。"是人""是神"说的乃是一事物是什么，而"是白净的""是热的""是三肘长"等说的就不是一事物是什么。如果进一步解释，则可以说，"是白净的""是热的"说的是一事物的性质，"是三肘长"说的则是一事物的量。由此可见，关于事物的说明是不同的，这些不同的说明属于不同的范畴。这些说明本身是清楚的，没有什么理解的问题。但是，这些论述怎么能够说明存在呢？

第二章 亚里士多德的《形而上学》

这些论述是以"是如此这般的"这种形式体现的，其中根本就没有"存在"一词，它们表现出来的不同意思充其量只能说乃是"是"这个词或借助"是"这个词所表达的意思。在这种情况下，它们与存在怎么会联系起来呢？它们又怎么能够被用来说明存在有多种意义呢？从"其他东西被称为存在"一句来看，这里的举例似乎说明了"被称为存在"的方式。既然是"被称为"，显然是要被说出，这与前面说到的"一事物被说成是存在""存在或不存在这个词"等的意思是一样的。它只有是一个词，才能够被说出。它只要被说出，就一定体现为具体的词。可是在举的这么多例子中，我们竟然看不到一个例子含有"存在"这个词。因此我们无法理解它是怎么被"称"或被说出的。这一点不明白，也就无法理解"这种存在"是什么，当然也就无法理解一些东西如何"是这种存在的质"。

还有一个问题与实体相关。这里明确说明"是什么"乃是首要的，因为它表示实体。按照这种说法，"是人""是神"表示实体。这里明确说明了实体与"是什么"的关系，也有说明的例子，因此我们大致可以明白实体是什么意思。但是这些关于实体的说明与存在没有任何关系，因此我们不明白实体与存在会有什么关系。

第二小段以"行走""康复""坐"等词为例，说明它们与存在和实体的关系。这个意思是明白的，但是具体的论述却非常不清楚。

一个问题是关于存在的说明。"行走"等词是否标志着存在？这种提问的方式本身就令人费解。"行走"怎么能够标志着存在呢？或者说，它标志着存在是什么意思呢？是意味着当我们说一个人行走的时候，就标志着这个人存在吗？从这一小段的解释来看，似乎不是这样。这里的意思似乎是说，行走不存在，而是行走的东西存在，因为是存在的东西在行走。按照这样的解释，"苏格拉底行走"，显然是指苏格拉底存在。但是为什么"行走"会显得更是存在呢？这里的解释是因为它的主体被限定，换句话说，这里是用"行走"说明了苏格拉底，因此"行走"似乎更是存在。但是在我看来，"苏格拉底行走"这样的说法是很自然的，意思也是清楚的，怎么会有存在的意思呢？具体地说，怎么能够看出"苏格拉底"表示存在，甚至能够看出"行走"更表示存在呢？而且，若是按照这里"显得是存在"的理解，"存在"还是说出的词吗？这与前面关于存在的论述不是矛盾了吗？因此这里的论述是不容易理解的。

另一个问题与实体相关。这里说明"行走"不能与实体分离，通过解释是存在的东西行走，最终明确地说"这个主体就是实体和个体"。按照这样的解释，像"苏格拉底行走"这样的句子中，苏格拉底是行走的主体，因而他就是实体和个体。这似乎是可以理解的。但是，上一小段刚刚说完"是什么"表示实体。按照那里的解释，"是人""是神"才表示实体。这显然与"苏格拉底"不同。我们无疑可以说"苏格拉底是人"。在这样的表述中，按照上一小段的说明，其中的"是人"表示实体，而按照第二小段的说明，其中的"苏格拉底"表示实体，这不是出问题了吗？究竟什么是实体呢？按照前一小段关于范畴的说明，"是什么"乃是与"是白净的""是七肘长"等等并列的，区别只是前者表示实体，后者不表示实体，而表示其他东西，比如表示质、量等等。而且很明显，我们不仅可以说"苏格拉底是人"，而且可以说"苏格拉底是白净的""苏格拉底是七肘长"等等，因此，无论是实体，还是质、量等其他范畴，都是关于苏格拉底的说明。怎么几行刚过，"是什么"就变成"苏格拉底"这样的"主体"了呢？

还有，这一小段最后明确地说，存在不是某物，只能是实体。既然如此，实体似乎就不能是"物"。在这种情况下，"苏格拉底"以及诸如此类的东西怎么能够是实体呢？难道它们不是"物"吗？实在无法理解！

第三小段有几层意思。一是继续说明实体与其他范畴的关系，说明实体是最初的、居先的，其他范畴依赖于它。二是说明实体独立存在。三是说明实体寓于每一事物的定义之中；只有知道了实体，才更能知道个别事物。这三层意思是清楚的，说明也是比较清楚的，没有什么理解的问题。但是接下来就有问题了。

"存在是什么，换言之，实体是什么"，这显然是把存在的问题转换为了实体的问题。在我看来，这是非常难以理解的。通过前面的讨论我们已经看到，虽然亚里士多德有关于存在和实体的论述，但是除了那些无法理

第二章　亚里士多德的《形而上学》

解的问题外,实在是看不出它们之间有什么关系。而且,通过关于实体的讨论,我们毕竟大致有所理解,比如它的意思乃是"是什么",尽管由于牵涉到"苏格拉底"这样的东西,也有一些难以理解的地方。但是关于存在,虽然有了那么多讨论,甚至有"存在或不存在这个词"这样的明确说明,我们依然不太清楚它是什么意思。在这种情况下,怎么能把存在是什么的问题就这样轻易地转换为实体是什么的问题呢?

我们知道,《形》第七卷主要是探讨实体。通过前面的讨论,我们也大致看出亚里士多德的思路。他在第四卷提出要研究存在本身的问题,他探讨了存在这个词的含义,论述了与它相关的最确定的原理。他在提出这个概念的同时也提出实体这个概念,在他阐述这个概念的过程中也常常谈到实体。他似乎是想说明,存在与实体有非常密切的联系。基于这些论述,他把关于存在的探讨转换为关于实体的探讨,这样他不仅可以名正言顺地探讨实体,并且期待通过对实体的探讨最终来说明存在本身。这个思路固然清楚,想法也大致不错,但是如果存在这个概念不清楚,又怎么能够说明存在与实体之间的关系呢?如果存在与实体的关系不清楚,即使通过后面的探讨而说明了实体是什么,又怎么能够以此来说明存在本身呢?问题是,由于前面关于存在的论述有那些问题,因此存在这个概念恰恰是不清楚的。在这种情况下,怎么能够把关于存在的探讨转换为关于实体的探讨呢?又怎么能够指望通过关于实体的探讨来说明存在呢?所以上述那些难以理解的问题绝不是无足轻重的。在我看来,这些问题应该搞清楚,也必须搞清楚。对于理解亚里士多德的思想来说,这不仅是必要的,而且是至关重要的。为了说明这一点,我们不妨再看几段译文。

【译文12】

实体至少有四种最主要的意思,如果不是更多的话。因为,是其所是、普遍、种被认为是个别事物的实体,还有第四种即载体。

(第154页)

这是《形》第七卷第三章一开始的话。它谈论实体，意思也很清楚。值得注意的是其第一句话。这句话表明，实体有多种意思。它可以使我们联想起前面关于存在有多种意义的论述。由此也就说明，从这里开始真正进入了关于实体的讨论。这就表明，前面关于存在的说明已经结束，现在开始探讨实体。当然，亚里士多德探讨实体，目的还是说明存在。但是这里有一个区别。这个区别是，通过探讨实体所要说明的乃是存在本身究竟是什么，而前面关于存在的探讨至少应该说明存在一词是什么意思。明确了存在一词是什么意思，经过关于实体的探讨，我们才可以更进一步认识存在，或者达到关于存在本身的认识。现在的问题是，经过前面的探讨，存在一词的意思似乎依然是不清楚的；在这种情况下，却要进入关于实体的探讨。这样做难道会有理想的结果吗？

这段话的意思非常清楚，指明了实体可能会有的四种意义，需要的则是对这四种意义进行详细讨论。在这些意义的讨论中，最主要的是关于是其所是和载体的讨论，而其中又以前者更重。为了说明我们想说明的问题，我们再看两段关于是其所是的说明。

【译文 13】

在开始我们作过区分，从量上对实体加以规定，其中的一个被认为是是其所是，就是那就其自身而言的东西。因为"是你"不等于"是文雅的"，因为文雅不是就你自身而言的东西，而你的是其所是乃是就你自身而言的东西。但也并不是所有的就其自身的都是本质，说白色就其自身属于平面，意思就不一样。作为平面而存在不同于作为白色而存在。也不是出于两者，不是作为白色平面而存在。何以如此？因为这是自身重复。不出现于定义中的东西，且自身得到说明，方为个别事物是其所是的定义。如若作为白色平面而存在，也就是作为光滑平面而存在，那么作为白色的存在和作为光滑的存在，就是一回事了。

（第 156—157 页）

第二章　亚里士多德的《形而上学》

这是第七卷第四章的开始语，由此进入了关于实体的第一种意义，即是其所是的探讨。由于这里还给出了例子，因此比较容易理解。是其所是乃是指就其自身而言的东西，这是理论方面的说明。"是你"与"是文雅的"都是关于你的说明，却有区别，后者不表示你的是其所是。这里还谈到本质和定义，意思大致也是可以理解的。在亚里士多德的思想中，本质的表述是定义，定义表达本质，这一思想是非常明确的，也是一贯的。因此在谈到本质的地方也谈到定义，乃是非常自然的。这里谈到本质则是为了更好地说明是其所是，因为一些是其所是表示本质，一些是其所是不表示本质。这就说明，是其所是自身也是有区别的。按照这里的论述，个别事物的是其所是与一般的定义不同，必须是不出现在定义中的，必须是说明自身的。关于这两点说明也许仍需更进一步的理解，但是由此与定义的区别乃是显然的。进行这样的说明，显然是为了区别个别事物的是其所是和非个别事物的是其所是。而我们知道，所谓非个别事物乃是类。因此可以看出，这里是在区别个别事物和类的是其所是。区别了这两类不同的东西，就可以探讨非个体事物的是其所是，而这正是译文 12 中所说的是其所是。以上这些意思，应该说是清楚的，也是可以理解的。

值得注意的是，这里同样谈到存在。如果我们仔细分析，在涉及存在的这些地方，又出现了与前面同样不容易理解的问题。什么叫"作为白色而存在"或"作为平面而存在"？难道会是"白色存在"或"平面存在"吗？从上下文来看，似乎不能这样理解，而只能理解为"是白色的"或"是平面"。因为这样与这里的"是你"和"是文雅的"这种表述是一致的。如果是这样，意思是明白了，但是这与存在又有什么关系呢？如果是这样，我们就要问，这样的表述怎么会是表达存在呢？这里根本就没出现"存在"一词，又怎么会表示存在呢？如果说这里是在区别个体事物与非个体事物的是其所是，因此可能会有一些不太清楚的地方，那么就让我们再看一段专门关于非个体事物的是其所是的论述。

【译文 14】

　　而定义和是什么一样，都有多种意义。因为在一种意义上，是什么表示实体，表示着这个。在另一种意义上，则表示每个范畴，量、质以及诸如此类。正如存在适用于万事万物，而意义却有不同，有的是在原始的意义上，有的则在附带的意义上。同样，是什么在单纯的意义上适用于实体，在某种意义上适用于其他。例如，我们可以问，质是什么，故质也是一种是什么，但并非在单纯意义上说。例如，关于不存在，有些人在理论上，也可说不存在存在着，但并非单纯的不存在而"是"不存在，质也是这样。（第 158 页）

　　这段话论述定义和所是者有多种意义及其原因，意思是比较清楚的。但是在这一段论述中，又谈到存在，而且在涉及存在的地方，又出现与前面同样无法理解的问题。一个问题是，这里显然谈的是"是什么"，这与"存在"怎么会有关系呢？或者说，它与存在会有什么样的关系呢？另一个问题是，最后一句话谈到"'是'不存在"，这似乎是关于"不存在存在着"的说明。那么这是什么意思呢？究竟是说这两个说法意思相同呢，还是说这个"是"有特殊的含义呢？总之，谈论"是什么"的时候，意思似乎都是清楚的，可以理解的。而一旦谈到存在，或者与存在相联系，就产生问题。不仅像"不存在存在"这样的说法让人无法理解，而且像"'是'不存在"这样的说法也让人无法理解。我们不知道谁会这样说话，也不知道它是什么意思。它是说"没有存在"吗？我们也不知道后者是什么意思，再加上"质也是这样"，则更加不知所云。

　　值得注意的是这一段谈到"正如存在适用于万事万物，而意义却有不同"，这句话的意思是清楚的，与前面说过的存在有多种意义大概也是一致的。而且这里显然是把定义和是什么与存在对照着说的，因为定义和是什么也有多种意义。此外，这里从范畴的角度说明定义和是什么有多种意义，与前面说明存在有多种意义的方式也是一致的。还有，这里使用的例子，比如"是文雅的""是白的"等等，也是前面说明存在一词有什么意义时所使用的。因此,这里的对照说明似乎是完全有理由的,也应该是可以理解的。但是为什么这样的说明就无法理解呢?

在我看来,这些问题是具体的,而且与我们的讨论紧密相关。从前面的论述可以看出,亚里士多德提出要研究存在本身,因此进而探讨存在这个词,试图明确说明它的意思,并以原理的方式提出要遵守矛盾律,而在原理中"存在"也是核心概念。然后他提出可以把关于存在的问题转换为关于实体的问题,这样就进入关于实体的讨论。显然他是想通过探讨实体来说明存在,从而建立起自己所说的关于存在本身这样一门科学的理论。因此,译文 14 虽然是在讨论实体,并且是在讨论是其所是这种意义上的实体,但是,它显然与存在不可分割,是密切联系在一起的。所以在关于实体的讨论中,时时或经常出现关于存在的论述,乃是非常自然的,也是正常的。在理解中,我们关于实体大致没有什么问题,关于例子也没有什么问题;唯独关于存在,尤其是当与实体和例子相结合的时候,总是出现理解的问题。必须指出,这些关于存在的问题,或者说与存在相关的问题,并不是在有关实体的讨论中才出现的,而是从一开始就出现了。也就是说,这样的问题,从亚里士多德提出存在本身并且对存在进行解释的时候就出现了。我们一直以为是我们的理解中存在着问题,因此我们希望随着阅读的深入可以解决我们理解中的问题。但是实际上,一开始存在的问题至此依然存在,而且通过我们的深入讨论,我们已经看出,这样的问题并不是现在的问题,而是一开始就存在的。看到这一点,也就可以明白,这样的问题并不是通过继续不断阅读《形》能够解决的,即使这样走到底,已有的问题还是无法解决,而且还会产生新的问题。因此,我们应该寻求其他思路,寻找新的解决方法。

五、是本身

以上我们从《形》选择了 14 段话,以它们为例说明我们在理解时存在着问题。由于这些问题自始至终存在,因此是根本性的。亚里士多德的

《形》本身确实有不容易读懂的地方，但是以上问题却主要不是由他的思想本身造成的，而是由于中文翻译造成的。我认为，亚里士多德所说的 being，不应该翻译为"存在"，而应该翻译为"是"，并且应该在"S 是 P"中的"是"这种意义上来理解。这样一种理解和翻译，也许不能完全解决《形》的理解问题，但是至少可以消除"存在"这一译语所带来的问题，至少可以消除字面上所造成的理解的问题。下面我们还是以上述 14 段话为例，我把自己的翻译加星号"*"以示区别，然后再围绕这样的译文进行讨论。

【译文 1*】

有一门科学，它研究是本身和它由于其自身本性而具有的属性。现在，这与任何所谓专门科学都是不同的。因为其他这些科学没有一门普遍地探讨是本身。它们截取是的一部分，研究这一部分的属性。例如，数学就是这样做的。现在，既然我们寻求第一原理和最高原因，显然一定有某种东西，它由于自身的本性而具有它们。这样，如果寻求是的要素的人就是在寻求这些原理，那么这些要素乃是是的要素就一定不是偶然的，而仅仅因为它是是。因此，是本身的第一原因也正是我们必须把握的。① （1003a20-33）

如前所述，这段话的几层意思是很清楚的。它明确提出形而上学这门科学及其所要研究的东西，并且由此说明形而上学与其他学科的区别。不同之处仅在于那里说的是"存在本身"，而这里说的乃是"是本身"。在中文中，"是"乃是系词，意思很清楚。但是我们不太明白，为什么要研究这样一种东西呢？"是的要素"又是什么呢？这与对译文 1 提出的问题是

---

① 中译文翻译参见 Aristotle: *The Works of Aristotle*, Vol. VIII, By Ross, W. D., Oxford, 1954; Kirwan, C.: *Aristotle's <Metaphysics>, books Γ, Δ, and E*, tr. with notes, Oxford University Press, 1971; Aristoteles: *Metaphysik*, Buecher I-VI, griech.-dt., in d. uebers. von Bonitz, H.; Neu bearb., mit Einl. u. Kommentar hrsg. von Seidl, H., Felix Meiner Verlag, 1982. 译文只注标准页码。此外，我的讨论只限于对 being 及其相关概念的理解，不讨论翻译的对错。

第二章 亚里士多德的《形而上学》

一样的,尽管那里的"存在"概念变成了这里的"是"这一概念。这里的解释与那里可以是一样的。暂时不明白没有什么关系,看一看接下来的解释再说。

【译文 2*】

一事物可以在许多种意义上被说"是",但是所有这个"是"都与某一核心点、一种确定的事物相联系,而不被说成仅仅有歧义的"是"。凡是健康的东西都与健康有关,在某种意义上一事物保持健康,在某种意义上另一事物产生健康,在某种意义上另一事物是健康的象征,在某种意义上另一事物是因为它能够是健康的。是有疗效的东西则是与疗效技艺有关的,一事物被称为有疗效的,因为它拥有疗效,另一事物被称为有疗效的,因为它自然适用于疗效,另一事物被称为有疗效的,因为它是疗效技艺的一种功能。而且我们还会发现其他一些与此用法类似的词。因此,一事物也在许多种意义上被说是,但是所有这些意义都参照一个起点。有些事物被说是,因为它们是实体,另一些被说成是,因为它们是通向实体的过程,或者是实体的毁灭、缺失或性质,或者是实体或与实体相关的事物的生产或产生,或者是这些事物之一或实体本身的否定。正是由于这个原因我们甚至说,不是是不是。这样,正如有一门探讨所有健康事物的科学一样,在其他情况也是这样。因为不仅在一些有一共同概念的事物的情况下,研究属于一门科学,而且在一些与一共同本性相关的事物的情况,研究也属于一门科学,因为这些事物在某种意义上甚至有一种共同的概念。因为很清楚,一门科学的任务也是要研究那作为是而是的事物。但是在任何地方,科学主要探讨的东西是这样的:它是首要的,其他事物依赖于它,而且其他事物由于它而获得它们的名字。这样,如果这种东西是实体,那么哲学家必须把握的就是实体的原理和原因。(1003a34-1003b19)

这段话是对第一章提出的"是本身"进行的解释。"一事物可以在许多种意义上被说'是'",这句话开门见山,很直白,给人一种不容置疑的感觉。这大概是因为日常说"是",尤其是在西方语言中,乃是司空见惯的。亚里士多德说得似乎有些漫不经心,随后马上用一个"但是"引出了自己所要讨论的问题:所有这个"是"要与某一核心点、一种确定的事物相联系。也就是说,"是"可以被用来作各种不同的表达,比如"是什么""是怎样的"等等,这是常识,谁也不会对这一点有什么疑问。但是这样的表达却是有一些说道的,这里面究竟是怎么一回事,却不是人人都清楚的。对于这一点,亚里士多德举了两个例子进行说明:一个是"是健康的东西",另一个是"是有疗效的东西"。以后者为例,它说的其实是"x 是有疗效的"。比如,人们可以说"药物是有疗效的""手术是有疗效的""护理是有疗效的"等等。这说明,"是有疗效的"可以谓述许多事物,这种说是的句式乃是"x 是 P"。因此,"有疗效的"乃是可以在许多种意义上说的,即"x 是 P"乃是可以在许多种意义上说的。正如一事物可以在多种意义上被说是乃是常识一样,这样的例子说明也是常识性的,并不是亚里士多德所要讨论的重点。他的重点是在"但是"之后的说明,即关于"是"的这些意义与所谓的那个"核心点"的关系。因此这里需要对"x 是 P"作出进一步的解释。

亚里士多德的解释是:这里的"是 P"可以是实体、实体的属性、通向实体的过程等等。值得注意的是这里的说明没有举例。因此通过这里的说明,我们只知道"是 P"可以表示这样一些不同的东西,因而有多种意义,但是我们不知道这些东西具体是什么,比如实体是什么、实体的属性是什么。我们可以看出,这里关于实体及其相关东西的论述,似乎与范畴的论述有关,因此可以借助亚里士多德在其他地方关于范畴的论述来理解。但是由于亚里士多德在这里没有说,我们也就可以暂且不考虑这一点。① 在这种情况下,实体是什么,以及与实体相关的东西是什么,就需要思考,

---

① 亚里士多德在《范畴篇》《论辩篇》有关于范畴的详细论述。深入探讨亚里士多德关于实体的思想,应该结合这些论述。本文主要探讨如何理解《形》所说的是本身,因此我们假定该书文本是清楚的。这样我们的探讨只局限在这部著作,甚至只局限在所援引的部分。

第二章　亚里士多德的《形而上学》

需要我们在以下的文本中注意把握，因为它们与这里说的"是P"相关，因而与"是"的多种意义相关。

在关于"是P"的众多说明中，亚里士多德还谈到实体自身的否定，因而说到人们甚至说不是者不是。这实际上说的是否定的情况。由此也就说明，人们既可以谈"是P"，也就可以谈"不是P"。前者是肯定的情况，后者是否定的情况，区别仅在于此。不过，亚里士多德在这里把这种否定的情况一带而过，这就说明，最主要的还是要说明"是P"这种情况。当然，亚里士多德没有像我这样以"x是P"或"是P"这样的方式来表达，而是直接地或者简单地说"是"。我们使用字母变元的方式是为了更清楚地说明这里的问题。明白了这一点，下面我们还是依据亚里士多德的方式，直接谈"是"和"不是"，意思其实是一样的。

基于以上这些说明，我们大致可以想到译文1*所说的"是的要素"指的是什么，同时也比较容易理解译文2*的最后一部分。这门科学要研究"是本身"。"是"的表述有多种意义，所有这些意义构成了这门科学研究的内容。在这些不同意义中，有一种是最主要的，这就是实体。因此这门科学最主要研究的是实体。虽然至此我们还不太明白实体是什么，但是由于这里说得非常明确，因此可以相信，后面一定会有专门关于实体的论述。

【译文3*】

因此很明显，能够对实体和这些概念提供一种说明（这是我们这一卷所提出的问题之一），属于同一门科学，而且能够研究所有事物正是哲学家的职能。这是因为，如果这不是哲学家的职能，那么是谁来研究苏格拉底和坐着的苏格拉底是不是同一回事，或一事物是不是有一种反对，或反对的性质是什么，或它有多少种意义呢？对于所有其他这样的问题也是同样。在这种情况下，既然这些是单位本身和是本身的根本性质，而不是数或线或火本身的根本性质，那么研究这些概念的本质及其性质显然属于这门科学。而且那些研究这些性质的人犯错误，不是由于离开了哲学领域，而是由于忘记了他们缺乏正确认识的实体优先于其他那些东西。因为数本身有特殊的性质，比如奇性和偶性、通约性和等价性、过度和不足，还有那些属于数自身或属于数的相互联系的性质。与此相似，固体的东西、不动的东西与处于运动的东西，没有重量的东西和有重量的东西，也有其他特殊性质。因此也有一些专属于是本身的性质，而且哲学家正是必须要研究这些性质的真。（1004b-17）

这一段话说明，研究是本身和实体乃是哲学家的工作，而不是其他人的事情。这样，亚里士多德就把他所说的这门科学与其他科学区别开来。这样的说明与译文 1* 的说明是一致的。比如这里提到的关于数的研究。人们可以研究数是什么，可以认为一些数是偶数或是偶性的，一些数是奇数或是奇性的，一些数是可通约的，一些数是等价的，等等。这些性质都是数作为数而具有的性质，属于专门领域，因而是关于一部分"是"的表达，而不是关于是本身的表达。哲学家所要研究的乃是是本身，换句话说，关于是本身这门科学所要研究的乃是具有普遍性的东西，比如，一事物是怎么一回事，一事物是不是有一个反对的东西，什么是反对或反对性或反对的东西，等等。这样的事物不属于数这样的具体科学，这样的是也就不属于数这样的具体科学，因此这样的研究超出了具体学科，它所要研究的乃是是本身。这样的研究属于哲学家。在第二章结尾，亚里士多德说：

【译文 4*】
因此很显然，考察是本身和属于是本身的属性乃是一门科学的工作，而且这同一门科学将不仅考察实体，也考察实体的属性，还有上面提到的那两种性质，以及"先于"和"后于"、"属"和"种"、"整体"和"部分"，以及这类其他概念。（1005a13-17）

需要说明的是，这里说到的是本身和属于是本身的属性、实体等概念，是我们援引的译文中提到的，因此是清楚的或比较清楚的，其他一些性质，比如"先于""后于""属""种""整体""部分"等等，乃是在我们没有援引的部分提到的，因此似乎不太清楚。限于篇幅，我们无法全部援引这些相关文献。但是这里看得非常清楚，这门科学要研究的不是像数学研究的数及其性质那样的东西，而是超出具体学科的东西，而且这些东西都与是本身相关。看到这一点，其实就足够了。因为我们获得了关于是本身的认识和理解，知道了这是哲学家的工作，以及为什么这是哲学家的工作。剩下则是对是本身的进一步理解。

六、矛盾律及其论证

在第三章，亚里士多德进一步指出："谁最知道各个属，谁就一定能够阐述其主题最可靠的原理，因而谁的主题乃是是本身，谁就一定能够阐述所有事物最可靠的原理。这就是哲学家。"（1005b8-11）他认为，哲学家研究所有实体的本性，应该由哲学家来考察逻辑推理的本质。他说：

【译文5*】
因此很明显，这样一条原理是所有原理中最可靠的原理。下面我们就要说一说这是一条什么样的原理。这条原理是：相同的属性不能同时并且在同一方面属于并且不属于相同的主体。为了预防论辩术的反驳，我们必须预先假定一些可能会增加的限制。这样，由于这符合以上给定的定义，这就是所有原理中最可靠的原理。因为任何人相信同一事物既是又不是，一如某些人认为赫拉克利特说的那样，乃是不可能的。因为一个人不一定相信他所说的东西；而且如果不可能反对的属性会同时属于同一个主体（在这个前提下也必须预先假定通常的限制），而且如果一种与另一种意见相矛盾的意见与它是反对的，那么显然不可能同一个人同时相信同一事物既是又不是。因为一个人若在这一点上发生误解，他就会同时具有反对的意见。正是由于这个原因，所有进行证明的人都把证明划归为这一点，把它作为一种最终的信念。

因为这很自然地甚至是所有其他公理的起点。（1005b17-34）

这段话有两方面的论述：一是关于事物方面的论述，二是关于人们的信念方面的论述。前者是"相同的属性不能同时并且在同一方面属于并且不属于相同的主体"，这样的说明很直观，非常容易理解；后者是"不可能同一事物既是又不是"，这一点也比较直观，同样不难理解。但是亚里士多德对后者作了举例说明，这就表明这里还是有一些区别的。赫拉克利特说过一句著名的话："不可能两次踏进同一条河。"他的意思是说，河水是不停流动的，因此第二次踏进的已经不是第一次踏进的那条河了。由此可以认为，一个人踏进的既是这条河，又不是这条河。亚里士多德是反对这样的说法的。他以此为例说明，人们不可能相信这样的事情。除此之外，亚里士多德还作了进一步的说明。他的说明提到了反对的属性、矛盾的意见等等。既然是意见，自然是要用语言表达的。因此，这里虽然没有举例说明，但是借助关于赫拉克利特的说明，借助字面的理解，我们也知道这样的东西是需要借助否定来表达的，或者至少表达了否定的含义。即使不参照亚里士多德在其他地方关于反对和矛盾的论述，联系前面译文 2* 所说的缺失、否定等等，我们也可以明白，这样的表达实际上牵涉到"是"与"不是"。因此可以看出，这里关于信念层面的说明与关于事物层面的说明乃是一致的。还是以一个人踏进一条河为例。这条河不能同时属于又不属于这个人所踏进的东西，因为这个人踏进的不可能既是一条河又不是一条河。因此我们无法相信一个人所踏进的既是一条河又不是一条河。换句话说，我们所相信的是：一个人所踏进的不可能既是一条河又不是一条河。

特别需要指出的是，当我们举例说明的时候，就处于具体的情况，因此类似于亚里士多德所说的牵涉到是的一部分。但是作为一条原理，作为一个信念，尤其是在形而上学这门科学的层面上，则要超出这些具体的情况和领域，因此它的表述就是"不可能一事物既是又不是"。这样的表述恰恰体现了是本身和与是本身相关的特征的区别。

亚里士多德对矛盾律是非常重视的，他认为：

第二章 亚里士多德的《形而上学》

【译文 6*】

正像我们说的那样,有一些人断定可能同一事物既是又不是,并且说人们可以判断情况就是这样。而且许多探讨自然的作家都采用这种说法。但是我们现在已经设定,不可能任何事物同时既是又不是,而且我们以此表明,这是所有原理中最不可争议的。(1005b35-1006a5)

这一段话说了两件事情。一件是一些人的断定方式,即他们断定一事物既是又不是。另一件是批评这种方式,认为不可能一事物既是又不是,就是说,必须遵守矛盾律,并且再次明确这是一条原理,而且是所有原理中最不可争议的。有了前面的说明,这里的论述应该是清楚的。这里所说的自然科学家包括《形》第一卷至第三卷提到的一些人,我们没有援引那些论述。从译文 5* 提到的赫拉克利特及其论述中可以看出,这些人讨论的东西虽然可能不同,但违反矛盾律的方式却是一样的,即都断定了一事物既是又不是;而批评这种方式并要求坚持遵守矛盾律,就是断定不可能一事物既是又不是。所以,这里的论述是清楚的,没有什么理解的问题。

亚里士多德认为应该遵守矛盾律,他不仅把矛盾律作为一条原理提了出来,而且对它进行了详细的说明。

【译文 7*】

首先,"是"或"不是"这个词有确切的涵义,因而并非所有事物都会是如此并且不如此,这至少显然是真的。其次,如果"人"有一种涵义,那么这可以是"两足动物";所谓有一种涵义,我是这样理解的:如果"人"意谓某种东西,那么某物若是人,则某种东西对它的意思就是"是一个人"。即使一个人要说一个词有几种涵义,只要它们是数量有限的,就没有什么区别;因为对各个定义可能会赋予一个不同的词。例如,我们可能会说"人"不是有一种涵义,而是有几种涵义,其中的一种涵义会有一个定义,即"两足动物",而只要数量有限,就可能还会有几种其他涵义;因为对各个定义可能会赋予一个专门的名字。然而，如果定义是没有限制的，而且人们甚至要说这个词有无穷多涵义，那么说话显然就会是不可能的。因为不具有一种涵义就是没有任何涵义，而如果词没有涵义，我们互相说话，而且实际上我们自己说话，也就都不成了。因为如果我们不考虑一个事物，那么考虑任何事物就是不可能的；但是如果这是可能的，一个名字就会被赋予这个事物。

因此让我们假定，一如开始所说，名字有涵义并且有一种涵义；这样，如果"人"不仅表示有关一个主体的某种东西，而且有一种意义，那么"是一个人"与"不是一个人"就不可能恰恰会有相同的涵义，因为我们不把"有一种意义"等同于"表示有关一个主体的某种东西"，原因在于根据这种假定，甚至"爱好音乐的""白的"和"人"会有一种意义，因而所有事物都会有一种意义；因为它们都会有相同的意义。

而且，既是又不是相同的事物，乃是不可能的，除非由于一种歧义，就好像一事物我们称为"人"，而别人却要称为"非人"；但是这里的问题主要不是在于，相同的事物是不是能够名义上同时既是一个人又不是一个人，而在于，相同的事物是不是能够实际上同时既是一个人又不是一个人。现在，如果人和非人的意思显然没有什么不同，那么"不是一个人"与"是一个人"表示的意思没有什么不同，因而"是一个人"将是"不是一个人"；因为它们将是同一的。这是因为，"是同一的"的意思如下：它们是相互联系的，一如"服装"和"衣服"相联系的那样，如果它们的定义是同一个。而如果"是一个人"和"是一个非人"能够是同一个，它们就一定意谓同一个事物。但是前面已经表明它们意谓不同的事物。因此，如果对任何事物说它是一个人，而这是真的，那么它就一定是两足动物，因为刚才说过这是人所意谓的东西。而如果这是必然的，那么以下情况就是不可能的：这同一个事物那时不会是两足动物。因为这正是"是必然的"的意思，即那事物不可能不是。因此，在同一时间说同一事物是人并且不是人，就不可能是真的。

第二章 亚里士多德的《形而上学》

　　这些说明也适合于"不是人"，因为既然甚至"是白的"和"是人"也是不同的，那么"是人"和"是非人"就意谓不同的东西。这是因为，"不是人"与"是人"是更对立的，因而它们就一定意谓不同的东西。而如果谁要是说"白的"与"人"意谓相同的东西，我们就又要说我们前面说过的那些话，这样就会得出，所有事物而非仅仅对立的东西是一。但是，如果这是不可能的，那么只要我们的对手回答我们的问题，就会得出我们所坚持的观点。

　　而且，如果一个人简单地问问题，又接着说出矛盾的东西，那么这个人就不是在回答问题。因为没有什么东西会阻止相同的事物既是一个人又是白的和无数其他东西；但是，如果一个人问，说"这是一个人"是不是真的，我们的对手仍然必须给出意谓一个东西的回答，一定不要加上"它也是白的和大的"。因为别的原因且不说，枚举它的偶然属性乃是不可能的。因为它们是无穷多的；因此，让他要么枚举所有东西，要么不枚举任何东西。与此相似，同一事物即使一千次是人和非人，他在回答这是不是一个人的问题时也一定不能补充说它同时也是非人，除非他一定也要加上所有其他偶性，即该事物所是或不是的所有偶性。而如果他这样做，他就没有遵守论证的规则。

　　而且，一般来说，那些这样说的人取消了实体和本质。（1006a29-1007a21）

　　前面我们说过，这是亚里士多德关于矛盾律的一个主要论证，因此我们需要认真理解和分析。

　　第一小段有两层意思：一层是说明"是"这个词的涵义，另一层是说明"人"这个词的涵义。第一层的意思很简单，只有一句话。其余部分都属于第二层，所以后者复杂得多。下面我们分别来讨论。

　　第一层意思虽然简单，涉及的东西却不少。它的主要内容是由一个"因而"联结两个分句构成的。前一个分句表示原因，后一个分句表示结果，而且还有一个强调说明"这至少显然是真的"。因此，至少前一个分句显然是真的，这个"因而"才能显然是真的，后一个分句也才能显然是真的。或者，至少前一个分句和后一个分句显然是真的，这个"因而"才能显然是真的。所以，无论怎样理解，前一个分句显然是真的。或者说，前一个分句必须显然是真的，这个强调说明才能成立。因此，前一个分句的意义非常重要。

前一个分句很简单，它说"是"或"不是"这个词有确切的涵义。显然，"是"乃是一个词，因而是我们说的，是我们表达中所使用的。它有确切的涵义，乃是说它的涵义是明确的。仅凭这样的说明就可以断定这是显然真的，这是为什么呢？在我看来，答案大概只有一种可能，即这是常识，用不着多解释。值得注意的还有这里提到的"不是"。同样，它也是一个词，因而是说出的和表达所使用的。这个词与"是"不同，它在"是"这个词上加了一个"不"，按照这里的解释，"不"这个词的意思也一定是确定的，因此"不是"的意思才会是确定的。当然，这也应该是常识。"是"乃是一个系词，它构成最基本的表述，而且是肯定的表述，"不是"也是围绕着"是"这个系词构成的表述，只不过它是否定的表述。这一点若不是常识，亚里士多德这么简单的说明怎么会"显然是真的"呢？①

这里还有一个细节的问题，这就是联结"是"与"不是"的"或"。为什么要用这样一个联结的词呢？在我看来，这大概有两个意思。一个意思是，由此连带着把否定也说了，因为矛盾律牵涉到否定的表述。另一个意思是，"或"一词使"不是"处于一个不是那么重要的位置，从而突出了"是"这个词的地位。因为正是这个词乃是矛盾律的核心概念，也是亚里士多德所提出的是本身那个概念，因而与是本身直接相关。这说明，亚里士多德在论述的过程中是清楚的：虽然论述矛盾律要牵涉到否定，因而牵涉到"不"，但是归根结底还是要讨论"是"这个概念，因为这才是形而上学的核心。所以，"是"乃是主要的，"不"乃是与"是"结合在一起的，

---

① 亚里士多德在《解释篇》对"是"和"不是"有非常详细的论述。如果依据那里的论述，当然也可以理解这里所说的"显然是真的"的意思。但是，如前所述，我们的讨论不预设亚里士多德的其他论述，而是只局限在《形》。

第二章　亚里士多德的《形而上学》

乃是与"是"相关的。

前一句的意思清楚了，即说明了是这个词的意义，由此出发，后一句的意思确实可以说是清楚的，即它说明了使用是这个词的方式。因为"是"与"不是"的意思正好相反，我们如果说一事物是如此，也就不会说一事物不是如此，因此很难想象如何能够说一事物既是如此又不是如此。亚里士多德这里的结论是比较弱的，并非所有事物都会是如此又不是如此，也就是说，至少有些事物不会是如此又不是如此。虽然弱，意思却是清楚的，同时也为自己坚持要遵守矛盾律提供了依据。

在我看来，除了以上意思，这句话还有一点也非常重要，就是"如此"在这里所起的作用。它是一个不定词，起指示代词的作用。在有明确上下文的情况下，它可以指上下文所提到的东西，在没有明确上下文的情况下，它泛指任何东西。这里则是后一种情况。如果说前一句话说明"是"这个词的意义，而后一句话说明使用它的方式的话，那么"如此"一词则与"是"一词的使用结合在一起，因此"是如此"乃是一种表述方式，乃是"是"这个词的一种使用方式。尽管"如此"一词在这种使用或表述方式中泛指任何东西，不具有确切的意义，但是它却显示出使用"是"这个词时一种确切的句法结构，因而显示出"是"这个词的系词特征。这一点的意义在于，它十分清楚或者说更加清楚地说明了亚里士多德所说的是本身在语言中的表现形式。既然亚里士多德论述"是"这个词，当然会考虑它在语言中的表现形式和使用方式。所以，关于"是如此并且不如此"这样的论述，在亚里士多德那里可能说得非常随意，因为这样的东西在他看来不过是常识，但是，尽管随意，他还是有特定目的的，而在我们这里，则是需要认真对待的，因为这牵涉到对亚里士多德的根本思想的理解。

关于人这个词的说明没有用"确切的涵义""显然是真的"这样的表达。说明方式的区别表明了人这个词与是这个词在涵义方面的区别。是这个词的涵义是确切的，因此不用解释。既然没有说人这个词的涵义是确切的，就需要对它进行解释。这里亚里士多德对它提出了两种解释。一种解释是，人若是有一种涵义该如何理解。比如，它的涵义是"两足动物"。在这种情况下，如果一事物是人，则它是两足动物。这种解释是比较直观的。另一种解释是，人若是有多种涵义该如何理解。按照亚里士多德的看法，人可以有多种涵义，但数量必须是有限的。如果有无穷多涵义，说话是不可能的。在下这个论断的时候，亚里士多德再次使用了"显然"一词。他的解释是，不具有一种涵义就没有任何涵义。无穷多涵义与不具有一种涵义字面上没有什么关系，因此这里的解释有些令人费解。我的理解是，这个解释可能省略了一个前提，或者说它暗含着一个前提，而这个前提应该是从前面那个论断得出来的结论。这就是：一个词若是有无穷多涵义就是不具有一种涵义。语词若是没有涵义，人们当然就无法说话了。至于为什么省略，大概这一点也是常识吧。也就是说，一个词不能有无穷多涵义。否则，"显然"一词又该如何理解呢？有了这样的结论，有关人这个词有多种涵义的说明就是重要的。在亚里士多德看来，在人这个词的诸多涵义中，一定有一种是最主要的，他称之为定义。一个定义与被定义的东西是等价的，因此可以被看作是被定义的东西的名字。所以，定义不能是没有限制的。基于以上说明，可以得到一个结论：一个词要么有一种涵义，要么有多种涵义，但是不能有无穷多种涵义。无论它有一种还是多种涵义，我们都可以得到关于它的涵义的理解。

需要指出的是，这里关于人的说明实际上是关于一般语词的说明。"人"这个词不过是一个例子而已。因此这里的说明具有普遍性，一般地适用于语词。把关于人这个词与关于是这个词的说明加以对照，则可以看出，它们是完全不同的词。"是"的意思是确定的，因而"不是"的意思是确定的。"人"的意思也是确定的，因此由是和人所组成的表达的意思也是确定的，比如"是人""不是人"。因此才不可能一事物既是人又不是人。但是，由于"人"仅仅是一个例子，所以这个例子所要说明的东西却不是"人"所表达的。也就是说，人这个词表达了"人"所表达的意思，但是以"人"为例却说明了这个词所表达的意思之外的东西。用今天的话说，它所说明的东西只是一个变元，表示一个空位，比如"是 P"。这里的"P"代表任意一个语词，因此也可以省略，正如"是人"的主语被省略了一样。但是在这样的表达中,"是"这个词的意思是确定的,所以"是"乃是不能省略的。正由于"是"这个词的意思是确定的,因此一事物不能既是又不是乃是确切无疑的。在这种意义上,一事物不能既是又不是,一事物不能既是如此又不是如此,一事物不能既是人又不是人,等等,这些表达实际上差不多是一样的。它们都是关于矛盾律的表述。"是"一词后面所跟的表语乃是可变的、不定的,因此可以省略,也可以不省略,可以以"如此"这样的不定词表示,也可以用"人"这样的例子表述,但是无论如何,"是"这个词确实不能省略,因为它有明确的句法作用,它自身的意义是确定的、不变的。这样的认识,从亚里士多德关于是和人这两个词的论述中可以看得非常清楚,在其他一些地方,也是完全可以看出来的。比如前面译文5*关于最可靠原理的论述。相同的属性不能同时在同一个方面既属于又不属于同一个事物。人们相应的信念就是,一事物不能既是又不是。那里的不能"既是又不是"表达了语言表述中确切的部分和涵义,省略的部分则表达了语言表述中不确定的部分和涵义,即以"人"为例所说明的东西。理解了亚里士多德的论述方式,下面关于对立陈述及其真假情况的论述也就比较容易理解了。

【译文8*】

但是另一方面,矛盾陈述之间不能有中间物,我们对一事物必须要么肯定某种情况,要么否定某种情况。首先,如果我们定义真和假是什么,那么这一点是清楚的。说是者不是,或者不是者是,就是假的,而说是者是,不是者不是,就是真的;因而谁说任何事物是或不是,他说的就是真的或是假的;但是人们既不说是者是或不是,也不说不是者是或不是。而且,矛盾陈述之间的中间物要么以某种方式是中间的,比如灰的是在黑的和白的之间,要么如同既不是人也不是马那样的东西是在人和马之间的。如果会是后一种情况,它就可能会变成极端的情况,因为变化是从非好到好,或从好到非好;但是实际上,如果有一个中间物,那么总可以看到它变成极端的情况。因此只有向对立的东西及其中间的东西的变化。但是如果它确实是中间物，那么这样就一定会有向白的变化，而这变化并不是来自非白；但是实际上这是从来也看不到的。而且，每当思考活动是真的或假的，它总是要么肯定要么否定思考或领悟的每一个对象或理由，这从定义看是显然的。当它以这种方式断定或否定的时候，它说的是真的，而当它以另一种方式这样做的时候，它说的是假的。（1011b24-1012a5）

陈述有两类：一类是肯定，以"是"来表述；另一类是否定，以"不是"来表述。有了是与不是的对立，因此才有了不能违反矛盾律之说。即便如此，亚里士多德还是从真假的角度进行了说明。说是者是、不是者不是为真，说是者不是、不是者是为假。这大概是历史上最早的真之定义。后来人们说它反映了符合论的观念。无论这种评价对不对，亚里士多德的这段论述确实是非常出名的。我认为，这段论述非常重要，对于理解亚里士多德的思想也是至关重要的。

从这段论述可以看出两个层次。一个是从句法的角度论述陈述，即以"是"所表达的肯定和以"不是"所表达的否定。另一个是从语义的角度论述陈述，即关于真和假的说明。从句法的角度说，"是"乃是最基本的词，它的否定，即"不是"，不过是在是这个词上加一个否定词"不"。从语义的角度说，"真"乃是核心概念，"假"不过是它的对立面，也可以说是它的否定，即"不真"。因此，"是"与"真"之间的联系得到了清晰的说明，句子的一般性质和特征也得到了明确的说明。

人们在表述中，固然有对立的情况，比如说一事物是黑的、一事物是白的，后者的意思似乎隐含着"不是黑的"，因此形成对立。有时候也会说一事物是灰的。这里的"是灰的"则既不是黑，也不是白，而是在二者之间。在亚里士多德看来，如果有这样的中间物，则可能会产生向两极的变化。但是这样的变化不是从对立的两极中的一极向另一极的变化，而是从这个中间物向其中一端的变化。即便如此，在他看来，这也是看不到的情况。因此在我们作出表述的时候，所表述的总是确定的情况，无论说"是白的"或"是黑的",还是说"是灰的"。比如,人们不说一事物从不是白的变为是白的,而说一事物从是黑的变为是白的或一事物从是灰的变为是白的。这样,即使谈论变化,人们的表述也总是肯定某种情况,或者否定某种情况。因此人们的表述要么是真的,要么是假的。

值得注意的是,亚里士多德在这里还谈到思考活动的真假。在他看来,思考活动的真假牵涉到肯定或否定思考的对象或理由,而且这一点根据前面关于真的定义是显然的。也就是说,一事物是这样的,在你的思考中就要认为它是这样的,而不能认为它不是这样的;一事物不是这样的,在你的思考中就要认为它不是这样的,而不能认为它是这样的。这样,你就会根据自己的思考作出正确的断定,否则你就会根据自己的思考作出错误的断定。这些意思是可以领会出来的。我强调这一点,是因为它涉及语言和思维的关系,而且表明了一种看法:语言表述和思维活动大致是一致的。由于这种说明是根据真之定义作出的,因此也说明了"是"在其中所起的作用。亚里士多德多次明确说到"是"这个词,这就表明它是语言中的东西。由于这个词被用来表示思维活动中的肯定和否定,这也就表现出思维方式的区别。至于说是不是还有其他什么意思,尚且无法明确看到。但是以上几点还是很清楚的。

【译文9*】

当一个人被问及一事物是不是白的而说不是的时候,他只是否定了它是;而它的不是乃是一个否定。(1012a17-18)

这是亚里士多德举例说明否定。前面我们构造了这个例子中的对话。它的完整回答是"这个东西不是白的"。有了以上说明,这个例子也就没有什么理解的问题了。"是"表示肯定,在它前面加上"不",就构成否定。如果利用我们构造起来的这个完整例子来说明,我们可以说这里否定了是白的情况,或者否定了"是白的"。但是按照亚里士多德的谈论方式,既然说的乃是"不是",这是"不是白的"的省略表达,因此也可以说这里否定的乃是"是"。由此可以看出，这是一个说明句法形式的例子。有了以上抽象的论述，再加上这个例子，亚里士多德关于陈述的一般形式的论述无疑是非常清楚的。

七、"是"一词的解释

说明了第四卷关于是本身的论述的意思，现在我们再看一看第五卷第七章关于是这个词的词典解释。

【译文 10*】

事物被说成"是"，可以在偶性的意义上，也可以依其自身。（是有时候乃是在偶性的意义上表达的，有时候是依自身表达的。）比如，在偶性的意义上，我们说"公正的人是文雅的""这个人是文雅的""这位文雅者是人"；这正如我们说，"这位文雅者在造屋"，因为这个造屋的人恰好是文雅的，或者这位文雅人恰好是建筑师；因为在这里，"这是这"的意思是说"这是这的一种偶性"。上述情况就是这样，因为当我们说"这个人是文雅的""这位文雅者是人"，或者说"这个白净的人是文雅的"或"这位文雅者是白净的"时，在一种情况，这是因为两种性质恰巧属于同一个东西，而在另一种情况，这是因为一种性质，即谓词，恰巧属于一个是者。而"这位文雅者是人"的意思是说，"文雅的"是人的一种偶性。（在这种意义上，"不白的"也被说成"是"，因为以它作偶性的那个东西"是"。）这样，一事物在偶性的意义上被说成是另一事物，要么是因为二者属于相同的是者，要么是因为前者属于一个是者，要么是因为前者虽然是一种被谓述的性质，但本身是一个是者。

依自身而是恰恰表现为那些谓述形式；因为有多少种谓述形式，"是"就有多少种意义。所以，在谓述表达中，有些表示一事物是什么，有些表示量，有些表示质，有些表示关系，有些表示动作或承受，有

第二章 亚里士多德的《形而上学》

些表示地点,有些表示时间,"是"与这些谓述表达分别是相同的。因为在"一个人是一个保持健康者"和"一个人保持健康"之间没有区别,在"一个人是一个行走者或收割者"与"一个人行走或收割"之间也没有区别。而且在其他情况也是如此。

此外,"是"表示一个陈述是真的,"不是"表示一个陈述不是真的,而是假的,就像肯定和否定的情况一样。例如,"苏格拉底是文雅的"意思是说,这是真的,或者"苏格拉底是不白净的"意思是说,这是真的,而"对角线不是可通约的"意思是说这是假的。

此外,"是"和"是者"表示我们提到的东西有些是潜在的,另一些是完全实在的。因为关于潜在的看和现实的看,我们都说这是看,同样,关于能够应用知识和正在应用知识,我们都说这是知道,关于已经静止的东西和能够静止的东西,我们都说这是静止的。在实体的情况也是如此。我们说赫尔墨斯是在石块中,半条线是在整条线中,我们还说未熟的谷物是谷物。至于一事物什么时候是潜在的,什么时候不是潜在的,必须在别处说明。(1017a9-1017b8)

这段话举了许多例子。通过举例来说明词的涵义,乃是词典通常而规范的做法。前面我们说过,译文 10 的例子没有帮助我们理解"存在",因此这里我们所要考察的是这里的例子是否能够帮助我们或者至少能够有助于我们理解"是"。下面我们分段来分析。

这段话共有四小段。第一小段明确说明了是一词表述两种意义,接着举例解释了它的偶性的意义,比如"是文雅的""是人""是白的"等等。这些例子显然使用了"是"这个词,因而是关于它的解释。这样的表述之所以是偶性,乃是因为它们的表达是偶然的,或者它们"恰巧属于"被表达的对象。"是文雅的"可以说明此人,也可以说明彼人,因此是偶然的。"是人"可以说明此人,也可以说明彼人,因而是偶然的。"是白的"可以说明此人,也可以说明彼人,而且,它不仅可以说明人,也可以说明其他东西,比如马、羊等等,因此它是偶然的。由此可见,这些例子和它们所要说明的东西是一致的，没有给我们的理解造成任何困难。

　　第二小段本该说明依其自身的是。但是这里只说了它表现为谓述形式，解释也很笼统：有多少种谓述形式，是就有多少种意义。按照我的理解，这里的意思是说，有多少种谓述形式，就有多少种是。因此，这里虽然没有说明依自身的是究竟是什么意思，却说明它也是一种谓述形式。谓述形式和意义包括是什么、量、质、关系等等，它们确实不是单一的，而是有许多。亚里士多德说，是与这些谓述表达分别是相同的。这句话可能有些费解。但是借助前面出现的例子，比如是人、是白的、是文雅的等等，大致可以理解这里的意思。人、白的和文雅的，显然是不同的表达，意思不同。它们都与"是"结合在一起。但是，加上这个是并没有改变它们的意思。也就是说，是这个词与什么表达结合在一起，就表达什么意思。因此才会有"是与这些谓述表达分别是相同的"之说。我们知道这里的论述牵涉到亚里士多德的范畴理论。即使我们不知道这个理论，也可以明白这里的说明，因为它们确实是明白易懂的。

　　值得注意的是这里谈到"一个人是一个保持健康者"和"一个人保持健康"的关系，说它们没有区别。为了说明这种情况，亚里士多德又举了另一个例子，"一个人是一个行走者或收割者"与"一个人行走或收割"，并说它们之间也没有区别。基于这样的说明，他把这种情况推而广之。字面上看，"一个人是一个保持健康者"和"一个人是一个行走者或收割者"是主系表结构的句子，即它们以"是"作系动词，而"一个人保持健康"和"一个人行走或收割"是以行为动词表示的句子。二者的结构根本不同，但是亚里士多德却说它们之间没有区别，这不是有些奇怪吗？实际上，这里隐含着亚里士多德一个非常重要的观点：是乃是最基本的表述，其他一切表述都可以划归为它。正是由于有这样的看法，他才会说这两种句子没有区别，而且在他看来，这是普遍情况，因此他才会说其他情况也是如此。大概也正是由于有这样的看法，亚里士多德才会把是本身作为研究的对象，因为它在所有谓述中乃是最基本的，而且，所有以行为动词表达的谓述都可以划归为以"是"表达的谓述。这种看法是不是有道理是可以讨论的，但是

第二章 亚里士多德的《形而上学》

这大概至少是亚里士多德把是本身作为研究对象的原因之一。

第三小段讲的是陈述，说明是与真之间的关系。前面译文 8* 说过这样的问题，因此这里的意思是清楚的，不必多说什么。

第四小段谈论潜在的和现实的情况。这里有三个例子："赫尔墨斯是在石块中"，"半条线是在整条线中"，"未熟的谷物是谷物"。从这些例子可以领会这里所说的潜在与现实的区别。我们仅看最后一个例子。人们说谷物的时候，大概一般指成熟的，因此"未熟的谷物是谷物"，虽然表达的是谷物，但是由于被表达的东西本身没有成熟，因此是潜在的成熟的谷物，而不是现实的成熟的谷物。由此可知，是的表述与潜在和现实相关，以及如何与潜在与现实相关。前面我们没有援引亚里士多德关于潜在和现实的讨论。这里亚里士多德也说明会在其他地方讨论一事物什么时候是潜在的，什么时候不是潜在的。限于本文的目的，明确这一点就可以了，因此不再深入讨论。

总体上看，第五卷既解释了"是"这个词，又举了一些实例来说明，这种做法符合词典规范，意思也是清楚明白的。如果说有什么不清楚的地方，则是关于依自身而是这种意义的说明。仅以"谓述形式"来解释显然是不能令人满意的，因为不是特别清楚。我认为，对照译文 2*，可以有助于我们理解。译文 2* 谈到可以在多种意义上说一事物是，这里则说有多少种谓述形式，是就有多少种意义。这两种说法差不多是一样的。译文 2* 讲所有意义都参照一个起点，而且把这种起点说成是实体，这样，实体意义上的是就与其他意义上的是区别开来。这里没有用实体这一概念，而是用了"依自身而是"。但是这种意义上的是与偶性的是显然是截然不同的。这样，"依自身而是"与"实体"大致是相应的。至于为什么这样表达，我想，这里可能有几个原因。一个原因是，也许在亚里士多德看来，"依自身而是"乃是可以理解的，至少字面上是可以理解的，而实体这一概念却需要专门解释。第二个原因是，也许实体是他要专门讨论的概念，因此这里不准备说。还有一个原因是，由于这里是词典解释，因此只要说明是这个词有多种意义，并且说明两种最主要的有根本区别的意义就可以了。我们看到，在关于多种谓述表述的说明中，已经明确说到"有些表示一事物是什么",这实际上已经牵涉到关于实体的认识。① 总之,从词典解释的角度出发,亚里士多德的做法似乎是越简明越好。这一点,不仅从对是的多种意义的说明来看是这样,从对真和假的说明的角度、从对潜在和现实的说明的角度来看,也是这样。

八、是与实体

从前面的讨论可以看出,亚里士多德从一开始提出研究是本身就提到实体,并在探讨是的过程中多次提到实体。由此可见是与实体有十分密切的关系。但是,前面的讨论主要集中在是,包括这个词的意义,而对实体却讨论得很少。真正关于实体的讨论是在第七卷,而且这也是第七卷的核心内容。先看这一卷的第一章。

【译文 11*】

正如我们在本书前面论述词的各种意义时指出的那样,人们可以在好几种意义上说一事物是;因为在一种意义上,"是"表示的是一事物是什么或这个,而在另一种意义上,它意谓质或量,或者其他一种像它们一样谓述的东西。由于"是"有所有这些涵义,显然所是者最主要的乃是是什么,这表示事物的实体。因为当我们谈到一事物是什么质的时候,我们说它是好的或坏的,而不说它是三肘长或它是一个人;但是当我们说它是什么的时候,我们不说它是白的、热的或三肘长,而说它是一个人或一个神。所有其他东西被说是,乃是因为它们有些是这种第一意义上是者的量,有些是它的质,还有一些是它的属性,还有一些是它的其他属性。

因此人们可能确实会对"行走""是健康的""坐"这样的词产生疑问:它们是不是涉及是者?对其他类似的情况也是如此。因为它们各自是

---

① 如前所述,我们假定该书文本是清楚的,因此我们把讨论尽量局限在所引文本。在后面的译文 13* 中,我们可以看到亚里士多德关于依自身而是的论述,而且那里的论述明确地与实体联系起来。

第二章　亚里士多德的《形而上学》

不能自身存在或与是其所是分离的，相反，在一般情况下，坐的东西、行走的东西和健康的东西属于是者。因为这些东西似乎更是是者，这是因为有一些确切的规定性构成它们的基础，而这种规定性是实体和个体的东西，它以这样一种表达方式表现出来。因为，没有这种规定性，是善的东西，坐的东西是不能被称谓的。因此可以看出，只有通过是其所是，有上述规定的东西才是。由此可以得出，那种是第一性的——不仅是特定意义上的，而且是绝对的——东西就是实体。

现在，"第一性"是在许多意义上使用的。然而，在各种意义上，实体都是第一性的，无论是根据定义，还是根据认识和时间。因为没有东西能够与其他种类的规定性分离；只有实体可以做到这一点。因此实体根据定义也是第一性的。因为在定义中必须包含着实体的定义。而且我们认为，当我们知道一事物是什么，比如人是什么、火是什么，而不是仅仅知道它的质、它的量，或它的地点的时候，我们才最完全地知道它。因为我们只有知道量或质是什么，才能知道这些性质。这个早就提出并且仍在提出而且总是要提出的问题，这个总是充满疑问的问题，即"是乃是什么？"，恰恰是这样一个问题，即"实体是什么？"。因为恰恰是这个问题，有人说是一，又有人说是多，有人说是有限的，有人说是无限的。因此我们必须主要地、首要地，而且几乎专门地考虑：一种东西，它是这种意义上的是者，这种东西究竟是什么？[①]（1028a10-1028b7）

这段话有三小段。第一小段首先说明：可以在好几种意义上说一事物是。这里给出两种意义：其一，"是"表示一事物是什么或这个；其二，它

[①] 中译文翻译参见Aristotle: *The Works of Aristotle*, Vol. VIII, By Ross, W. D., Oxford, 1954; Kirwan, C.: *Aristotle's <Metaphysics>, books Γ, Δ, and E*, tr. with notes, Oxford University Press, 1971; Aristoteles: *Metaphysik*, Buecher VII-XIV, griech.-dt., in d. uebers. von Bonitz, H.; Neu bearb., mit Einl. u. Kommentar hrsg. von Seidl, H., Felix Meiner Verlag, 1982; Frede, M. / Patzig, G., C.H.: *Aristoteles'Metaphysik Z'*, Text, uebers. u. Kommentar, Beck'sche Verlagsbuchhandlung, Muenchen, Band I, 1988; *Aristotle's Metaphysics*, Books Z and H, translated and with a commentary by Bostock, D. 译文只注标准页码。

表示质、量等等。这一小段接下来说明："是什么"表示实体。也就是说，是的所谓第一种意义乃是实体，而第二种意义不是实体。为了说明实体和非实体的区别，这里还举了一些例子。从这些例子可以看出，"是一个人"或"是一个神"表示的是实体，而"是好的""是坏的""是白的""是热的""是三肘长"等等不是表示实体。为什么"是一个人"这样的例子表示实体，这里没有进一步的说明。对于非实体，只举例说明了质，而对其他，比如量，就没有什么说明。当然，最后也捎带着解释了一下这些不是实体的例子。由此可见，这里的论述并不在于明确阐述究竟什么是实体，而是仅仅满足于用举例的方式大致区别出什么是实体，什么不是实体。

　　第二小段以举例的方式进一步说明什么是实体。这里首先问"行走"等这样的词是不是涉及是者，然后为这样的疑问提出理由，因为这样的词不能自身存在或与是其所是分离，它们一般属于是者，就是说，它们一般要与是者相联系。由于明确说到"词"，因此我们可以在两种意义上理解：一种是在语言的意义上理解，另一种是在语言所表达的东西的层面上理解。如果在语言的层面上理解，这里似乎说的是这样的词不能单独存在，而必须与是相结合。也就是说，这样的词必须在句子中来理解。而一旦在句子中，就会涉及"是"这个词。这是因为，"行走"这样的词虽然在句子中作动词，与所修饰的词一起可以表示完整的意思，但是在亚里士多德看来，"行走"与"是行走的"没有什么区别（译文 10*），因而最终依然与"是"相联系。在这种意义上，所谓涉及是者乃是可以理解的。如果在语言所表达的东西的层面上理解，这里说的意思则要复杂一些。行走乃是一种行为，因此一定是某种东西的行为，因为一定是某种东西行走。在这种意义上，行走的东西可以被说是，乃是显然的。比如说某物是行走的，或者甚至说某物是行走的东西，在亚里士多德看来，这与某物行走没有什么区别。如果这样理解，也就可以认为，是乃是对行走的东西的断定，所以亚里士多德才会认为行走的东西属于是者。但是，亚里士多德在这里还有更进一步的说明，这就是，一事物之所以是行走的，乃是因为它有一些根本性的"确切的规定性"，这种规定性就是实体和以这种方式表现出来的个体的东西。这里

第二章　亚里士多德的《形而上学》

可以看出，亚里士多德用"确切的规定性"来说明行走的东西乃是是者，反过来又用实体来说明这种规定性。这里，亚里士多德以是善的东西和是坐的东西为例作了一些说明。依此类推，如果没有这种规定性，是行走的东西乃是不能被称谓的。因此，如果称谓是行走的东西，就要有这种规定性。由此可以看出，这样的规定性乃是关于行走的东西的称谓。按照上一小段的论述，我们知道了一事物"是什么"表示实体。"是什么"无疑也是一种称谓。这里我们又知道了这样的称谓乃是确切的规定性。因此，即使尚无法清晰地知道这里所说的确切的规定性究竟是什么，关于实体我们至少又有了进一步的认识。在这种意义上，这一小段最后几句就比较容易理解了。这种规定性就是一事物的是其所是，这就是实体。字面上看，是其所是，乃是指本该是什么就是什么。这应该没有什么理解的问题。但是，由于它是由一些规定性来表达的，因此依然有一些不太清楚的地方。这就需要我们跟着亚里士多德继续往下走。

总之，无论亚里士多德是不是有清晰的关于语言层面和语言所表达的东西的层面的区别，他的论述都与是有关。在语言层面上，要通过"是"这个词来构造句子，以此来表达我们的认识，其中主要的是关于实体的认识。在语言所表达东西的层面上，实体乃是一事物的是什么，而且这种是什么表现为一些确切的规定性。

第三小段论述为什么实体是第一性的，提出了两个理由。一个理由是：实体可以与其他种类的规定性相区别。前面说过，规定性是关于实体的说明，因此这里似乎隐含实体与实体相区别的意思。这样的区别，对于人们的认识大概是非常重要的。值得注意的是在这样的说明中谈到定义，并且说定义中包含着实体的定义。虽然没有进一步的说明，但是也可以看出，实体与定义密切相关。另一个理由是：完全认识一个事物，就是认识它的实体，即知道它是什么。若是只知道一事物的质、量等等，则并没有完全认识一事物。

这一小段最后把"是乃是什么"的问题转化为"实体是什么"的问题，并且明确地说要考虑实体这种意义上的是究竟是什么。我认为这是一个非常有意思的提法。这样一来，也就可以转而探讨实体，并且专门探讨实体了。尽管可以通过探讨实体来说明是，但毕竟是转到关于实体的探讨上来，因此一个自然的问题是：这样的转换是不是成立？换句话说，关于实体的探讨能不能解决关于是本身的问题？另一个相关的问题是，既然提出要研究是本身，为什么要转到关于实体的探讨呢？这两个问题也正是我觉得这一转换有意思的地方。

值得注意的是，第一小段开诚布公地承认，这里的说明不过是重复或总结前面说过的意思。译文 2* 和译文 10* 确实表达了这样的意思，尽管表述有所不同。这就说明，亚里士多德所谈论的是本身一直是这样一个概念：它有多种意义，其中有一种最主要的意义，这就是实体。研究是本身，当然要研究是的这些意义，要通过研究这些意义来研究是本身究竟是怎么一回事。但是，在亚里士多德看来，在各种认识中，关于实体的认识是最重要的，因为通过关于实体的认识，才能获得最完全的认识。基于这种观点，他认为可以把关于是本身的探讨转换为关于实体的探讨。这显然是因为关于实体的探讨有助于我们获得关于最完全的认识的认识。这就清楚地表明，亚里士多德所提出的关于是本身的研究乃是一种与认识相关的研究。关于实体，我们还可以再看几段亚里士多德的论述。

【译文 12*】

　　实体一词即使没有更多的涵义，至少也要有四种主要用法；因为是其所是和普遍的东西和属被看作是各事物的实体，第四还有基质。
　　（1028b34-35）

这里明确提出实体可以有四种主要用法，由此也就表明后面所要讨论的内容。实际上，亚里士多德也确实从这几个不同的方面论述了实体。限于篇幅，我们不再详细展开论述，只指出几点：其一，在这四种实体用法中，亚里士多德认为是其所是和基质是实体，而普遍的东西和属不是实体；其二，是其所是的表述是定义；其三，基质的表述是形式和质料的复合构成；其四，亚里士多德论述的最多的乃是实体的第一种用法，即是其所是。

第二章　亚里士多德的《形而上学》

因此，在关于实体的论述中，最主要和最重要的是关于是其所是的论述。为了对实体有一个大致的简单的认识，这里我们只简单地看两段关于是其所是的论述。

【译文 13*】

既然一开始我们区别了我们确定实体的各种标志，而且其中之一被认为是是其所是，我们就必须研究它。首先让我们对它作一些语言说明。各事物的是其所是是被说成依其自身而是的东西。因为是你就不是爱好音乐的，既然你并非依你的实质而是爱好音乐的。于是你依你实质而是的东西就是你的是其所是。

然而，所有这一切还不是一事物的是其所是；依自身而是的东西也不同于一个表面是白的，因为是一个表面并不等同于是白的。但是，二者的组合（是一个白的表面）也不是表面的是其所是，因为这里加上了"表面"本身。因此，这个表述中没有出现这个词本身，却表达了它的意义，这就是各事物的是其所是的表述。因此，如果是一个白表面就是一个平滑的表面，那么是白的和是平滑的就是相同的东西。（1029b13-24）

这段话有两小段。第一小段说得非常清楚，所谓是其所是就是依其自身而是的东西。译文 10* 在解释是的意义时曾经说过依自身而是，并把这说成是的一种主要意义，与其他各种意义，即偶性相区别。因此，这里的意思应该是明确的。从例子来看，是你显然是有一些根本原因的，你可以是爱好音乐的，但是这并不是是你的根本原因，你也不会由于是你的根本原因而是爱好音乐的。所以你的根本原因，即这里所说的你的实质或是其所是，一定是某种独特的东西。这些意思是可以明白的，但是应该看到，由于是举例说明，因此仅仅给人提供了领会的空间，而从这里的理论说明，我们只知道是其所是的意思与依自身而是的意思等同或相似。因此对它的理解还需要有进一步的说明。

这一点从第二小段的论述可以看得很清楚。它一开始就明确地说，这还不是一事物的是其所是。接下来的依然是举例说明，因此是比较清楚的。"是白的""是一个表面""是一个白的表面"乃是不同的表述，它们都不是一事物的是其所是。因为它们不满足这里提出的"各事物的是其所是的表述"的要求或条件。这些要求是：第一，它必须是一个表述；第二，这个表述中不出现被表达的事物的词；第三，这个表述要表达被表达的事物的词的意义。所以，"是一个白的表面"不是"表面"的是其所是，因为它含有"表面"这个词。"是一个表面"也不是"白的"的是其所是，因为"表面"没有表达出"白的"的意思。同样，"是一个平滑的表面"也不会是"是一个白的表面"的是其所是，这是因为，不仅在表述中出现了"表面"这个被表达的词，而且"平滑"也没有表达出"白的"的意思。所以，在亚里士多德看来，如果说这样的表述表达的乃是是其所是，那么白的和平滑的东西就是相同的。

从这一段论述可以看出，虽然亚里士多德依然是在举例说明，但是在他举例的同时也已经有了一些理论说明。尽管他还没有说明一事物的是其所是究竟是什么，但是他已经对它作了一些限定和区别。特别是，他已经明确地从句法和语义的角度对它的形式作出了一些说明。通过说明过程中所举的这些例子，尽管我们还不完全知道什么是是其所是，但是至少可以看出它的一些表述特征。比如，它一定是以"是如此这般"的方式表述的。比如，所谓"如此这般"大概是以某种词组的方式表述的。真正认识和明确什么是是其所是，需要我们跟着亚里士多德进一步往下走，但是在这里我们至少看出了两点：一点是，是其所是的表述乃是与是相关的；另一点是，以后的有关论述大概会围绕这里对是其所是的表述形式提出的要求展开。然而无论如何展开，由于这样的要求乃是基于"是如此这般"这样的表述，因此最终还是与是相关。最后让我们再看一段译文。

【译文 14*】

定义是像所是者一样有几种意义吗？所是者在某种意义上意谓实

第二章 亚里士多德的《形而上学》

体和这个,在另一种意义上意谓这样或那样一种谓词,量、质,以及诸如此类。因为一如是属于所有事物,然而它不是在相同的意义上,而是首要地属于某种东西,次要地属于另一种东西,所是者也在简单的意义上属于实体,但在限定的意义上属于其他范畴。因为我们甚至可以对一种质问它是什么,因而这种质也是一种所是者。然而,这不是在简单的意义上,而恰恰如同在不是者的情况,有人强调语言形式说,不是者是——并非简单地是,而是却不是;因此对质也是如此。(1030a17-28)

这段话在译文 13* 之后不远。在亚里士多德的思想中,是其所是是以定义的方式表达的,或者定义表达是其所是,因此定义和是其所是乃是相等的。因此在论述是其所是的过程中谈到定义乃是非常自然的,而且是非常多的。我们引用这段译文,并不是因为这里有关于定义的确切说明。实际上这一段并没有明确说明什么是定义,它只是谈到了定义。我们引用这一段的原因主要有两个。一个原因是这里几乎谈到了前面所谈到的所有东西。比如,它谈到了所是者的两种不同意义,一种是实体范畴,另一种是其他范畴。这与前面谈论是的不同意义乃是一样的。由于定义乃是以"是"来表述的,因此它所表达出来的东西就是"所是者",一如前面我们所说的"是如此这般的"。所以,这里对所是者的论述与前面关于是的论述一样,并且以前面关于是的论述为由来说明这里关于所是者的论述,乃是毫不奇怪的,确切地说,这是非常自然的。另一个原因是这一段最后谈到语言形式,谈到否定。否定不过是在"是"这个词前加上"不"这个否定词,由此构成"不是",从而形成否定的表达。这就说明,否定是一种语言形式。在谈论定义的时候论述这一点,实际上是从另一个角度说明,肯定也是一种语言形式,也就是说,"是"也是一种语言形式,而且是一种肯定的形式。因此,定义等关于实体的表达乃是以肯定的形式表述的。这样,我们关于实体又有了一些新的认识。

综上所述,亚里士多德提出要研究是本身。在具体论述过程中,他从分析和论述是这个词的意义出发，说明"是"乃是一种根本性的谓述方式，可以表达我们的各种认识。他把这些不同的认识区分为实体和其他东西，后者包括质、量、关系等等。通过说明认识实体才能获得完全的认识，亚里士多德把关于是的问题转换为关于实体的问题，从而进入关于实体的探讨。虽然我们没有援引亚里士多德关于实体的详细论述，因而没有展开对他关于实体论述的分析和讨论，但是从给出的译文可以看出，实体与是其所是相关，与定义相关，而且我们对实体的表述形式，即表达实体的语言形式也有了一定的认识。虽然我们还没有获得关于实体的深刻认识，但是我们已经大致知道实体是什么，以及为什么亚里士多德要把关于是的问题转换为关于实体的问题，特别是，以后亚里士多德要从哪几个方面讨论实体。接下来所要做的事情，就是按照这种理解和思路，继续阅读亚里士多德的相关论述，继续深入分析和讨论他的思想。也就是说，方向对了，一步一步往前走就可以了。

九、《形而上学》的主要思想

以上我们通过 14 段译文分析了亚里士多德《形》中的思想。它们选自《形》第四、第五和第七卷，只占全书很小一部分。但是从以上分析和论述大致可以看出亚里士多德《形》中的主要思想。由于没有展开亚里士多德关于实体的论述，我们对实体尚无清楚的认识。在这种意义上，说"看出"亚里士多德在《形》中的主要思想可能会有些言过其实。让我们换一种说法：从以上分析和论述可以看出亚里士多德阐述自己思想时的几个特征，对这些特征的认识有助于我们更好地理解他的形而上学思想。

一个特征乃是是本身与实体的关系。亚里士多德在第四卷明确提出要研究是本身，并且把它与实体联系在一起；到了第七卷则明确地说，可以把关于是的探讨转换为关于实体的探讨，并由此进入关于实体的专门论述，这个思想始终是一致的，也是清楚的。具体论述也是如此：在论述是的过程中，实体这一概念及其思想时隐时现；而在讨论实体的时候，常常要谈

第二章 亚里士多德的《形而上学》

到是。理论论述是这样，举例说明也是这样。这就说明，是本身与实体一直十分紧密地联系在一起。

是本身与实体的联系还有一种方法论的意义。从前面的论述可以看出，亚里士多德提出要研究是本身，但是通过是与实体的密切联系，通过论述是与实体的关系，把关于是的问题转换为关于实体的问题，并且期望通过对实体的讨论最终说明是本身。这向我们表明，这里为了说明A，却要论述B，因为要通过B来说明A。当然，为了说明B，可能还要论述C，因为要通过C来说明B。这一点从译文12*看得非常清楚：为了说明实体，亚里士多德要展开关于是其所是、普遍的东西、属和基质的探讨，即通过对它们的探讨来说明实体。这种方法论的意义是重要的。它表明两点。一点是要用比较明白的东西去说明不太明白的东西。比如，是本身乃是要研究的东西，它一定是不太明白的，因此要借助实体来说明它。因为实体比是本身乃是更明白的。但是，实体本身也是需要探讨的，因此要借助是其所是等东西来解释，因为后者乃是更明白的。这样，人们总是用明白的东西去说明不明白的东西，用比较明白的东西去说明不太明白的东西。另一点是这个说明过程不能无穷倒退。也就是说，它最终总是要有一些基础性的东西。前面关于矛盾律的说明可以看出，矛盾律是一个基础性的东西，遵守矛盾律是一个基本要求。由它出发可以对是本身作一些说明。从译文14*可以看出，在探讨是其所是的时候谈到了定义。在亚里士多德关于实体的论述中，定义是一个基础性的东西，即它的意思是自明的，不用再解释的。这样，通过它可以说明是其所是，再通过是其所是可以说明实体，从而最终说明是本身。① 这种方法论的意义是重要的，除了有助于我们更

---

① 亚里士多德通过形式和质料的复合构成来说明"基质"，因此形式和质料是基础性的东西。这样就可以通过它们来说明基质，并通过基质来说明实体，从而最终说明是本身。本书没有援引这方面的论述，因此不展开讨论。这里强调这种方法论的意义，因为在我看来，国内西方哲学研究往往忽视了这一点，因此造成了理解上的问题。比如，海德格尔提出回到关于"Sein"的思考，他在讨论中却要借助"Dasein"，并且借助关于其中"Da"的思考。而且，这一点在西方哲学史上也并不是什么新鲜的事情，黑格尔也是这样探讨"Sein"的。参见王路：《"是"与"真"——形而上学的基石》，北京，人民出版社，2003年；王路：《逻辑与哲学》，北京，人民出版社，2007年。

好地理解亚里士多德的论证方式以外，还有助于我们理解这些说明的不同层次及其相互联系，从而有助于我们更好地理解亚里士多德的思想。

另一个特征是关于语言的考虑。亚里士多德多次说过，一事物可以在多种意义上说是，这就说明，"是"乃是被说出来的东西，因而是语言中的一个词。他还说过，是这个词本身有确定的涵义。这就说明，"是"这个词本身是没有歧义的。这些显然是关于语言的说明，而且是关于是这个词的明确说明。表面上看，这两种说法好像有些矛盾。其实不是这样。前一种说法是关于表述事物时对是这个词的使用的说明，后一种说法是关于是这个词本身意义的说明。因而这是两种不同的说明。它们不但不矛盾，而且恰恰说明了是这个词的主要性质和特征。语言是关于世界的表述，是关于我们对世界的认识的表述，是关于我们对世界的认识的认识的表述。这种表述的基本方式是"S 是 P"。看一看这个表达方式，我们就会认识到，"S"和"P"都是变元，因而意义是不确定的；但是，"是"乃是其中的恒定因素，因此它有确定的意义；否则，这个表达方式本身就不会有确定的意义。也就是说，正由于"是"这个词有确定的意义，这种表达方式本身才会有确定的意义。由于其中的"P"是可变的，因而可以有各种不同表达。"是"本身是确定的，与"P"一起构成对"S"的表述。这样，"P"是什么意思，"是 P"就会是什么意思。因此，亚里士多德才会说一事物可以在多种意义上被说是，这是因为，当我们说一事物"是 P"的时候，尽管"是"的意思是确定的，"P"的意思却不是确定的，因此"是 P"有多种意义。这从前面的例子可以看得非常清楚。"是人"与"是白净的"意思显然是不一样的。

应该看到，亚里士多德在关于"是"的说明中，常常捎带说明"不"或"不是"。这显然是对"是"的否定。由于涉及"不"或"不是"，因此也会牵涉到语言的肯定和否定，从而涉及真假。在亚里士多德关于是本身的论述中出现关于"不"或"不是"的论述，乃是很正常的事情。它乃是关于是的一种辅助说明，也是一种必不可少的说明。

还有一个特征是在探讨实体之前首先探讨了矛盾律。如前所述，亚里士多德在第四卷提出要研究是本身，并且同时谈到实体，由此从一开始就

第二章　亚里士多德的《形而上学》

把是与实体紧密结合起来。在第七卷则明确提出要把关于是的探讨转换为关于实体的探讨,从而进入关于实体的探讨。这个思路是非常清楚的。假如他在提出研究是本身并且说明可以在多种意义上说是之后,立即进入第七卷关于实体的论述,他的论述也应该是非常清楚的。但是我们看到,亚里士多德并不是直接这样做的,而是在二者之间探讨了矛盾律,指出矛盾律是一切原理中最确定的原理,提出要坚持和遵守矛盾律。而且,尽管他认为不能要求对矛盾律本身提出证明,但是他还是对要遵守矛盾律进行了深入详细的论证。这样,他就把自己关于是本身的探讨、关于实体的探讨、关于通过实体而达到有关是本身的认识的探讨,建立在矛盾律的基础之上。

亚里士多德的论述可能还有其他一些特征,但是以上几个特征无疑十分清楚。通过这几个特征可以看出,亚里士多德的形而上学乃是紧紧围绕着"S 是 P",特别是围绕着其中的"是 P"展开的。由于"S 是 P"乃是我们表达认识的基本方式,因此亚里士多德的形而上学主要是一种十分宽泛的知识论意义上的东西。这一点,从亚里士多德提出要研究"是本身",要把关于是的研究转换为关于实体的研究,以及他关于这种转换的说明,可以看得十分清楚。在他看来,"是 P"表达我们的认识,"是 P"有多种意义,其中一种意义是最主要的,这就是实体。所谓实体就是表明一事物是什么;其他意义则不如实体主要,无论它们是表示质,还是量,还是其他什么意义。因此在他看来,对一事物最完全的认识,就是知道该事物是什么,而不是仅仅知道它的质、量等等是什么。在这种意义上,亚里士多德把关于是的讨论转换为关于实体的讨论,实际上是想通过实体,即这种与是本身相关的最主要的意义来说明是本身的涵义。所以,这样一种探讨乃是一种最宽泛的知识论意义上的探讨。

通过以上特征还可以看到,亚里士多德的形而上学探讨始终与逻辑结合在一起。在提出是本身这个问题之后,在进入关于实体的探讨之前,他重点探讨了矛盾律。这不仅因为矛盾律直接以"是"表述,因而适用于"S 是 P"这样的表述,所以对于"S 是 P"这样的探讨至关重要,而且因为逻辑是哲学的基础,一如亚里士多德所说,这是进行形而上学探讨之前应该具备的修养，而不应该临时来学习。我们看到，在关于矛盾律的讨论中，不仅涉及"是"与"不是"的论述，而且涉及真和假，从而涉及一些与人们的认识及其表述相关的根本性的问题。应该看到，亚里士多德的逻辑基于"S 是 P"这样的基本句式，由此出发确立了一系列推理规则。而他的形而上学是围绕着是本身这一概念，围绕着"是 P"这样的多种意义展开的，因此归根结底也是围绕着"S 是 P"这样的基本句式进行的。在这种意义上，我们可以清楚地看到逻辑与形而上学的密切结合，看到它们之间相互渗透和相互作用的关系。

通过以上特征还可以看到，亚里士多德形而上学的核心概念乃是"是"，而不是"存在"。译文 1 到译文 14 中，由于采用"存在"一词，我们有许多无法理解的问题，比如为什么"存在"是语言中常用的词，为什么存在一词会有多种意义，为什么存在一词会与实体有关系，为什么举的那些例子与存在无关，等等。但是经过译文 1* 到译文 14* 的讨论，我们终于明白，这些问题本来是不存在的，或者说，它们本来是可以不存在的。因为亚里士多德说的乃是"是"，而不是"存在"。尤其是经过对以上特征的论述，我们可以清楚地认识到，"是"乃是语言中常用的词，因此才会有一事物能够在许多意义上被说是之说。"是"与"是 P"乃是一致的，而且"是"这个词本身的涵义是确切的，而"P"的意思是不定的，因此才会有可以在多种意义上说是之说。正因为有在多种意义上说是之说，才会有"是什么"这种最主要的意义和其他次要的或不那么主要的意义之间的区别，才会有实体与质、量等其他范畴的区别，以此"是"才与实体相关，并且最主要地与实体相关。而且，无论怎样区别，无论是实体的表述，比如"是什么"（是人、是动物），还是其他质、量等等的表述，比如"是白的""是七肘长"等等，这些表述与是本身也是相关的、一致的。正因为有这样的表述，才会有真假之分。比如，一事物是人，我们说它是人，就是真的，若说它不是人，则是假的。最为重要的是，这种主要的表述，即"是什么"或者说实体，与我们最完全地认识一事物相关，因而是研究的重点。所有这些，在亚里士多德的思想中，都是非常清楚的。所以，限于篇幅和本书的目的，

第二章　亚里士多德的《形而上学》

虽然我们还没有深入讨论亚里士多德有关实体的论述，但是我们已经清楚地看出，他的讨论是围绕着"是什么"这一表达方式，因而围绕着如何能够说明一事物是什么这一思想展开的。因此，后面的讨论，即我们在这里无法展开的所有涉及实体的进一步讨论，无论是关于是其所是和基质，还是关于普遍的东西和属，都会是围绕着"是什么"来考虑。因此我们可以明白，亚里士多德说的是本身乃是关于我们认识的表达，因而是关于我们的认识的。所以我认为，亚里士多德的形而上学乃是一种最宽泛的知识论意义上的探讨。

第三章 胡塞尔的《逻辑研究》

胡塞尔是现象学的创始人，他的《逻辑研究》是现象学的重要著作，也是西方哲学中比较难懂的经典著作之一。由于语言差异，中译本更是不容易读懂。但是在我看来，中译文一些地方无法读懂，并不是作者本人的问题，而是翻译造成的。尤其是，把其中的"Sein"翻译为"存在"（或"在"），把"Wahrheit"翻译为真理，结果使本来没有什么问题的地方产生了理解的问题，从而使本来可以读懂的地方变得无法理解。这样的问题看上去是翻译的问题，其实却是理解的问题。而且，如果在字面上出了理解的问题，那么深入理解胡塞尔本人的思想也一定会是有问题的。

本章将以中译本《逻辑研究》为例，讨论以上指出的问题，并且试图基于这些讨论对如何理解胡塞尔的思想作出一些说明。

一、科学与知识

胡塞尔认为，科学与知识有关，科学的目的在于知识，知识的实在可能性与人有关。下面我们看他关于知识的两段论述。

【译文1】

在知识中我们拥有真理。在我们最终所依据的现时知识中，我们拥有的真理是一个正确判断的客体。但仅仅如此还不够；因为，不是每个正确的判断、每个与真理相一致的对一个事态的设定或否定就是一个关于这个事态的有或无的知识。这里更需要的是——如果我们谈

第三章 胡塞尔的《逻辑研究》

的是在最狭窄、最严格意义上的知识——明证性，即这样一种明白的确定性：我们承认的东西是存在的，我们否认的东西则不存在；我们必须用已知的方式将这种确定性与那些盲目的信仰、那些虽然决断但却模糊的意见区分开来，以免我们在极端怀疑主义那里触礁失败。这种严格意义上的知识已经排除了日常用语中知识的含义。①

表面上看，这段话的意思是清楚的。它谈论知识与真理、知识的明证性，试图以此将确定的知识与盲目的信仰、模糊的意见区别开来。在谈论中它谈到判断，谈到对事态的设定和否定，并且由此说明知识，比如关于一种事态有或无的知识。这些论述似乎是可以理解的。但是，如果我们仔细分析，却会发现一些无法理解的问题。

第一个问题与真理有关。从这里的论述看，真理有如下几种性质：其一，它在知识中被我们拥有；其二，它是一个客体；其三，对一个事态的设定或否定可以与它相一致。这三种性质是清楚的。但是，通过这三种性质所说明的真理也是清楚的吗？字面上看，"真理"似乎是一种正确的道理或认识，因此似乎是一种知识。我的问题是，真理是一种知识吗？它是一种什么样的知识呢？从前两种性质来看，真理似乎是一种知识，因为它被我们所拥有，它是一个客体。而且，由于我们是在知识中拥有真理，因此它似乎是一种知识。但是从第三种性质出发，这样的看法似乎就有问题了。根据这种性质，对一种事态的设定或否定本身是一种知识，而这种知识可以与真理相一致。这样一来，如果真理也是一种知识，这里说的就会是两种知识相一致，这不是有些奇怪了吗？此外，从关于知识的说明来看，"每个正确的判断"与"每个与真理相一致的对一个事态的设定或否定"是并列的，后者似乎是对前者的进一步说明。若是这样理解，则"对一个事态的设定或否定"相应于"判断"，而"与真理相一致"相应于"正确的"。如果真理是一种知识，而与真理相一致是正确的，那么与真理相一致的知

---

① 胡塞尔：《逻辑研究》第一卷，倪梁康译，上海，上海译文出版社，1994年，第9页。以下引文只注卷、页码。

识就会是正确的知识。这无异于说以一种知识去衡量另一种知识。在这种情况下，真理本身究竟是一种什么样的知识呢？

第二个问题与对知识的说明有关。这里的说明是"有或无的知识"。"有"和"无"本身字面上是清楚的，没有什么歧义，因此"有或无的知识"本身是清楚的，不应该有什么理解的问题。但是在这段说明中，却有问题。由于这里说明的是"每个正确的判断""每个与真理相一致的对一个事态的设定或否定"，因此这里的说明具有普遍性。但是"有或无的知识"是对知识的普遍性说明吗？显然不是。因为在知识中，有或无的知识只占很小的一部分，比如"有人"或"没有人"，"有上帝"或"没有上帝"。更多乃至更主要的知识，其实是关于"是什么""是怎样的"，比如"是金子""是黄色的"等等。因此这里的论述有一个重大矛盾：以不是普遍性的特征说明具有普遍性的东西。这显然是有问题的。当然，胡塞尔这里的说明使用了否定的方式，但是他的否定为的是引入"明证性"，这种明证性可能会有助于说明"有或无的知识"，但是无论如何，这种说明并没有使它增加任何普遍性的东西。

还有一个问题就是关于明证性的说明——"我们承认的东西是存在的，我们否认的东西则不存在"。这里有几点值得注意：一是这里重点强调"存在"和"不存在"；二是把这种说明解释为"一种明白的确定性"。字面上看，"存在"的意思是清楚的，指"有"，本身不会有什么理解的问题。由此也可以看出，这里似乎是用"存在"和"不存在"来说明刚才所说的"有或无的知识"。由于这里是在谈论知识，因此也就有与刚才一样的问题，即我们的知识怎么可能只与或者主要与存在和不存在相关呢？换句话说，我们的知识有许多种类，我们承认和否认的东西也会有很多种类，比如"是金子"和"不是金子"，"是黄色的"和"不是黄色的"，等等，它们怎么会都与存在和不存在有关呢？或者，为什么我们承认的东西就是存在的，而否认的东西就是不存在的呢？这怎么可能呢？这怎么就会是一种明白的确定性呢？

第三章　胡塞尔的《逻辑研究》

【译文 2】

尽管如此，知识的（或者，对我们来说是同义的：认识的）概念中仍含有双重含义。最狭窄词义上的知识是关于某一个事态存在或不存在的明证性；例如，S 是 P 或不是 P；因此，某一个事态在这种程度上还是在那种程度上是或然的，对此的明证性也是最狭窄意义上的知识；与此相反，在较广的、已改变了的意义上的知识则与事态本身的（而不是它的或然性的）存在有关。在后一种意义上，人们随或然性程度的不同来谈论知识的或大或小的范围，而较确切意义上的知识——即关于 S 就是 P 的明证性——则必须是一种绝对确定的、观念的界限，S 是 P 这种或然性是在上升的序列中无穷地接近这个界限。（第一卷第 10 页）

这段话继续论述知识，说明知识有两种含义：一种是狭义的，另一种是广义的。而且，这里通过前面所说的明证性概念来论述狭义的知识，并说明这种知识是确切意义上的知识。而广义的知识与事态本身的存在有关。表面上看，这两种知识区别非常清楚，而且在对狭义知识的说明中还利用了前面所说的明证性。特别是，为了更好地说明，这里还举了例子：S 是 P 或 S 不是 P。因此，这里既有理论的说明，也有例子，本来不应该有什么理解的问题。但是如果我们仔细分析，却有一个无法理解的问题。

既然 "S 是 P" 是狭义的知识，而事态的存在是广义的知识，那么 "S 是 P" 与事态是什么关系呢？确切地说，它是表示一事态呢，还是表示一事态存在？如果把 "S 是 P" 看作是语言表述，即关于我们的知识的表述，则可以说它所表述的东西是事态或事态的存在，这样一来，似乎也就不会有什么理解的问题了。但是如果与译文 1 联系起来看（实际上也应该联系起来看），似乎不是这样，因为那里明确地说，我们承认的东西是存在的，我们否认的东西则不存在。如果把 "我们承认的东西" 等价于 "S 是 P"，则等于说 "S 是 P" 存在，这样就会没有知识和事态的区别，因而也就不会有狭义和广义的知识的区别。如果把 "我们承认的东西" 等价于 "S 是 P"

所表达的东西，则等于说我们承认的东西就是事态，则存在的东西与我们的认识就会没有区别。在这种情况下，译文 2 所说广义和狭义知识的区别以及知识的或然性难道是可以理解的吗？

在我看来，译文 1 和译文 2 关于知识的论述是非常重要的，它们可能确实有一些不太容易理解的地方，上述问题却主要是由于翻译造成的。按照我的理解，这两段译文应该翻译如下：

【译文 1*】

在知识中我们拥有真。在我们最终所依据的现时（aktuell）知识中，我们拥有它，以它作为正确判断的客体（Objekt）。但仅仅如此还不够；因为，并非每个正确的判断、每个与真相符的对一个事态（Sachverhalt）的设定或否定就是一个关于这个事态是或不是的知识。这里更需要的是——如果我们谈的是最狭窄、最严格意义上的知识——明证性（Evidenz），即这样一种明白的确定性：我们承认的东西是，或者我们否认了的东西不是；我们必须用已知的方式将这种确定性与那些盲目的信仰、那些虽然决断但却模糊的意见区分开来，以免我们在极端怀疑主义那里触礁失败。① （s.12-13）

这段话在知识中区别出两个东西：一个是真，另一个是明证性。真有这样一些特征：它在知识中被人们所拥有，它可以用来作为正确判断的东西。如果把"与真相符的对一个事态的设定或否定"看作是与"正确判断"相应的东西或对"正确判断"的说明，那么似乎可以看出，对事态的设定或否定是与判断对应的东西。在这种情况下，真似乎是与"正确"类似的

---

① 参见 Husserl, E.: *Logische Untersuchungen*, Max Niemeyer Verlag Tuebingen, Band I, 1980. 本文旨在讨论对胡塞尔思想的理解，并且主要集中在"是"与"真"这两个概念上，因此需要对下面的译文作几点说明：第一，译文加星号"*"表示与原译文的区别；第二，这里的译文主要或一般只修正 Sein 和 Wahrheit 及其相关概念的翻译，因此加星号的译文是对原中译文的修正，而不是重新翻译；第三，本书的讨论只限于理解，不涉及对错。以下译文只注原文卷、页码。

第三章　胡塞尔的《逻辑研究》

东西。如果说这一点尚不是非常明确的话，至少也可以看出，真乃是与判断不同的东西。这就说明，真在知识中被我们拥有，但是它不是知识。粗略地说，真乃是与知识相关的东西。

知识中除了有真以外，还有明证性。根据这里的解释，我们承认的东西是，或者我们已否认的东西不是。按照我的理解，所谓"我们承认的东西"或者"我们否认了的东西"相应于"对一事态的设定或否定"，而所谓"是"和"不是"相应于"关于这个事态是或不是的知识"。因此，关于明证性的解释与关于真的解释乃是一致的，意思也大致是清楚的。

【译文 2*】

尽管如此，知识的（或者，对我们来说是同义的：认识的）概念中仍含有双重含义。最狭窄词义上的知识是关于某一个事态存在或不存在（besteht oder nicht besteht）的明证性；例如，S 是 P 或不是 P；因此，某一个事态在这种程度上还是在那种程度上是或然的，对此的明证性也是最狭窄意义上的知识；与此相反，在较广的、已改变了的意义上的知识则与事态本身的（而不是它的或然性的）存在（Bestand）有关。在后一种意义上，人们随或然性程度的不同来谈论知识的或大或小的范围，而较确切意义上的知识，即关于 S 是 P 的明证性，则必须是一种绝对确定的、观念的界限，S 的是 P 的这种或然性是在上升的序列中逐渐接近这个界限。（s.14）

在这段关于知识的进一步说明中，胡塞尔明确地以"S 是 P"（"S 不是 P"）来说明知识的明证性。他指出，这样的知识是狭义的，是或然的。"S 是 P"虽然是或然的，但是由于它具有明证性，则可以逐渐接近知识的确定的界限。以此为界，他还指出一种广义的知识，即与事态本身情况相关的知识。我们看到，在胡塞尔的说明中，他强调知识的明证性，强调明证性与之相关的东西，即"S 是 P"，还强调"是 P"在这种知识中的作用。所有这些，尽管仍然可能会有无法完全理解的地方，但是我们至少可以看出，有一点是非常清楚的，这就是知识的形态——S 是 P。这一点清楚了，译文 1*中关于事态的说明，关于明证性的说明，也是可以理解的了。对一事态的设定就是"S 是 P"，它所表达的自然是一事物是什么或怎样，因此可以说是关于该事态的是的知识。对一事态的否定就是"S 不是 P"，它所表达的当然是一事物不是什么或怎样，因此可以说是关于该事态的不是的知识。对于我们承认的东西，我们以"S 是 P"的方式表述，对于我们否认的东西，我们以"S 不是 P"的方式表述，因此对它们可以说"是"或"不是"。

把以上两段话联系起来，则可以看出，与知识相关有两个方面：一个方面是真，另一个方面是明证性。真这个概念似乎是比较明确的，因此没有过多的说明，但是明证性这个概念却不是这样。在说明它的过程中，借助了"S 是 P"，因而借助了关于"是"的说明，这样的说明突出强调了"是"，甚至强调与之相关的"是 P"。由此我们似乎还可以看出，真乃是与"S 是 P"相关的东西。

二、规范科学

胡塞尔在探讨科学的过程中谈到了规范科学和理论科学的区别。他明确指出：

【译文 3】

为了澄清这一点，我们首先考虑一下规范科学概念与理论科学概念之间的关系。规范科学的规律一般来说意味着：应当在，尽管它现在也许还不在或者在现有的状况下还不能在；而理论科学的规律则始终意味着：什么在。现在要问，相对于单纯的"在"（sein）而言，"应当在"（Seinsollen）具有什么含义。

原初意义上的"应当"和某种愿望或意愿、某种要求和命令有关，例如：你应当服从我；X 应当到我这儿来；这个原初的意义显然过于狭窄。正如我们可以在广义上谈某种要求而不去管要求者和被要求者是

第三章 胡塞尔的《逻辑研究》

否在场一样,我们也可以在不涉及任何人的愿望或意愿的情况下谈某种"应当"。如果我们说,"一个战士应当勇敢",那么这并不意味着,我们或者其他人有这种期望或意愿,有这种命令或要求。人们毋宁可以这样认为:一般地说,即在涉及到每一个战士时,这一类期望和要求都有其合理性;也许这个例子并不十分确切,但这里没有必要去评价一个意愿或要求是否真的有效。"一个战士应当勇敢",这句话毋宁说是意味着:只有勇敢的战士才是"好"战士;就是说,"好"和"坏"这两个谓语一同被包含在战士这个概念的范围内,一个不勇敢的战士是一个"坏"战士。由于这个价值判断有效,所以每个人都有权利要求一个战士勇敢;出于同一个原因,一个战士的勇敢也为人们所期望,为人们所称赞,如此等等。我们还可以举其他的例子:"一个人应当博爱",就是说,谁不这样做,谁就不再是"好"人,从而显然也就是一个(就此而论的)"坏"人;"一部戏剧不应当是一些小故事的杂凑"——否则它便不是一部"好"戏剧,不是一部"真正的"艺术作品。在所有这些情况中,我们都作了一个肯定性的价值判断,承认了一个肯定性的价值谓语,而这种做法是有条件的,它依赖于这个条件的满足,在这个条件得不到满足的情况下,相应的否定谓语便会出现。我们可以将这个事实与下列形式等同看待,或至少等价看待:"一个 A 应当是 B"以及"一个不是 B 的 A 是一个坏 A";或者,"只有一个是 B 的 A 才是一个好 A"。(第一卷第 33—34 页)

这段译文分两小段。第一小段简要区别规范科学和理论科学。前者是"应当在",后者是"什么在"。这样一来,显然有两种"在",一种是单纯的,另一种由于加上了"应当",因而不是单纯的,由此也就说明所要讨论的东西的区别。表面上看,这些意思是清楚的,但是如果仔细思考,却有问题。

一个问题是,这里似乎是把规范科学与理论科学对应着,以此来说明它们之间的区别。"应该在"与"在"的区别比较容易理解,因为它们是对应的,区别在于前者有"应当",而后者没有"应当"。但是如果仔细分析,

"应当在"与"什么在"却不太容易理解,因为它们不是对应的。其中的"什么"似乎是一个不同的因素,但是没有得到论述。

第二个问题是,这里的区别是通过规律来说明的,这样我们自然会想到科学规律是什么样子的。一旦结合科学规律,问题就来了。因为它们和"在"或"什么在"无法联系起来。比如牛顿定律。可能是由于有这样的问题,因此译文中给出了原文。由于有这个问题,因而也就有了另一个问题,规范科学的规律能够与"在"或"应当在"联系起来吗?因此让我们接着往下看。

第二小段论述了"应当"的意义,指愿望、要求等等,没有什么理解的问题。为了更好地说明它的意义,这一小段还给出一些例子。这些例子本身也是清楚的,没有什么理解的问题。但是当把这些例子与所要说明的东西结合起来,就有了理解的问题。这个问题是,所给的例子与"在"没有关系。确切地说,它们能够说明"应当",但是不能说明"应当在"。下面让我们具体分析这个问题。

这一小段给出三个例子:"一个战士应当勇敢""一个人应该博爱""一部戏剧不应当是一些小故事的杂凑"。它们显然都包含"应当"一词,因而能够说明"应当"。但是它们无疑都没有涉及"在",因而使人无法明白,它们为什么能够说明"应当在"。从对这些例子的说明来看也是如此,比如通过"只有勇敢的战士才是'好'战士""一个不勇敢的战士是一个'坏'战士"来说明"一个战士应当勇敢"。尽管(无论我们是否同意)我们可以理解它们之间的意思是等价的,但是我们无论如何也看不出它们与"在"有什么关系,因为它们本身不含"在",它们所要说明的"一个战士应当勇敢"也没有"在"。因此,我们无法明白,既然这些例子说明不了"应当在",为什么要用它们来说明呢?所有这些说明的用意究竟是什么呢?

这里还有一个问题。关于这些例子,最后有一个概括说明。这个说明谈到了肯定的价值判断及其相应的否定情况。它们被看作如下形式:"一个 A 应当是 B"以及"一个不是 B 的 A 是一个坏 A",或者"只有一个是 B 的 A 才是一个好 A"。无论是不是同意这里所说的等价,至少我们可以看

第三章　胡塞尔的《逻辑研究》

出这里给出的肯定的价值判断的形式,即"一个A应当是B"。如果不考虑否定的因素,它似乎与前面第三个例子的形式是一致的,但是与前两个例子的形式不同。也就是说,它肯定与"应当在"不同,因为这里所给出的乃是"应当是",而不是"应当在"。所以我要问,这样的概括说明对于说明"应当在"又会有什么帮助呢?这样的说明又如何能够理解呢?

【译文4】

"应当"的否定性陈述不能被解释成对相应的肯定性陈述的否定,就像在通常意义上对一个要求的拒绝并不包含某种禁令的价值一样。一个战士不应当怯懦,这并不意味着一个战士应当怯懦是错误的,而是意味着一个怯懦的战士是一个坏战士。下列形式因而是等值的:"一个A不应当是B"并且"一个是B的A一般来说是一个坏A",或者,"只有一个不是B的A才是一个好A"。

"应当"与"不应当(Nichtsollen)"相互排斥,这是解释性陈述在形式逻辑上的一致性。形式逻辑的一致性同样表现在下述定律上,即:在一个应当的判断中不包含对一个相应的"在"的主张。

除了这里所阐述的规范形式判断之外,显然还有其他的这类判断存在,即使人们在表述中不使用"应当"这个词。如果我们不说"A应当(或不应当)是B",而说"A必须(或不可以)是B",那么这无关紧要。实质性的东西在于这里指出了两个新的形式:"A不必须是B"和"A可以是B",它们构成了与前面所述的形式的矛盾对立。就是说,"不必须"是对"应当"或"必须"的否定,"可以"是对"不应当"或"不可以"的否定;这在解释性的价值判断中明显地表现出来:"一个A不必须是B"="一个不是B的A并不因此而是个坏A"。"一个A可以是B"="一个是B的A并不因此而是一个坏A"。(第一卷第34—35页)

这段译文分为三小段。第一小段论述"应当"的否定,给出的例子是"一个战士不应当怯懦",相应的形式是"一个A不应当是B"。第二小段明确说明"应当"与"不应当"相互排斥，并且说明这与逻辑相一致。第三小段把关于"应当"的论述扩展到关于"必须"和"可以"上去。这些意思大致是清楚的，不会有什么理解的问题。但是如果我们仔细分析其中的具体论述，就会发现一些无法理解的问题。

第一小段显然与"在"没有任何关系：不仅它的理论说明与"在"无关，而且它给出的例子——"一个战士不应当怯懦"——也与"在"无关。因此我们不知道这还是不是关于"应当在"的讨论。如果是，为什么会与"在"没有关系呢？如果不是，又怎么能够说明"在"呢？由于后一个问题，我们甚至可以怀疑，这是不是跑题了呢？

第二小段突然又说到"在"，这说明还是在论述"应当在"。因此前面指出的问题更加明显。此外，根据这里的说明，与第一小段给出的例子相应的肯定应该是"一个战士应当怯懦"，它显然不会与"在"有关，因此我们不明白为什么这里要说一个"应当"的判断会包含对一个相应的"在"的主张。（按照我的理解，这里的论述无论如何也不会是说：由于这样的例子不含有"在"，而只含有"应当"，因此以它们所说明的"应当"和"不应当"式的判断不包含相应的"在"。如果会是这样，那么前面关于"什么在"与"应当在"的区别，以及要由此出发来论述"应当在"就更无从说起，因而也就更加无法理解。）此外，这里所说的"相应的'在'"是什么意思？由于看不到"在"，因此我们不知道"相应的'在'"在哪里，这个"在"为什么是相应的，当然也就不知道它是什么了。

第三小段的扩展性论述使我们看到"A必须是B""A可以是B"这样形式的判断，以及它们的否定形式的判断，还有关于它们之间关系的论述。我们完全可以理解这些论述，只是不能理解它们与"在"有什么关系。因此前面关于"应当在"所说的问题，这里依然存在。

译文3和译文4试图通过"应当在"与"在"的区别来说明规范科学和理论科学的区别，从而说明规范科学的主要特征。但是由于围绕这个"在"有以上无法理解的问题，因此对这两段译文无法理解。但是在我看来，以上问题主要是由中文翻译造成的。按照我的理解，它们应该翻译如下：

第三章 胡塞尔的《逻辑研究》

【译文3*】

为了澄清这一点，我们首先考虑一下规范科学概念与理论科学概念之间的关系。规范科学的规律一般来说意味着：应当是，尽管它现在也许还不是或者在现有的状况下还不能是；而理论科学的规律则始终意味着：什么是。现在要问，相对于单纯的"是"而言，"应当是"具有什么含义。

原初意义上的"应当"和某种愿望或意愿、某种要求和命令有关，例如你应当服从我、X应当到我这儿来；这个原初的意义显然过于狭窄。正如我们可以在广义上谈某种要求而不去管要求者和被要求者是否在场一样，我们也可以在不涉及任何人的愿望或意愿的情况下谈某种"应当"。如果我们说，"一个战士应当是勇敢的"，那么这并不意味着，我们或者其他人有这种期望或意愿，有这种命令或要求。人们毋宁可以这样认为：一般地说，即在涉及每一个战士时，这一类期望和要求都有其合理性；也许这个例子并不十分确切，但这里没有必要去评价一个意愿或要求是否真的有效。"一个战士应当是勇敢的"，这句话毋宁说是意味着：只有勇敢的战士才是"好"战士；就是说，"好"和"坏"这两个谓语一同被包含在战士这个概念的范围内，一个不勇敢的战士是一个"坏"战士。由于这个价值判断有效，所以每个人都有权利对一个战士要求他是勇敢的；出于同一个原因，一个战士是勇敢的也为人们所期望，为人们所称赞，如此等等。我们还可以举其他的例子："一个人应当博爱"，就是说，谁不这样做，谁就不再是"好"人，从而显然也就是一个（就此而论的）"坏"人；"一部戏剧不应当是一些小故事的杂凑"——否则它便不是一部"好"戏剧，不是一部"真正的"艺术作品。在所有这些情况中，我们都作了一个肯定性的价值判断，承认了一个肯定性的价值谓语，而这种做法是有条件的，它依赖于这个条件的满足，在这个条件得不到满足的情况下，相应的否定谓语便会出现。我们可以将这个事实与下列形式等同看待，或至少等价看待："一个A应当是B"以及"一个不是B的A是一个坏A"；或者，

"只有一个是 B 的 A 才是一个好 A"。（s.40-41）

第一小段从规律的角度论述规范科学和理论科学的区别：前者是"应当是什么"，后者是"是什么"。可以看出，这里论述的是规律的表述方式。"什么"指不定的、任意的东西，代表一条规律所要表达的具体内容。而"是"和"应该是"却是确定的表达，是规律表达中不可或缺的要素。把着眼点放在这些确定的表达上，就会看到"是"与"应当是"的区别在于其中"应当"的出现与不出现。因此，规范科学的特点是它的表述比理论科学多了"应当"一词。明确了这一点，探讨规范科学也就可以集中在"应当是"上。

第二小段以是不是表示愿望、要求、命令等等区别出狭义和广义的"应当"。通过这样的区别，讨论明确集中在广义的"应当"上。由于广义的"应当"不表示愿望、要求、命令等等，因此一个"应当是"的表达可以转换为没有"应当"，而只有"是"的表达。比如"一个战士应当是勇敢的"可以转换为"只有勇敢的战士才是好战士"，或者"一个不勇敢的战士是坏战士"，因为前者的意思是后者所表达的。当然，由于在转换中用了"好"和"坏"这样的表达，因而牵涉到价值判断。这里的说明虽然简单，但是没有什么理解的问题。

值得注意的是，胡塞尔在说明中谈到转换的条件，并且说明要依赖于对这个条件的满足，并且把这一点以公式的方式表述出来："一个 A 应当是 B"等价于"一个不是 B 的 A 是一个坏 A"或"只有一个是 B 的 A 才是一个好 A"。由此可以看出，这里通过命题联结词"只有……才……"、否定词"不"，以及"好"这样的所谓表示价值判断的词来解释"应当"。这里我们可以看出，"一个不是 B 的 A 是一个坏 A"和"只有一个是 B 的 A 才是一个好 A"（假定"好"和"坏"是矛盾概念）这两个表达式确实是等价的。这样，我们实际上看到了"应当是"与"是"的区别。这是因为，把"一个 A 应当是 B"等价于上述两个表达，因而可以与之转换，这样的解释无论是不是有道理，至少"A 是 B"与这两个表达式不是等价的，因而不能与之转换。由此也就更清楚地说明"A 应当是 B"与"A 是 B"的区别。

第三章　胡塞尔的《逻辑研究》

【译文 4*】

"应当"的否定性陈述不能被解释成对相应的肯定性陈述的否定，就像在通常意义上对一个要求的拒绝并不包含某种禁令的价值一样。一个战士不应当是怯懦的，这并不意味着一个战士应当是怯懦的乃是假的，而是意味着一个怯懦的战士也是一个坏战士。下列形式因而是等值的："一个 A 不应当是 B"与"一个是 B 的 A 一般来说是一个坏 A"或者"只有一个不是 B 的 A 才是一个好 A"。

"应当"与"不应当"相互排斥，这是解释性陈述在形式逻辑上的一致性（Konsequenz）。形式逻辑的一致性同样表现在下述定律上，即关于应当的判断不包含关于相应的是的主张（Behauptung）。

除了这里所阐述的规范形式判断之外，显然还有其他的这类判断存在，即使人们在表述中不使用"应当"这个词。如果我们不说"A 应当（或不应当）是 B"，而说"A 必须（或不可以）是 B"，那么这无关紧要。实质性的东西在于这里指出了两个新的形式："A 不必须是 B"和"A 可以是 B"，它们构成了与前面所述的形式的矛盾对立。就是说，"不必须"是对"应当"或"必须"的否定；"可以"是对"不应当"或"不可以"的否定；这在解释性的价值判断中明显地表现出来："一个 A 不必须是 B"＝"一个不是 B 的 A 并不因此而是个坏 A"。"一个 A 可以是 B"＝"一个是 B 的 A 并不因此而是一个坏 A"。（s.42）

这段话分为三小段。第一小段论述"应当"的否定。比较清楚的是关于等价形式的说明，即"一个 A 不应当是 B"等价于"一个是 B 的 A 一般来说是一个坏 A"或"只有一个不是 B 的 A 才是一个好 A"。同前面一样，无论关于等价的解释是不是有道理，后两个表达式确实是等价的（同样要假定"好"和"坏"是矛盾概念）。值得注意的是关于"应当"的否定的说明。这里实际上是在说明规范科学与理论科学的区别。在理论科学中，"是"的否定乃是"不是"，因此"一个 A 不是 B"意味着"一个 A 是 B"是假的。但是在规范科学中，情况有所不同。"应当"的否定是"不应当"，但是解释却有区别，因为不能把"一个 A 不应当是 B"解释为"一个 A 应当是 B 乃是假的"。通过这样的说明，我们可以更加清楚地理解，为什么胡塞尔要通过表达形式的等价和转换来解释"应当"的意思。按照通常的方式或者按照理论科学的方式，理解"应当"的肯定陈述不会有什么问题，但是理解它的否定，即"不应当"，却会有问题。但是，通过给出公式的方式，一方面可以消除这里有关理解的问题，同时也可以对"应当"和"不应当"给出一种具有普遍性的解释。

明确了第一小段的意思，第二小段的意思也就清楚了。"应当"与"不应当"相互排斥，这一点不是对"不"这个词字面上的通常理解，而是一种逻辑推论。由此也可以推出，"应该是"不包含关于"是"的断定。这一点是清楚的。"应当"通常是一种要求，而"是"则不是一种要求，如前所述，它表示一种事态。"一个战士应当是勇敢的"包含对一个战士的要求，但是并不包含对"一个战士是勇敢的"的断定。由于这是显然的，因此这一段的说明非常简单。

有了以上说明，第三小段从"应当是"扩展到"必须是"和"可以是"，并且涉及相应的否定。这里，胡塞尔还试图探讨了"应当"与"必须"和"可以"之间的关系。关于这里的讨论是不是有问题，有什么问题，由于与本文的主旨无关，因此不展开讨论。我只想指出，这里的讨论牵涉到否定，因而也利用了否定。但是，正像胡塞尔本人看到"应当"和"不应当"与通常的肯定和否定乃是不同的一样，这里关于"应当""必须""可以"等的表达以及它们之间的否定与通常的否定也是不同的，而且更为复杂，绝不会像他这样凭着直观在这里说一说这样简单。

把译文 3* 和译文 4* 联系起来，就可以看出胡塞尔对规范科学与理论科学的区别。理论科学主要以"是"表示，而规范科学主要以"应当是"表示，即在"是"前加上"应当"。他解释了"应当"的涵义，而且，他不仅论述了肯定的情况，还论述了否定的情况，从而论述了"应当"与"不应当"与通常的"是"和"不是"的涵义的区别。特别是，他以"应当"为例，试图把关于"应当"的说明推广到关于"必须"和"可以"的说明

第三章　胡塞尔的《逻辑研究》

上,从而得到关于规范科学的说明。在这些论述中,无论是理论还是举例,我们可以清楚地看出,他始终是围绕着"是"这一概念来讨论的。

三、系词及其表述

从译文1可以看出,胡塞尔谈论科学和知识的时候,明确地谈到真理与明证性。由此来看,在胡塞尔关于知识的论述中,真理和明证性是非常重要的概念。下面我们再看几段他的有关论述。

【译文5】
我们尤其必须注意,这里所涉及的(作为真理的客观意义和第一性意义的)存在不能混同于"肯定性"范畴陈述的系词存在。在明见性中所涉及的是总体相合,而与这种系词存在相符合的通常只是(属性判断的)局部的认同。

但是,即使一个完全的认同成为谓语判断,前一个存在也不等同于后一个存在。因为我们注意到,在一个判断明见性中(判断 = 谓语陈述),在判断真理意义上的存在被体验到,但未被表达出来,也就是说,它永远不会等同于那个在陈述的"是"中被意指和被体验到的存在。后一个存在是在真实之物意义上的存在之物的综合因素——它怎么会表达它自己的真实存在呢?我们恰恰发现,多种一致性在这里得到综合:这是同一个局部的、谓语陈述的一致性,它以论断的方式被意指并且被相应地感知到,也就是说,自身被给予。(第二卷第二部分第123页)

这段译文分两小段:第一小段指出要区别作为真理的客观意义和第一性意义的存在与作为系词的存在;第二小段进一步论述这两种不同的存在。应该说,意思大致是清楚的。但是如果仔细分析,却有一些显然无法理解的问题。

一个直观的问题是,"存在"怎么会表示局部认同呢?比如"上帝存在""金山存在",这里我们该如何理解第一小段所说的"局部的认同"呢?或者,在有关存在的表达中,我们如何能够区别出局部的认同与不是局部的认同呢?而且,这样的表达如何能够表现出属性判断呢?

这个问题虽然存在,却不是这一段的主要问题。这里最明显的问题是关于"系词存在"的说明。此前关于真理已有许多说明,因此这里借助真理来说明存在,乃是可以理解的。但是无论如何,这里所说的"系词存在"却是无法理解的。系词是一个明白无误的概念,即联系主语和表语的动词——"是"。从这里给出的说明也可以看出,它表示肯定,它表示范畴陈述。从如此简单的说明也可以看出,它一定是非常明确的东西,因而应该是自明的东西。但是它怎么变成"存在"了呢?"存在"与系词有什么关系呢?"存在"又怎么成了系词呢?由于有这样的问题,因此在关于真理意义的存在的说明中,在第二小段的进一步论述中,也会有一些相应的问题。

一个问题是,既然区别两种不同的存在,第二小段怎么说到了"在陈述的'是'"呢?这个"是"与存在又有什么关系呢?这里的论述似乎是说,从这个"是"可以意指或体验到存在。因而就有一个问题:从这个"是"如何能够意指或体验到存在呢?如果这是可以的,那么是否可以说,离开了这个"是",就无法意指或体验存在呢?

另一个问题是,判断真理意义上的存在既然没有表达出来,怎么会被体验到的呢?尤其是在看到前面的问题之后,大概就会想到,既然可以通过"是"来体验一种存在,那么真理意义上的存在又是通过什么来体验的呢?换句话说,既然讲到判断的明证(见)性,既然说明判断就是谓语陈述,既然说明判断和谓语陈述没有表达出存在,那么"存在"又是怎样被体验到的呢?按照这里的说明,似乎有两种存在,一种是"真实存在",另一种是"真实之物意义上的存在之物的综合因素"。既然它们都是通过判断而得到的,我们的理解也就不能离开判断。在这种意义上,这种不同的存在究竟是一种什么东西呢?

第三章　胡塞尔的《逻辑研究》

【译文6】

但人们对真理、正确性、真实之物这些概念的理解通常要比我们的这种做法更为狭窄：它们仅仅与判断和定理，或者说，仅仅与判断和定理的客观相关物有关；同时，存在则主要是与绝对客体（非—事态）有关，虽然这里缺乏可靠的划界。毫无疑义，我们有权对这些概念作更为一般的理解。实事的本性要求我们将真理与谬误的概念至少先作这样的扩展，使它们能够包含客体化行为的整个领域。同时，最恰当的做法似乎是将真理和存在的概念区分开来，这样，真理概念（这个概念仍然会不可避免地，含有多义性，但通过对这些概念的说明，这种多义性几乎是无害的）便与行为本身和它观念地被理解的各个因素有关，而存在概念（真实—存在）则与相应的对象相关项有关。（第二卷第二部分第124—125页）

很明显，这一段话是在论述真理与存在，并且试图区别真理与存在。但是有几个不太能够理解的问题。一个是这里提到"真理、正确性、真实之物这些概念"，说它们"仅仅与判断和定理"有关。顾名思义，真理指正确的道理。因此真理与真实之物都是指具体的东西，而正确性却不指这样的东西，它所指的大约是一种性质。为什么要把这样不同的东西并列在一起呢？把这样不同的东西放在一起难道没有问题吗？此外，说正确性与判断和定理相关大概没有问题，因为可以说一个判断是正确的，一个定理是正确的，因而正确性可以是判断和定理的一种性质。但是怎么能说真理和真实之物与判断和定理相关呢？难道是说一些判断和定理表达真理或者就是真理吗？难道是说一些判断和定理表达真实之物或者就是真实之物吗？如果这样，真理和真实之物似乎会是判断和定理所表达的内容，或者就是判断和定理本身。这样一来，真理还是具有普遍性的东西吗？另一个问题是这里提到要区别真理与存在，但是在说明存在概念的时候，在它后面加括号注明"真实—存在"。由此似乎说明，真理似乎与真实存在是要区别的。那么，这里的"真实—存在"与"真实之物"有什么关系呢？它与真理又该如何区别呢?

【译文 7】

至此为止,我们始终在单方面地讨论明见性的情况,即被描述的行为的完全相合的情况。但在相关的冲突情况中,与明见性相对应的是背谬性,它是对在意向和拟—充实(Quasi-Erfuellung)之间的完全冲突的体验。在这种情况下,与真理和存在概念相符合的是相关的谬误和虚无概念。在我们作了所有那些基础准备之后,要从现象学上澄清这些概念并不是一件特别困难的事。首先必须仔细地说明最终失实的否定性理想。

……

从我们的分析中可以非常清晰地得出,存在与虚无不是两个根据其起源来表达判断质性之对立的概念。在我们对现象学关系的理解的意义上,每一个判断都是设定的,而设定并不是一个在质性上与"不存在"相对立的"存在"特征。判断的质性对立面是对同一个质料的单纯表象。在"存在"与"不存在"之间的区别是意向质料的区别。"存在"以含义意向的方式表达谓语陈述的一致,与此相同,"不存在"所表达的则是谓语陈述的冲突。(第二卷第二部分第 125—126 页)

这段译文有两小段。第一小段区别出两种情况:一种是真理与谬误这两个概念相符合,另一种是存在与虚无这两个概念相符合(略去部分是基于明证性论述与之背谬的情况,从而进一步论证明证性)。第二小段得出最终的结论。围绕这个结论,再次论述了存在与不存在这两个概念。应该说,这些思路是比较清楚的,但是对于其中一些论述,尤其是第二小段,却有一些无法理解的问题。

一个问题是,这里明确谈论存在和虚无两个概念。但是在具体论述中,我们只看到"存在"和"不存在",却看不到"虚无"。由于存在概念是一致的,以此类推,与之相对的"不存在"大概就是相应的"虚无"。如果这样理解,

第三章 胡塞尔的《逻辑研究》

"不存在"与"虚无"就是两个等价概念，因而是用前者解释和说明后者。既然是这样，为什么不说明一下呢？难道"虚无"与"不存在"的等价性真是自明的吗？或者，"存在"与"不存在"显然是矛盾的，但是"存在"与"虚无"也是矛盾的吗？即使后者是矛盾的，难道与前者的矛盾是一样清楚的吗？

另一个问题是，这里明确谈到判断，谈到判断的行为、判断的设定、判断的质性、判断的谓语陈述等等。判断一词大概不会有什么歧义，我们对它大概也不会有什么理解的问题。但是从判断出发，我们如何会想到"存在"和"不存在"呢？换句话说，"存在"和"不存在"在判断的什么地方出现呢？确实有一类判断会牵涉到"存在"和"不存在"，比如"上帝存在"，"金山不存在"。但是，这是很小一类判断，就是说，这样的判断不多，因此牵涉到"存在"概念的判断不具有普遍性。胡塞尔显然是在普遍意义上论述判断的，因为他所说的明证性是一种具有普遍性的东西。但是，既然"存在"和"不存在"不具有普遍性，他为什么要把关于判断的论述集中在它们上面呢？

还有一个问题。第一小段明确谈到明证（见）性，因此其所说的真理、存在、谬误、虚无都应该与明证性相关（省略号部分就是基于明证性论述与真理背谬的情况，从而进一步论证明证性），第二小段说的存在与不存在也应该如此。因此这里的说明应该联系明证性来考虑。前面译文 2 以"S 是 P"和"S 不是 P"为例对明证性作出明确说明。但是，"S 是 P"与存在无关，"S 不是 P"也与"不存在"无关。因此我们无法理解，这里谈论真理和谬误、存在与虚无或存在与不存在，为什么要谈论明证性？它们与明证性有什么关系呢？

译文 5 至译文 7 涉及真理与谬误、存在与不存在等概念，当然是非常重要的论述。然而怎么会有这么多问题呢？在我看来，以上问题都是由中译文造成的。如果不把"Sein"翻译为"存在"，不把"Wahrheit"翻译为"真理"，以上问题本来是可以不出现的。

【译文 5*】

我们尤其必须注意，这里所涉及的（作为真之客观和第一性的意义的）这个是不能混同于"肯定性"范畴（kategorisch）陈述的**系词的是**。在**明见性**（Evidenz）中所涉及的乃是总体相合，而这种系词的是所相应的，即便不总是，也通常是（属性判断的）局部的认同（Identifizierungen）。

但是，即使一个完全的认同成为谓词判断，前一个是也不等同于后一个是。因为我们注意到，在一个判断的明见性上（判断 = 谓语陈述），**判断的真之意义上的是乃被体验到，但未被表达出来**，也就是说，它永远不会等同于那个在陈述的"是"中被意指（gemeint）和被体验到的是。后一个是乃是是者在真之意义上的综合因素——它应该如何把它表达为**是真的**呢？我们恰恰发现，多种一致性在这里得到综合：这是同一个局部的、谓语陈述的一致性，它以论断的方式被意指并且被相应地感知到，也就是说，自身被给予。（Ⅱ/2, s.123-124）

这段话的第一小段区别出两种"是"，一种乃是真之意义的是，另一种则是系词的是。系词的是一般不会混淆，这里也说到了它的几个显著特点，比如它出现在直言命题中，表示肯定，表示性质判断，表示局部同一，等等。随意举个例子，比如"雪是白的"，或者，只要想到"S 是 P"这样的句式，上述这些特征就是显然的，因此不会有什么理解的问题。

第二小段区别系词的是和真之意义的是。由于上一小段关于系词的是已经说得非常清楚了，因此这里只需要依据以上说明，指出它与真之意义的是的区别就可以了。这一区别就是其中黑体字所表达的：这种是乃是被体验到的，而不是表达出来的。换言之，系词的是乃是表达出来的，而真之意义的是并不是被表达出来的，而是被体验出来的。具体地说，在"S 是 P"中，"是"被表达出来了，因此我们从它可以考虑并体验到一种是。然而，这种是还不是真之意义上的是。无论胡塞尔是不是把真之意义的是说清楚了，比如所谓的综合因素，所谓的被体验，但是至少他把这种是与

第三章　胡塞尔的《逻辑研究》

系词的是区别开来。比如，一方面表达出是者之是，另一方面还要表达出它是真的；一方面有论断的方式，另一方面有从这种方式可感知的东西；等等。以"雪是白的"为例，它无疑表达了一种是，或者表达了一种事态，但是，它所表达的东西是不是真的，则是另一回事。因此，"是"乃是自身被给予的，"真"也是自身被给予的，只不过真是体验出来的，而且这种体验要依赖于系词的"是"。

非常显著的一点是，这里的论述谈到判断的明证性，因此这里的论述借助了明证性这个概念。译文 2* 在谈到明证性的时候明确给出"S 是 P"的说明。译文 6* 虽然没有说出"S 是 P"这样的句式，也没有举出与这种句式相符合的例子，但是所有论述显然与"S 是 P"完全一致，因此这里借助明证性的说明乃是自然的，没有什么理解的问题。

【译文 6*】

但人们对真、正确性、真的这些概念的理解通常要比我们的这种做法更为狭窄：它们仅仅与判断和定理，或者说，仅仅与判断和定理的对象相关物有关；同时，是则主要是与绝对的对象（非—事态）有关，虽然这里缺乏可靠的划界。毫无疑义，我们有权对这些概念作更为一般的理解。实事的本性要求我们将真和假这两个概念至少先作这样的扩展，使它们能够包含客体化行为的整个领域。同时，最恰当的做法似乎是将真和是这两个概念区分开来，这样，真这个概念（这个概念仍然会不可避免地，含有多义性，但通过对这些概念的说明，这种多义性几乎是无害的）便与行为本身和它观念地被理解的各个因素有关，而是这个概念（是真性的）则与相应的对象相关物有关。（Ⅱ/2, s.125）

这段话继续论述真与是，但是在论述真的时候也顺便谈到正确性，大概是认为正确性与真具有类似的性质。无论如何，把"真""真的"与"正确性"（和"正确的"）放在一起，乃是可以理解的，因为它们属于一类概念。从这里的说明也可以看出，它们与判断和定理相关。我们无疑可以说一个判断或定理是真的，是正确的，我们当然也可以谈论判断和定理的真和正确性。

这一段的核心思想是：基于这种关于真之性质的说明，进一步论述真与是的关系。真与判断和定理有关，真与判断和定理与之相联系的对象有关，真与事态有关。相比之下，是则只与对象有关。我们看到，胡塞尔似乎试图通过"对象"与"绝对的对象"、"事态"与"非—事态"的区别来说明真与是的区别，但是他也承认，这样的界线是很难划出来的。由此似乎也就说明，区别真与是并不是一件容易的事情。尽管如此，胡塞尔仍然坚持区别真与是。

这一段论述与译文 5* 的思想是一致的。那里试图区别系词的是与真之意义的是，比较清楚的乃是系词的是，因为它的给出方式是清楚的，因此对它的理解也相对清楚一些。而真之意义的是并非是被表达出来的，而是被体验出来的，因此不是那样清楚。这里则明确说明真乃是与判断和定理相关的东西。这样的东西与系词不同，系词是在判断和定理表述过程中给出的东西，因而是明确的，而真不是，因此不是那样明确。由此可以看出，胡塞尔似乎想通过是来说明真，因为是乃是清楚的，有明确的依据来考虑。由于真与是有密切联系，因此可以联系是来考虑真，但是在这样做的过程中，必须区别真与是。

【译文 7*】

至此为止，我们始终在单方面地讨论明证性的情况，即被描述的行为的完全相合的情况。但在相关的冲突情况中，与明证性相对应的是背谬性，它是对在意向和拟—充实（Quasi-Erfuellung）之间的完全冲突的体验。在这种情况下，与真和是这两个概念相符合的是相关的假和不是这两个概念。在我们作了所有那些基础准备之后，要从现象学上澄清这些概念并不是一件特别困难的事。首先必须仔细地说明最终失实的否定性理想。

……

第三章 胡塞尔的《逻辑研究》

从我们的分析中可以非常清晰地得出,是与不是并不是两个根据其起源表达出判断质性(Urteilsqualitaeten)的对立的概念。在我们对现象学关系的理解的意义上,每一个判断都是设定的,而设定并不是一个在质性上与"不是"相对立的"是"的特征。判断的质性对立面是对同一个质料的单纯表象。"是"与"不是"之间的区别乃是意向质料的区别。因此,"是"以含义意向的方式表达出谓语陈述的一致,与此相同,"不是"则表达出谓语陈述的冲突。(Ⅱ/2, s.127)

这段话有两小段。中心思想是继续论述真与是。第一小段说明,此前只论述了真与是,而没有论述假与不是的情况,现在则要论述后者。此外,这里还有两点说明。一点是,假这个概念与真这个概念相应,不是这个概念则与是这个概念相应。显然可以看出,假和不是乃是真和是的否定情况。另一点是,有了前面的说明,就不难说明这些否定的情况。(引文中略去的部分依据矛盾律说明了真和假的情况。)

第二小段明确说明是与不是的区别。"是"所表达的乃是谓语陈述的一致,"不是"所表达的则是谓语陈述的冲突。这里无疑有一些现象学的专门解释,比如表象、意向、质料等等,但是一些通常的解释也非常明显。比如判断、判断的设定、谓语陈述等等。理解现象学的思想当然需要有对这些现象学专门术语的理解,但是即使不理解它们,我们也可以知道这里所谈的是判断,或者这里是基于、围绕或通过判断来作出一些现象学的说明。在判断中,"是"乃是最基本的表述,而且表示肯定,"不是"则表示否定。在我看来,现象学的解释无论怎样专门,也不会不依赖于这些通常的解释。而就这些通常的解释来说,是与真的联系和区别、不是与假的联系和区别,以及是与不是的联系和区别、真与假的联系和区别,乃是非常清楚的。

从译文 5* 至译文 7* 可以看出,真与正确性大致属于一类概念,它们一般与判断和定理相关。真与是相关,因此要通过是来理解真。与此相应,由于是与不是乃是冲突的,因此真与假也是冲突的。

四、起源

译文 7 谈到了存在概念的起源，但是说得不多。在《逻辑研究》第二卷有一节的题目是《存在概念和其他范畴的起源不处在内感知的区域中》。显然这一节会有关于存在起源的专门论述。这样的论述一定会有助于我们对于存在这一概念的理解。下面我们集中看其中几段话。

【译文 8】

"判断"这个思想在对一个现时判断的内直观中得到充实（erfuellt sich）；但"是"的思想却没有在其中得到充实。存在不是判断并且不是一个判断的实在组成部分。正如存在不是某个外部对象的实在组成部分一样，它也不是某个内部对象的实在组成部分；就是说，它也不是判断的实在组成部分。在判断中——在谓语陈述中——"是"作为含义因素出现，就像例如"金"和"黄的"也作为含义因素出现一样，只是在不同的位置上和不同的功能中。"是"本身并不在其中出现，它只是在"是"这个词中被意指，也就是说，符号地被意指。但在充实中，亦即那种在某些情况下会与判断相符合的充实中，它是自身被给予的和至少误以为是被给予的，这种充实就是：对被意指的实事状态的觉知（Gewahrwerdung）。不仅在"金"以及类似的"黄的"的含义部分中被意指的东西现在自身显示出来，而且"金——是——黄的"也显示出来；判断和判断直观在这里结合为这个明见判断的统一，在有利的情况下还会结合为在理想极限意义上的明见判断之统一。（第二卷第二部分第140—141页）

这段话说明，存在不是判断，也不是判断的实在组成部分。它还说明，"是"这个词出现在判断中，它本身意指"是"。此外，它给出一个例子"金子是黄的"，以此说明"是"的被给予，"金子"和"黄的"这些范畴的被给予，判断的充实，判断和判断直观的统一，等等。所有这些似乎都是清楚的,好像没有什么理解的问题。但是如果把它们结合起来,即把它们看作是关于存在的说明,就会发现难以理解的问题。

一个最主要的问题涉及存在与是的关系。这里谈论判断,谈论"是",乃是很自然的。一般来说,判断以是来表达,因此判断含有是,这从给出的例子"金子是黄的"也可以看得非常清楚。因此也可以说,判断与是相关,与存在没有什么关系。那么,存在不是判断,也不是判断的实在组成部分,是在这种意义上说的吗?如果是这样,则无法理解。因为这是显然的,根本就不用说。既然如此,为什么还要说这一句呢?如果不是这样,也无法理解。因为谈论"是"对理解存在没有什么帮助。事实是:这段话始终围绕着判断来论述,其中又只有这句话明确说到存在。此前说到了判断和是,此后说的也是判断和是,唯独这句话说的是判断和存在。这怎么能够让人读懂呢?让我们再接着往下看:

【译文9】

如果人们将判断不只是理解为那些从属于现时陈述的含义意向,而且也理解为可能的、与它们完全相应的充实,那么这一点肯定就是正确的:一个存在只能在判断中被把握;但这决不是说,存在的概念必定就是以极有可能就是在对某些判断的"反思中"所获取的。此外,"反思"是一个相当含糊的语词。在认识论中它具有一个洛克所赋予它的至少是相对固定的意义,即内感知的意义;因此在解释那个学说时,即那个相信可以在对判断之反思中找到存在概念之起源的学说时,我们只能坚持这个意义。而这样一种起源是我们所否认的。那个表述着谓语判断的联系性存在,例如所谓"是(ist)""是(sind)"以及其他等等,是一个非独立之物;如果我们将它作完全具体的展开,那么各个事实状态、完整判断的客观相关项便会形成。(第二卷第二部分第141页)

这段话表明,在判断的一种现象学理解下,正确的看法是:存在只能在判断中把握；不正确的看法是：存在这个概念要通过对判断的反思来获得。这两个意思非常明确，本身也没有什么理解不了的问题。但是，与这里的其他论述结合起来，就有了无法理解的问题。

一个问题是，根据这里的说明，存在有两个特征：一个是表述谓语判断，另一个是表示联系性。前一个特征大概大致还可以理解，但是后一个特征却很难理解。比如"上帝存在"，这里的"存在"表述的是谓语判断，但是联系性在哪里表现出来呢？无论怎样想象，列举出含有"存在"的判断，若要看出"存在"表示联系性，大概是非常困难的。因此，对存在的这种特征说明是无法理解的。

另一个问题是，这里明明是说明存在，举的例子却是"是"。因此我们又有了与译文8同样的问题：谈论是对理解存在又会有什么帮助呢？"是"是不独立的东西也好，是独立的东西也罢，它与存在又会有什么关系呢？把是展开，无论是完全具体的展开，还是其他什么样子的展开，不管会形成什么样的结果，与存在又会有什么关系呢？

认识到以上问题，也就可以进一步看出译文8的问题。那里说存在不是判断，也不是判断的实在组成部分；而这里说存在只能在判断中把握。这两个说明都是非常明确的，没有什么理解的问题。但是当我们把它们结合在一起来考虑时就会发现，尽管存在与判断得到鲜明的区别，却还是要通过判断来考虑存在。由此也就说明，判断与存在是相关的。但是在通过判断来考虑存在的时候，为什么所举的例子（"金子是黄的"）却与"存在"没有关系，而与"是"相关呢？为什么不谈存在而谈是呢？让我们带着这样的问题再看一段：

【译文10】

实事状态和（系词意义上的）存在这两个概念的起源并不处在对判断或对判断充实的"反思"之中，而是真实地处在"判断充实本身"之中。我们不是在作为对象的行为之中，而是在这些行为的对象之中找到实现这些概念的抽象基础；而这些行为的共形变异当然也会为我

第三章　胡塞尔的《逻辑研究》

们提供一个同样好的基础。

从一开始便不言自明的是：一个其他的概念（一个观念、一个种类的统一）只能在一个行为的基础上"产生出来"，即被给予我们，这个行为至少以想象的方式将某个与它相应的个别性置于我们眼前，与此相同，也只有当某个存在现实地或想象地被置于我们眼前时，存在的概念才能够产生出来。也就是说，如果我们将存在看作是谓语存在，那么就必定有某个实事状态被给予我们，而且这当然是通过一个给予着他的行为——那个通常感性直观的相似者。（第二卷第二部分第142页）

这段话继续论述存在。第一小段明确地说，存在这个概念的起源在"判断充实本身"。第二小段明确地说，只有当存在置于我们眼前时，存在的概念才能够产生出来。这些论述比较清楚，本身没有什么理解的问题。但是在与相关的说明结合起来的时候，就有了一些无法理解的问题。

一个问题是，在关于存在概念起源的说明中，对存在这个概念加了一个修饰"系词意义上的"。这样就又产生了与译文5相同的问题。系词乃是"是"，这是确切无疑的事情。既然如此，从系词的角度如何能够理解存在呢？由于这里的说明涉及存在概念的起源，因此我们无法理解，在如此重要和关键的地方，怎么能有这样的问题呢？

另一个问题是，既然当存在置于我们眼前，存在的概念才能够产生出来，这就说明，我们只有先看到存在，然后才能产生存在的概念。但是从前后的说明来看却似乎不是这样。比如这里和译文5所说的系词，只要是系词，就不会是"存在"，因而我们从系词看不到"存在"。又比如译文8给出的例子——"金子是黄的"，从中我们也看不到存在。再比如译文2谈论明证性时所说的"S是P"，从中我们也看不到存在。从以上所有这些情况，我们可以看出，置于我们眼前的不是"存在"，而是"是"，因而我们看到的都是"是"。在这种情况下，即便认为通过这样的是可以表达存在，充其量也只能说，只有当是置于我们眼前时，存在的概念才能够产生出来。

可是胡塞尔的论述却不是这样。这样的论述难道没有问题吗？这样的论述难道是可以理解的吗？

以上这几段话是胡塞尔关于存在概念起源的论述，因此对于我们理解他所说的存在概念至关重要。在我看来，以上诸多问题并不是胡塞尔本人的问题，而是由中译文的翻译造成的。下面我把它们修正如下：

【译文 8*】

"判断"这个思想在对一个现时判断的内直观中得到充实；但"是"的思想却没有在其中得到充实。这个是并不是判断，而且不是一个判断的实在组成部分。正如是并不是某个外部对象的实在组成部分一样，它也不是某个内部对象的实在组成部分；就是说，它也不是判断的实在组成部分。在判断中——在谓语陈述中——"是"作为含义因素出现，就像例如"金"和"黄的"也作为含义因素出现一样，只是在不同的位置上和不同的功能中。"是"本身并不在其中出现，它只是在"是"这个词中被意指，也就是说，符号地被意指（signitiv gemeint）。但在可能会与判断紧密依存的充实中，即在对被意指的实事状态的觉知（Gewahrwerdung）中，它是自身被给予的并且至少被以为是被给予的。不仅在"金"以及类似的"黄的"的含义部分中被意指的东西现在自身显示出来，而且"金——是——黄的"也显示出来；判断和判断直观在这里结合为这个明见判断的统一，在有利的情况下还会结合为在理想极限意义上的明见判断之统一。（Ⅱ/2, s.139-140）

这段话一开始直接借助内直观这一概念来说明判断和是，以此把二者对应起来。接着就明确地说，这个"是"并不是判断，也不是判断的组成部分。从随后的举例说明可以看出，"金子是黄的"是一个判断，其中的"是""金子"和"黄的"乃是含义因素，"是"则属于判断的谓语陈述。值得注意的是，这里明确说到"'是'这个词"，与此相对的则是"'是'本身"，而且后者只是在前者中"被意指"。这里显然是在论述一个词与一

第三章　胡塞尔的《逻辑研究》

个词所表达的东西。关于这个是的说明，也许有一些不容易理解的地方，比如什么叫"自身被给予"，但是整体来说，这个"是"还是可以理解的。其一，它在判断中出现；其二，它以一个词的方式出现；其三，它属于谓语陈述；其四，它意指一个东西，这段话所说的"'是'的思想""'是'本身"大致都是在说明它所意指的东西；其五，它对判断和判断直观的统一起着至关重要的作用。从这些论述可以看出，是与判断明确相关，但并不相等。明确了这几点，让我们看接下来的论述：

【译文 9*】

如果人们将判断不只是理解为那些从属于现时陈述的含义意向，而且也理解为可能的、与它们完全相应的充实，那么这一点肯定就是正确的：一种是只有在判断中才是可把握的；但这绝不是说，是这个概念必定就是以及有可能就是在对某些判断的"反思中"所获取的。此外，"反思"是一个相当含糊的语词。在认识论中它具有一个洛克所赋予它的至少是相对固定的意义，即内感知的意义；因此在解释那个学说时，即那个相信可以在对判断之反思中找到是这个概念之起源的学说时，我们只能坚持这个意义。而这样一种起源是我们所否认的。那个表述谓语判断、起联系作用的是，例如所谓"（单数的）是""（复数的）是"，以及其他，等等，是一个非独立之物；如果我们将它作完全具体的展开，那么各个事实状态、完整判断的客观相关项便会形成。（Ⅱ/2, s.140）

这段话明确指出，是只有在判断中才是可以把握的。有了前面的论述，这一点是非常容易理解的。因为"是"在判断中出现，它以一个具体的词的方式表现出来，并且与其他词不同，除此之外，它在判断中还起着一种独特的至关重要的作用。尽管如此，胡塞尔却不同意它是通过对判断的反思而获得的。这里可能有许多原因，比如胡塞尔不赞同这里所说的"反思"这个概念的含糊性、洛克所赋予它的意义，他还有自己的说明考虑，如"含义意向"等。但是从胡塞尔给出的说明来看，又有了更进一步的说明：其一，"是"表示联系性；其二，它不是独立的东西。所谓联系性，一定是把一个东西与另一个东西联系起来。这样的说明与前面的例子显然是相符的："是"把"金子"和"黄的"联系起来。单独来看，"金子"和"黄的"都可以是独立的，因为可以理解它们表述的是什么，但是"是"却不是独立的，因为无法理解它是什么。由此出发，尽管"是"的所谓"完全具体的展开"是什么意思并不那样清楚，但是通过它可以形成"事实状态"和"完整判断"，或者判断的对象相互联系起来，却是可以理解的。因为，通过这个"是"，"金子"和"黄的"则不再是孤立的没有联系的事物，而是相互联系起来，从而形成一个判断，表示一种事态。由此也可以看出，是不仅与判断相关，而且与事态相关。

【译文 10*】

实事状态（Sachverhalt）和（系词意义上的）是这两个概念的起源并不处在对判断或对判断充实的"反思"之中，而是真实地处在"判断充实本身"之中。我们不是在这些作为对象的行为之中，而是在这些行为的对象之中找到实现这些概念的抽象基础；而这些行为的共形变异（konformen Modifikationen）当然也会为我们提供一个同样好的基础。

从一开始便不言自明的是：一个通常的概念（一个观念、一个种类的统一）只是"产生出来"，就是说，它自身在一个行为的基础上被给予我们，而这个行为至少以想象的方式将某种与它相应的个别性置于我们眼前，与此相同，也只有当以现实或想象的方式将某个是置于我们眼前时，是这个概念才能够产生出来。如果我们将是看作是谓语的是，那么就必定有某个实事状态被给予我们，而且这当然要通过一个给予它的行为——那个通常感性直观的相似者。（Ⅱ/2, s.141）

这段话说得非常明确。前一小段说明，是这个概念的起源处在判断的形成之中。后一小段说明，我们要看到是这个词，然后才会产生是这个概念。这两点说明都是很清楚的。此外，一些相关细节的说明也是清楚的。

一个细节是，这里在说明是这个概念的时候加上了"系词意义"的说明。由于系词的意思是非常清楚的，没有歧义的，因此这里所说的"是"也不会有歧义。有了这一说明，我们可以更加清楚地看出，译文 8* 和译文 9* 所说的是的诸种特征也是系词意义上的。非常保守地说，在系词的意义上理解那里所说的是的诸种特征，也是没有什么问题的。

另一个细节是，这里关于是这个词和是这个概念之间关系有两个说明。一个说明是：只有当是置于我们眼前时，是这个概念才能产生出来。这里实际上是说，我们只有看到是，才会有是的概念。由此可以得出，如果我们看不到是，我们就不会有是的概念。这就说明，是这个词乃是是这个概念的必要条件。另一个说明是：如果我们将是看作谓语的是，我们就会得到某个事态。这就说明，是这个词乃是事态的充分条件。前一个条件对于理解是这个概念的起源具有至关重要的意义。后一个条件则明确了是与判断所表达的东西之间的关系。人们如何理解是的概念，是不是能够理解是的概念，也许不是那样明确，甚至会见仁见智，但是有一点无疑是可以明确的：是主要还是作谓语陈述来理解的。

把译文 8* 至译文 10* 联系起来就可以看出，胡塞尔围绕着判断论述了"是"这个概念的起源，他区别了"是"这个词及其所表达的东西。他的论述既有理论的说明，也有例子，因此非常清楚。这部分论述非常重要，其中的思想我们将在下一节深入讨论。

五、为什么是"是"，而不是"存在"？

以上我们从胡塞尔的《逻辑研究》中译本的四个不同的地方选了 10 段译文，指出并分析了其中出现理解问题的地方。然后我们对中译文作出修正，即只对其中有关"Sein"和"Wahrheit"以及相应概念的中译文作出修正，把前者译为"是"，后者译为"真"，消除了所指出的问题，并且围绕修正后的中译文解释了胡塞尔的相关思想。下面我想基于以上讨论谈一些看法。一部分看法与译文有关，另一部分看法与胡塞尔本人的思想有关。而所有这些看法都围绕着一个核心：如何理解西方哲学。

如果把以上分析和讨论概括一下，我们就会发现，在一些情况下把"Sein"翻译为"存在"显然是要出问题的。第一种有问题的情况是在举例说明的时候。因为在这种情况下，所举的例子往往说明不了所要论述的"存在"。比如"金是黄的"（译文8），"一个战士应当勇敢"（译文3、译文4）。这两个例子并不一样。前一个有"是"，后一个没有"是"。但是它们有一个共同之处，这就是它们都不含有"存在"。正因为如此，前一个说明不了"存在"，后一个也说明不了"应当在"。我一直认为，在理解西方哲学的"Sein"这个概念的时候，应该特别注意举例。因为哲学讨论主要是在抽象层面上进行的，也就是说，主要是以概念陈述的方式进行的。为了更好地理解一些概念和所讨论的问题，有时候哲学家们会给出一些例子。一般来说，这些例子必须是自明的，没有什么歧义，这样才能起到例子的作用，说明所要讨论的概念和问题。因此举例说明有一个起码的要求，这就是要说明所要说明的概念和问题，并且自身是自明的，没有什么问题的。从以上两个例子来看，它们确实是自明的，但是说明不了所要说明的问题，因此一定在什么地方出了问题。

译文2也有举例说明，即"S是P"（和"S不是P"）。这个例子与上述例子不同，不是自然语言中的例子。因此不能像上面那样理解。在我看来，这里大致可以有两种理解。一种是，《逻辑研究》里面的讨论与逻辑相关，因此可以认为这是逻辑中的例子。另一种是，《逻辑研究》虽然主要与逻辑相关，但是并不限于逻辑，而且胡塞尔所说的逻辑是一种比通常的逻辑更为宽泛的东西，因此可以认为，这里是以逻辑的例子说明一般情况，或者，这里是以举例的方式说明日常语言的基本句式。但是，无论如何理解，这里所说到的例子也必须与它所要说明的东西相符，能够说明它所要说明的概念和问题，并且自身是自明的，没有什么问题的。从"S是P"这个例子来看，它确实也是自明的，但是说明不了所要说明的问题，即说明不了"存在"，因此一定是在什么地方出了问题。

第二种有问题的情况是在谈论语言和语法的时候。在以上译文中，可以非常清楚地看到这样的情况，比如谈论系词。系词是一个语法术语，有专门的涵义，即联结主语和表语的词，或者说与表语一道起谓述作用。因此它是"S 是 P"中的"是"，这一点乃是非常明确的。在这种情况下，当谈论系词，或者通过系词来谈论的时候，我们很难理解这如何是谈论存在。这是因为，系词本身不是存在，也不表示存在。除了谈论系词之外，胡塞尔有时候还使用"这个词"这样的表达（译文8）。词是语言中的东西，因此"这个词"无疑是在谈论语言。在我看来，译文8中"'是'这个词"的翻译是对的，但是它无法说明存在这个概念。而若是翻译为"'存在'这个词"（在我看来这是有问题的，译者没有这样翻译，大概也是这样看的），与所要说明的"存在"倒是一致了，却会出现其他问题。从上下文看，这会与所举的例子"金子是黄的"明显不符。即使不考虑具体的例子，从语言本身也可以看到这里的问题。因为既然明确谈到这个词，就一定是在谈论语言。而在语言中，"存在"的表述方式大概只有"某物存在"或"存在某物"，即它只是很小的一类表达。这与所要说明的存在乃是矛盾的，因为后者乃是一种具有普遍性的东西。

还有一种情况与真理相关。从前面的译文可以看出，存在与真理常常紧密地结合在一起。谈论真理的时候，往往要谈论存在。由于谈论存在的时候通常也会谈到它的否定，即不存在，因此相应地，谈论真理也要谈论与它对立的情况，即谬误。很难理解，真理与存在怎么会发生联系。这一点至少在字面上是非常明显的。

在以上三类情况中，第三种情况比较复杂，需要专门的讨论和说明，但是至少前两种情况是非常明显的。因此就有一个问题，为什么在这样的情况下会明显出现这样的问题？直观上可以看出，例子乃是语言表达的情况，而且是最自然的情况，谈论语言和语法肯定与表达相关。因此前两种情况具有共性，即都与语言有关。这就说明，中译文中出现的问题涉及西方语言本身，因而牵涉到对西方语言及其相关问题的理解。

顺便指出一点，中译文在翻译"Sein"的时候还有其他问题。除了前面说过的把"Sein"翻译为"存在"和"是",因而造成理解的问题外,从译文3和译文4还可以看出,对同一个"Sein",中译文中有时候将其翻译为"存在",有时候翻译为"在"。表面上看,这样的翻译是有些随意的、不严谨的。但是在我看来,这大概是不得已而为之。因为无论"应当在"是不是貌似可以理解,"应当存在"肯定是无法理解的。换句话说,即便不考虑例子,以"存在"来翻译"Sein"也是无法贯彻始终的。所以我认为,这不是翻译的问题,而是理解的问题。

以上我们就不同语言的翻译和理解讨论了前面的问题。下面我们还可以结合胡塞尔本人的思想来探讨这里的问题。

选自《逻辑研究》的10段译文分别论述了四方面内容。从前面的分析可以看出,第二部分的问题简单而明显,因为它们主要来自举例与所说明的东西不符。第四部分的问题也非常明显,原因在于除了也有举例的问题外,还在于它明确地谈论系词,因而谈论语言。以上已经说明,出现这两种情况的时候,围绕"Sein"的翻译出现问题是非常明显的。第一部分有举例说明,但是没有谈论语言,第三部分没有举例,但是明确谈到系词,因而谈到语言。因此,第一、第三两部分的问题不如第二、第四两部分的问题那样明显。

既然看出语言是我们发现问题的一个途径,我们也就可以把语言看作是理解胡塞尔思想的一个途径。如果我们循着这个思路进一步深入思考和仔细分析,其实可以发现,一些译文虽然没有谈论语言,其中的论述却不是与语言无关。在我看来,有些论述直接谈论语言,因而直接与语言相关,比如明确地谈论系词和词;但是也有一些论述不是直接谈论语言,而是暗含着关于语言的考虑,这样也就会暗含着与语言相关,或者间接地与语言相关。由于明确的与语言相关会引起上述问题,因而暗含着关于语言的考虑也会引起以上所说的问题,只不过不太明显罢了。比如第一部分有关于"判断"的论述,与此相应还谈到"对一事态的设定或否定"。胡塞尔以这种方式来谈论知识,并且以此区别出狭义和广义的知识,难道这里没有关于语言的考虑吗?或者,难道这里没有暗含着与语言相关的考虑吗?"判断"是以语言表达的,在语言中有一种表达方式。"对事态的设定"难道不是以语言表达出来的吗?在这些论述中,胡塞尔也许没有明确的关于语言的意识,至少不像他举出"S 是 P"这样的例子时有明确的关于语言的考虑,但是在潜意识中,他难道没有关于语言的考虑吗?在我看来,这里非常明显地有关于语言表达的东西的考虑,并且至少是关于具有特定形式的语言所表达的东西的考虑。"判断""对事态的设定""最狭义的知识"等等这样的东西,在不同程度上都牵涉到语言,因而不会与语言没有任何关系。

看到这一点,反过来则可以看出,以上四部分都有"判断"一词。此外,还有一些类似的表达,比如"陈述""定理"等等。由此可以想到,直接地明确地谈论语言肯定不是处处出现,但是含蓄的、暗含的涉及有关语言的考虑和论述,却可能会到处出现,至少会在许多地方出现。因此涉及"Sein"的翻译时,在有些语境,我们会明显地看出与语言相关,因而会看出这方面的问题,而在有些语境,我们不太容易看出与语言相关,因而不太容易看出这方面的问题。但是,既然明显看出了问题,就要考虑其中的原因,并且设法解决它们。我的看法是应该用"是"来翻译"Sein",并且最主要的是应该在"是"的意义上来理解"Sein"。

"Sein"一词乃是一个名词。它的动词形式很多,比如译文 9*给出的第三人称单数"ist"和复数"sind",还有未给出的所谓"其他等等"。后者包括第一人称和第二人称单、复数,还有各种含有时态的表达。因此理解它的首要一点是:它必须与这些动词形式相应。由于系词是它动词形式最主要的形式,因此"Sein"无论有什么涵义,它必须首先与系词的涵义相应。这样才不会出问题,或者这样才不会出什么大的问题。所以在我看来,把"Sein"翻译为"是"乃是应该的,也是可以理解的,并且不会有什么理解的问题。因为"是"在语言中的主要作用是系词,它的主要意思也是系词的意思。这一点从前面修正的中译文可以看得非常清楚。比如"金子是黄的"和"一个战士应当是勇敢的"这两个例子,前者与所要说明的"是"相应,后者与所要说明的"应当是"相应。而且在理论层面上,二者也是一致的，因为它们都与"是"相关，而不是一方与"存在"相关，另一方与"在"相关。又比如像"'是'这个词"这样的关于语言的论述，它所说明的乃是"是"，因此用以说明的东西和被说明的东西首先在字面上是一致的，当然深入的讨论也是一致的。因此相关论述是清楚的，不会有什么理解的问题，至少不会有中译文中那样的问题。明确了这一点，下面我要围绕胡塞尔的思想进一步论述这个问题。

前面 10 段译文选自《逻辑研究》不同的地方，论述也非常广泛，涉及真与明证性、规范科学与理论科学、真与是的关系，以及是这个概念的起源，由此也可以看出，这些内容都是非常重要的。大致分析一下，就会发现，这些内容是相互联系的，区别只是有些联系直观上就非常紧密，有些联系直观上则不是那样紧密。若是仔细分析一下，还可以看出，这些内容都与"是"相关。这一点，在关于起源的三段论述中，在关于规范科学的两段论述中，是非常明显的，不用多说。需要说明的只是其他几段似乎关于真的论述。译文 1* 和译文 2* 是关于明证性与真的论述，但是在谈论过程中不仅谈到是，而且明确谈到"S 是 P"这样的例子。这样就为我们理解明证性和真提供了非常具体的说明。译文 5* 到译文 7* 是关于真的论述，但是在论述真的过程中紧紧依靠对是的说明和理解，比如关于系词的说明，关于区别真与是的论述和强调，关于对与真和是相应的假和不是的情况的说明，等等。所有这些论述都没有离开是，或者说，所有这些论述都是基于或围绕着是这个词和概念展开的。因此可以说，在胡塞尔的思想中，"是"这个概念乃是非常重要的。

如果说以上说明是粗略的，那么我们可以结合胡塞尔关于是这个概念起源的论述作一些比较细致的说明。首先我们看到，胡塞尔在论述中举了"金子是黄的"这个例子，并且明确谈到"系词"，从这两点来理解，他所说的显然是"是"，而不是"存在"。原因前面已经详细说过，因此不再重复。

前面我们还说过，胡塞尔在论述中关于是这个词与是这个概念之间的关系有两个说明，其中一个说明表明，我们只有看到是，才会有是的概念。为了说明这一点，胡塞尔把是这个概念与通常的概念相对照，并且借助了

第三章 胡塞尔的《逻辑研究》

对通常概念的理解。关于通常概念的说明，大致可以体会几点：一是基于一个行为；二是这个行为使我们看到与这个概念相应的个别性；三是使我们看到的方式，至少以想象的方式。通常的概念是类，与个别性相对。因此这里所说的个别性是可以理解的。但是仅从译文 10*，我们尚不清楚这里所说的行为是什么。结合译文 8* 给出的例子"金子是黄的"，似乎可以看出：由于与"金子"相联系，因此这里的"黄的"是一种个别性，由它却产生一个概念，即"黄的"所表达的东西；我们眼前也许没有金子，但是这并不妨碍我们想象金子，从而想象到"金子是黄的"，一如我们亲眼所见。我不知道这样的理解是否有道理，是否符合胡塞尔本人的意思，因为我觉得他的论述不是特别清楚。但是相比之下，他关于是的说明却要明确得多：只有以现实或想象的方式看到某个是，是这个概念才能产生出来。这里，没有了"行为"，没有了"个别性"。我们看到的只是：先有是，再产生是的概念，无论以什么方式。或者，由于在论述"Sein"这个概念的起源，因此我们清楚地看到：先有"Sein"，再产生"Sein"的概念。

这段论述有一个非常明显的特征：胡塞尔所说的这两个"Sein"，即置于我们眼前的"Sein"和"Sein 这个概念"的"Sein"字面上是同一的。即使它们所表达的东西有区别，有差异，但是至少字面上是一样的。实际上，它们的区别不过是"Sein"和"Sein"这个概念。换句话说，"Sein"有自身，也有自身所表达的概念。这就是这里所说的区别。而对这种区别的认识建立在先看到"Sein"，再得到"Sein"这个概念上。胡塞尔说得再明白不过了，而且他把这当作关于"Sein"这个概念的起源的说明。因此我们就应该在这种意义上理解"Sein"。如果说这种关于"Sein"的看法不能推广到整个西方哲学，那么至少在理解和解释胡塞尔的思想时应该这样来理解。

那么根据胡塞尔的论述，我们该如何理解呢？在我看来，大概不会超出四种理解：第一，先有"存在"，再产生"存在"的概念；第二，先有"是"，再产生"是"的概念；第三，先有"是"，再产生"存在"的概念；第四，先有"存在"，再产生"是"的概念。第四种理解大概不会有人采纳，因此我们不用考虑。第一种理解是中译文（译文 10）采纳的。这种理解与论述中所举的例子、所谈论的系词明显不符，因此显然是有问题的。第三种理解大概会被一些人采纳，比如中译文在涉及例子和谈论系词的地方，有时候也采用"是"的翻译，因此如果加以思考，可能也会采纳这种理解。但是这种理解也是有问题的，因为它改变了胡塞尔本人的意思。确切地说，胡塞尔这句话所说的两个"Sein"乃是同一的，不仅字面上是同一的，而且意思也是同一的，或者，至少字面上是同一的。而第三种理解完全消除了字面上的同一，因而首先从字面上就砍掉了正确理解"Sein"一词的空间。我主张采纳第二种翻译。这种翻译与上下文所谈的系词及语言、所举的例子都是一致的。也许我们不太容易理解"是这个概念"指什么，但是这样的理解至少在字面上为我们正确理解它或最终达到对它的正确理解保留了空间。

我强调胡塞尔的这一论述，因为这是他关于"Sein"这个概念的起源的论述。我强调这一点，因为它对于我们理解"Sein"至关重要。

国内学界有一种看法认为，"是"在语言中作系词不假，但是它所表达的概念、它最终所表达的东西，归根结底，还是"存在"。这也是我认为第三种理解可能会有人接受的原因。看一看胡塞尔的这段论述，就会明白，至少对于理解胡塞尔的思想来说，这种看法是非常有问题的。我们看到的既然是系词，因而乃是"是"，那么它所表达的就一定是"是"，或者说"是这个概念"，而不能是"存在这个概念"。至于说"是这个概念"是什么东西，比如是不是"存在"，当然是可以讨论的。但是对于这样的讨论也要区分：一方面是我们自己就问题本身的讨论，即按照自己的想法和认识进行的讨论；另一方面是解释胡塞尔思想的讨论。我的讨论始终围绕着如何理解西方哲学。因此，是这个概念无论是什么，它都基于"是"。在这一点上，至少胡塞尔为我们提供了非常明确的说明，而且是有关"是"（Sein）这个概念的起源的说明。

第四章　海德格尔的《形而上学导论》

海德格尔的著作以难懂著称,对于中国人更是如此。这里的原因有许多,其中之一是由翻译造成的,尤其是关于"Sein"以及相关概念的翻译。由于我们把"Sein"翻译为"存在"或"在",所以在我看来,一些本来可以理解或比较容易理解的文字,变得无法理解。我主张把"Sein"翻译为"是",并认为这主要不是一个翻译问题,而是如何理解西方哲学的问题。我认为这个问题值得重视,也值得我们深入讨论。

海德格尔的著作很多,代表作是《存在与时间》(我认为应译为《是与时》)。但是这里我仅以他的《形而上学导论》一书为例[①],围绕它来讨论一些与"存在"相关的难以理解的地方及其原因。选择这本书有两个原因:第一,这部著作不算太长,我们讨论的篇幅可以比较适度;第二,这也是海德格尔关于"Sein"的主要著作,并且是他早期的著作。因此,通过对该书一些主要片断的讨论,不仅可以大致说明该书的主要思想,而且有助于我们理解海德格尔关于"Sein"的论述和思想。

《导论》共分四章。下面我们就分章讨论海德格尔的思想。重点在一、三、四章的几个部分和几个问题。

一、问题的提出

《导论》一开篇就提出一个问题:

[①] 本书参照海德格尔:《形而上学导论》,熊伟、王庆节译,北京,商务印书馆,1996年。以下简称《导论》,引文只注页码。

【译文1】
究竟为什么在者在而无反倒不在？（第3页）

并且说这不是普通的问题，是所有问题中的首要问题。《导论》在开篇第一段不仅提出这个问题，而且重复了两遍，在随后的讨论中也不断重复它。这表明，这个问题非常重要。因此，对这个问题的理解是至关重要的。但是，这个问题是容易理解的吗？或者，字面上是可以理解的吗？在我看来，这个问题本身就不可理解。

这个问题由两个句子组成。一个是"在者在"，另一个是"无（反倒）不在"。由这两个句子构成了一个问题，即译文1。实际上这里也可以理解为有两个问题。一个问题是："为什么在者在？"另一个问题是："为什么无反倒不在？"在我看来，"在者"的意思是存在的东西，"在者在"表示存在的东西存在，至少字面上是可以理解的。因此第一个句子或问题是可以理解的。但是"无反倒不在"乃是不可理解的。"无"的意思是什么都没有。既然什么都没有，当然就是不存在或不在的，或者至少可以表示不存在或"不在"。因此，正像"在者在"是容易理解的一样，"无不在"本该是容易理解的才对，怎么成了问题了呢？此其一。

从以上两个句子结构来看也有问题。在"在者在"中，名词"在者"与动词"在"有一个相应的东西，这就是"在"，而在"无不在"中，名词"无"与动词"不在"没有相应的东西，乃是不对应的。这样看来，这两个句子能够放在一起形成一个问题，只是因为它们有一个对应的东西"在"。但是仔细分析一下，就会发现，后一个句子的"不在"与前一个句子的"在"可以有些关系，因而与"在者"也可以有些什么关系，但是前一个句子的"在"固然可以与后一个句子的"不在"有些关系，却与"无"不会有什么关系。因此这两个句子尽管有些关系，从结构来说却不是对称的或相应的。既然如此，为什么会形成译文1的问题呢？就是说，为什么要把它们放在一起作为一个问题提出来呢？

《导论》开篇第二段继续讨论这个问题。它说，在出现问题的时候：

第四章　海德格尔的《形而上学导论》

【译文2】

这时，仿佛我们更可能把握的**是其所不是，而不是其所是及其如何是**。在某种荒芜之际，这个问题就来临了。这时，我们既非绝望也非狂喜，但在者冥顽地习以为常扩展着某种荒芜，在这荒芜中，**在者存在或不存在，这对我们似乎都无所谓**。于是，问题就以独特的方式重又振聋发聩：**究竟为什么在者在而无反倒不在？**（第3—4页，黑体为引者所加）

这段话是为了说明和解释提出的问题。然而，它是不是起到了说明作用呢？是不是有助于我们的理解呢？第一、第二行的黑体字说的是我们把握的东西，无论这里的说明是不是有道理，与译文1的问题显然没有什么关系。"是其所是或如何是"也好，"是其所不是"也罢，与"在者在"和"无不在"又有什么关系呢？所以，这一句说明到底是什么意思，起什么作用，我们无法理解。接下来的第三、第四行的黑体字说的似乎是外界的东西，"在者存在或不存在"与我们无关。给人的感觉是，好像我们把握的是"是其所是"或"是其所不是"，而外界的东西是"存在或不存在"，因而与我们无关。是这样吗？由此再次提到开始提出的问题（第五行的黑体字）。不过，这里的问题就更多了。其一，第三、第四行的黑体字没有谈到"无"，而只谈到"存在"和"不存在"，而且它们都与"在者"相关，因此可以理解为"在者存在"或"在者不存在"，亦即"在者在"或"在者不在"。这样一来，就要考虑："无"到哪里去了？"不在"不是应该与"无"相联系吗？怎么与"在者"联系在一起了呢？其二，虽然这里没有谈到"无"，但是此前三次谈到"荒芜"，它是不是问题中提到的"无"呢？它是不是与"无"相关呢？因为，这个"无"是在问题中提出的，占有重要地位。若是消失了，所提的问题就无法理解。其三，最后问题的提出也不好理解。我们把握的东西与外界的东西似乎不是一回事。我们把握的乃是"是"或"不是"，而外界的东西是"存在"或"不存在"，而且对于我们无所谓。既然如此，为什么会产生这里所提出的问题呢？或者，按照这里的说明，所提出的问题似乎只与外在东西有关,与我们的把握没有什么关系。是这样吗?

《导论》接着论证这个问题的首要性,即它的广泛性、深刻性和原始性。限于篇幅,我们只看广泛性。所谓广泛性,指的是这个问题"涵括所有一切在者"(第4页)。

【译文3】

这个问题的区域仅以非在者和绝不在者,即以无为界。一切非无者,都落入这个问题,甚至包括无本身,这并不因为由于我们谈到它,它就成了某物,成为在者,而是因为它"是"无。(第4页)

这段话字面上似乎没有什么理解的问题。只是有两点值得注意。第一,"无"的意思似乎是"非在者"或"绝不在者"。这从第一句话可以看出。有了这样的解释,译文1的问题似乎也就可以理解为"究竟为什么在者在而不在者(或非在者)反倒不在"。这样,前面我们提出的一些问题似乎也就不存在了,因为"不在者"或"非在者"与"不在"有"在"这个相应的东西,因而与"在者在"至少在字面上也就有了联系。但是,这样我们就要问,《导论》为什么不这样提出问题呢?难道这样提出问题不是更清楚吗?第二,"它'是'无"本该是一句很平常的话,其中的系词"是"为什么要加引号呢?所谈的都是"在者"、"无"(不在者)、"在"和"不在",即使加引号,似乎也该加在"无"上,因为这才是谈论的重点,这才是应该突出和强调的,可为什么要加在"是"上呢?就是说,为什么要突出和强调这个"是"呢?

《导论》第一章的讨论最后落在"在是怎么一回事?"这样一个问题上,因而最终是探讨"在"的涵义。如此看来,译文1中的前一个句子就是重要的,因为它直接说明"在者在"。这样,似乎对"在者在"的理解也是最重要的。换句话说,对"无反倒不在"的理解似乎不是那样重要。我们以上的问题主要是围绕着后者提出的,或者,是从后者出发提出的,因此是不是可以认为这些问题不那样重要呢?我不这样认为。

第四章　海德格尔的《形而上学导论》

《导论》也讨论了译文 1 这个问句的结构,因而讨论了"无反倒不在"这个句子,比如,它是不是"附加部分",是不是"没有说出更多的东西来",是不是句"多余的空话",等等(第 24 页)。《导论》的结论是否定的。在海德格尔看来,"询问在者的问题一经开始,询问非在者,即询问无的问题也就随之而现"(第 25 页)。因此,译文 1 的问题是合适的询问。"这种语气上的转折是整个问句的本质性的成分"(第 29 页)。这一点询问可以使人摆脱关于在者的考虑,进而考虑在本身。这样最终也使考虑集中于"在"。这里有许多问题。比如,为什么问"在者"随之就会问到"非在者"呢?为什么考虑"在者"和"非在者"就可以进而考虑"在"本身呢?如此等等。限于篇幅,我们不对这些问题展开讨论,暂且假定它们没有什么理解的问题。

我曾经说过,探讨海德格尔关于 Sein 的思想,要特别注意他给出的例子,因为生动的例子有助于我们理解他那些抽象、有时候甚至晦涩的表述。海德格尔自己也说举例有助于理解。下面我们就看一下他在论述过程中的一个举例说明。

【译文 4】

关键只在于不被轻率的理论所诱骗,而就事物最本来状态去经历其如何在。这里的这支粉笔是一长长的、较为坚固的、有一定形状的灰白色的物体,除此之外,它还是一用来书写的物。这个物确实处在这一位置上,但它也确实可能不在这里,可能没有这么大。它可能被我们在黑板上画动和使用,这种可能性绝不是我们想出来加上去的。这个物自身作为这一在者就在这一可能性中,否则就没有作为书写用具的粉笔了。(第 30 页)

这段译文以粉笔为例,似乎没有什么理解的问题。但是,如果看到这是让我们去"经历其如何在",还是会有一些问题的。比如,说粉笔在这里,或可能不在这里,当然可以使我们体会粉笔的在与不在,但是说它的大小、形状、质地、颜色、功用等等,与它在不在有什么关系呢?难道是由于它的在，它才有并且会有大小、形状等等情形吗？"作为书写用具的粉笔"显然不是指这支粉笔，至少不是仅仅指这一支粉笔，而是指与它同类的事物。作为这样的事物类，本身具有一定的可能性，这都是可以理解的。但是它们与在和不在又有什么关系呢？围绕这个例子，《导论》还有以下讨论。

【译文 5】

现在，我们一下子就谈到了在者的不在与在，而没有说及此所说的不在和在与在者自身是如何发生关系的。在者和它的在这两者是同一的吗？区别何在？例如在这支粉笔身上，在者是什么？这个问题已经是有歧义的了，因为"在者"这个词可能从两种角度来理解，就像希腊文中的 to on 一样。在者一方面意指那总是在着的**东西**，具体说来，就是这灰白的，如此这般形状的、轻的、易碎的一团。然后，"在者"又意指那仿佛"使得"这玩意儿成为一种在着的东西，而不是不在的，即那当在者是一在着的东西时，在在者身上使得在这回事出现。按照"在者"这个词的这样双重含义，希腊文 to on 意指的往往是第二种含义，亦即不是那在着的在者自身，而是那"在着"，在这回事，是在着，在。反之，第一种含义上的"在者"则称谓所有的个别的在着的物本身，所考虑的只是这个物而不是这个物的在这回事，不是 ousia。（第 31 页）

【译文 6】

To on 的第一种含义意指 ta onta（entia），第二种含义意指 to einai（esse）。在粉笔身上的在者是什么，我们已经叙述过了。我们也可以相对容易地发现它，我们还可以容易地看出，这玩意儿也可能不在；看出这支粉笔最终用不着在这里而且根本用不着在。那么与可以处于在中的东西或者可以落归入不在中的东西有别的是什么呢？那与在者有别的在是什么呢？在与在者同一吗？我们重新如此发问，在上文中我们并没有一同列举在，而只是列出了：一团质料、灰白、轻如此这

第四章　海德格尔的《形而上学导论》

般形状，易碎。而在藏在哪里？这回事还必须归属于粉笔，因为它自身，这支粉笔**在着**嘛。（第 31—32 页）

以上两段译文是连续的，我们分两段注明是为了讨论的方便。译文 5 说明对在者这个词可以有两种理解，一种是在着的事物，另一种是在者的在本身。这一点说明是明确的，没有什么理解的问题。值得注意的是说到"'在者'这个词"，并且提到了希腊文 to on 和 ousia。由于这两个希腊文没有翻译为中文，我们也可以暂时置之不理。但是明显可以看到，这里开始了关于语言方面的考虑。而如果从语言方面来考虑，我们就会想到，在谈论粉笔的时候，除了说它在或不在以外，我们什么时候会谈到"在者"和"在"呢？换句话说，我们通常所说的大概都是粉笔的大小、形状、质地、颜色、功用等等，它们与在者或在又会有什么关系呢？谈论它们怎么会说到在呢？比如我们说这支粉笔是灰白色的，这与在无论如何也不会有什么关系呀！

译文 6 似乎是对这样的问题的回答。粉笔的大小、形状、质地、颜色、功用等等是粉笔身上的在者，它们也可能不在。它指出，这些在者是列举出来了，但是没有列出在。它问："在藏在哪里？"它的回答是在粉笔自身。我的问题是：从语言角度考虑，如何可以看到这个在藏在粉笔自身呢？结合译文 4 来看，人们可以说这支粉笔在这里，或者它不在这里。难道是因为可以这样说，所以在粉笔自身藏着这个在吗？但是，人们也说，这支粉笔是一长长的物体，是一较为坚固的物体，是有一定形状的灰白色的物体，还可以说它是用来书写的东西，等等。而且，这些说法显然是比说粉笔在或不在更为经常的。从这些说明我们又怎么会看到哪里藏着一个在呢？难道是由于既然说到了一支或这支粉笔，它就是存在的，所以在它自身就隐藏着在吗？这样的理解难道不牵强吗？这样的解释难道会是自然的吗？关键在于，从语言考虑，前一种说法还与在沾一些边，而后一种说法则与在没有任何关系。可是从海德格尔论述的口气来看，这样关于在者和在的讨论乃是非常自然的。这难道不令人感到奇怪吗？

从最初提出问题（译文1），经过不断讨论，最后把问题集中到在上面来了。《导论》不断问："在是怎么一回事？"（第33、34、35、39、42页）"在是一个单纯的语词，它的意义是一团迷雾？抑或'在'这一语言所指称的东西就包含西方的精神的命运？"（第43页）《导论》最后还指出，"询问在的问题与询问语言的问题在最中心处相互交织在一起"（第51页）。这些论述都说明了在的重要性，从而说明，译文1提出的那个问题，实际上还是为了说明在的问题的重要性。明确了这一点之后，其他三章就可以围绕着在这一概念去展开论述。我想强调的是，最终之所以可以归结到在本身，不仅有前面讨论的过程作支持，而且还有更为重要的理由。这就是："在"本身是一个词，而且是一个非常重要的词，因此它处于西方语言最中心处。否则海德格尔怎么会有上述论述呢？但是，正由于看到这一点，我们才更会觉得以上译文不容易理解。我们可以理解关于在者与在的一些讨论，但是我们看不到，也想象不出"在"如何在语言中起作用。除了说一个东西在或不在，以及在哪里或不在哪里，我们大概不会再说在了。换句话说，在语言中，在除了表示有和位置以外，还能够表示什么呢？不能说有和位置的说明不重要，但是它们在语言表达中毕竟只占非常小的一部分，而且也说不上是主要的部分。比如，仅从前面关于粉笔的例子就可以看出，人们要描述事物的大小、形状、质地、颜色、功用等等，所有这些描述都没有而且也不会使用"在"这个词。此外，人们不仅描述存在的东西，还会大量描述和说明不存在的东西，即使是关于不存在的东西的描述和说明，一般也不会使用或可以不使用"在"这个词。因此我们无法理解，《导论》为什么要以"究竟为什么在者在而无反倒不在？"作为探讨的问题，为什么能够由此出发而把问题归结为在，并且强调它的语言特征。特别是，《导论》的探讨涉及西方哲学史，从论述口气来看这个问题乃是显然的，是人们从古至今一直讨论的。只不过人们强调在者，而海德格尔要改变这种状况，他要强调在。所有这些无不加剧了我们的费解。

第四章 海德格尔的《形而上学导论》

二、"是"与"在"有什么关系?

《导论》第二章探讨了"在"一词的语法形式和词源,指出这个词主要有动词、不定式和名词三种形式,通过论述它从动词到不定式到名词的转换,最终说明这个名词的涵义是模糊的。这样就自然地进入第三章:追问在的本质。① 在第三章开始不久,就有如下一段论述:

【译文7】
　　我们让一切在者如其所是地在。但是,如果我们听其自然不加苦思冥想地把我们保持在我们的历史的此在的长流中,如果我们一直让在者在成它所是的在者,那么我们在此一切情况中已经必须知道:"是"与"在",这是怎么一回事?
　　但是,如果我们不能预先把在与不在划分清楚,我们又该怎样来断定一个估计随便在什么地方与随便在什么时候的在者不在呢?我们该怎样来作成此有决定作用的划分呢?如果我们并不笃定而确切地知道在此被划分的不在与在者本意指什么的话?如果我们连"在"与"不在"都从未领会过,我们怎么还会有朝一日领会在者是一个在者呢?
　　但是我们经常碰到在者。我们从在者的如此在与别样在去划分在者,对在与不在作出判断。由此我们知道得一清二楚,"在"是怎么回事。有的主张说这个词是空的与不确定的,这个主张看来只是一种肤浅的讲法和一个错误。(第77页)

这段译文内含三小段。先看前一小段。谈论在,因而强调在,这是很自然的。但是非常明显,这里又强调"是",不仅如此,居然明确说到"是"与"在",并且对此发问。这就有些奇怪,一直在谈论在,怎么谈起"是"

---

① 第二章关于词源的探讨是从语言的角度为探讨在提供基础,其中最主要的结果也是第三章谈论动名词、不定式和第三人称单数等语词形式的基础。或者说,第二章的讨论为的就是提供这样一个基础。限于篇幅,我们略去关于这一章的讨论。

来了呢？而且，怎么把它与在放在一起来考虑了呢？不过，有了这样的问题，似乎也就可以理解为什么要对它们进行发问了。

按照这里的问题和思路，接下来就应该讨论和回答这个问题。但是第二段只谈论在，再也没有涉及"是"。这让我们联想到译文2，那里也说到"是其所是"，好像与在相关，但是随后就又只谈论在，与"是"没有任何关系。这样的论述给人一种感觉，好像"是"突然冒出来，突然又消失了。这样的论述难道是可以理解的吗？不仅论述的方式不可理解，而且内容上也不可理解。字面上看，"是"与"在"没有什么关系。既然放在一起来说，总要解释一下它们之间有什么关系才行吧？但是实际上却没有任何解释和说明！第二段还谈到在与不在的区别，希望通过这样的区别来说明如何领会在者之在。这里我们再次看到，"无"不见了。因此这里又出现了前面在译文2遇到的问题。

在第三小段，依然没有谈论"是"，而且后面也是如此，因此前面提出的问题愈发明显。此外，这里谈到对在者的划分和对在与不在的判断，并且由此说明对在的理解，即我们知道它是怎么回事。表明上看，似乎没有什么理解的问题。但是如果我们仔细分析一下，就会发现不是这样。首先，在表示有或存在，说在者在，就是说在者存在，或者有在者。那么，如何能够根据"如此在"和"别样在"来区分在者呢？从字面上看，"别样在"似乎与"如此在"是不同的，甚至是对立的，意思大概可以是"不如此在"。在我看来，根据在与不在区别在者是可以理解的，但是根据"如此在"（或"不如此在"）来区分在者，却不好理解。在就是在，不在就是不在，难道还会有如此在的区别吗？还有，这里说到对在与不在的判断。人们作出这样的判断，肯定是对在者作出的，即判定在者在还是不在。这与它们如何在难道会有什么关系吗？至关重要的是，这里实际是说明，知道"在"是怎么一回事有三个条件：其一，经常碰到在者；其二，从如此在和别样在区别在者；其三，对在与不在作出判断。这些从"由此"一词可以看得很清楚。但是，这里显然有一个矛盾。经常碰到在者，在者在当然就是显然的，否则怎么会碰到呢？既然如此，作出在者在这样的判断也是可以理解

第四章 海德格尔的《形而上学导论》

的,但是怎么会判断在者不在呢?难道这里的意思是说,我们经常碰到在者,有时候也碰不到在者,而在后一种情况就会有在者不在的判断吗?即便这样,也难以理解:没有碰见,怎么能够说是在者呢?难道这里的意思是说,由于有关于在者的如此在和别样在的区分,因此可以从在者的如此在来判断在者在,并从在者的别样在来判断在者的不在吗?即使这样,也不容易理解:"如此在"是在,"别样在"也是在,总归都是在,怎么会出现不在的判断呢?最难理解的是,"在"是一个词,肯定是语言表达中使用的。但是在语言中,我们又会说多少在呢?我们怎么会围绕着"在"来表达,以"在"来判断呢?或者,我们如何以"在"来表达,以"在"来判断呢?

尽管有这些问题,《导论》还是得到了关于在的理解,并且把思考集中到在上,这样就可以继续讨论在的涵义。在接下来的讨论中,海德格尔又举了例子。

【译文8】

我们为举例说明而不提"在"这个一般概念而提"树"这个一般表象。如果我们要把树的本质是什么说一说而且划定范围,我们就离开一般表象而转向一些树的特殊品种和这些品种的个别实例。此一做法是这样地不言而喻,差不多我们都不好意思把它单提一下了。然而事情并不这样简单。究竟我们怎么会发现这许多特殊例子,这些个别的树就是树,就是树这样的东西呢?究竟我们怎么会把这样的东西,把一些树作为这样的东西,哪怕只是能够找找呢?除非是我们对一棵树到底是什么的表象早已心中有数了。倘若"树"这个一般表象真是这样完全不确定而且含糊不清,以至于我们在寻找与发现中竟得不到任何可靠的指示的话,那就可能出现这样的情况:我们竟凑凑合合把汽车或兔子作为确定的特殊者当作树的例子了。我们为要进一步确定"树"的本质多样性而必须把此特殊范围踏行一遍,如果这也是对的话,那么下述情况却至少是同样对的:只有当我们越是原始地设想与知道

"树"的一般本质，在此也就是"植物"的本质，而这就是说"生物"与"生命"的本质，摸清楚此其本质多样性的工作才得开始才得提高。如果在此工作中对树的情况正待展开的知识我们还心中无数而此正待展开的知识从自身中与从其本质渊源中都还没有明白可见地确定清楚，那么我们可以成千上万遍地找遍所有树，——一切还停留在一种性急的大胆妄为状态中，在此状态中我们面对一片树木而看不见树。

可能有人恰恰就用事情关涉到"在"的一般含义来回答说，既然"在"的一般含义就是最一般的了。那么由它出发，设想就不可能再升到更高级了。如果我们要克服词之空洞，那么在最高的与最一般的概念处指出在它"之下"的内容，不仅是值得考虑的，而且是唯一的出路。（第79—80页）

这段引文分为两小段。前一小段以树为例来探讨问题。其中一些论述无法理解。比如，说树的本质是什么，划分树的范围，这样就会考虑树的品种，考虑一棵棵具体的树，这无疑是可以理解的。但是为什么这样做是"不言而喻"的，而且"不好意思把它单提一下了"呢？谈一谈树的本质，按照树的本质对具体的树进行分类，把树与其他东西区别开来，不要把不是树的东西，比如汽车、兔子等等当作树，当然也是可以理解的。但是如此简单的东西，即事物分类和对事物分类的认识，却在那里反复谈论"树到底是什么的表象"、"本质是什么"、各种"本质"、"一般本质"、"本质多样性"等等，搞得难道不是有些太复杂了吗？最令人费解的是，所有这些论述，如此长长的一段论述，与在没有任何关系。难道举树这个例子不是为了说明在吗？既然与在没有关系，举这个例子又有什么用呢？又是为了什么呢？而且，正由于与在没有关系，所有以上论述，无论其自身是不是容易理解，放在这里难道是可以理解的吗？

就在这种情况下，后一小段却突然说到在，并且谈到在的"一般含义"。清楚的地方是论述回到了在这个核心问题。不清楚的地方是，这个在与前一小段论述有什么关系吗？我看不出它们有任何关系。这样的论述在我看

第四章　海德格尔的《形而上学导论》

来,是无论如何无法理解的。不过,几行之后,下一段译文的论述可以使我们看到这两段的关系。

【译文9】

"在"这个词诚然是一个一般的名而且好像是许多词中的一个词。但是此一好像是的情况迷惑了人了。这个名及其所指称者是唯一无双的。因此任何通过例子来直观此名之举到底都不对头,而恰恰在鉴于下述情况时不对头:每一个例子在此一情况中都表明得一点也不太多,而永远是太少了。如果上文已经提请注意此一必要性:我们必须预先已经知道"树"是什么,然后才能找出与发现个别树种的特殊件就是这样的树,那么此一必要性就"在"说来更加是决定性的了。我们已经领会"在"这个词,此一必要性是最高的与无可比拟的必要性。因此从关涉到一切在者的"在"的"一般性"中得不出这样的结论:我们要尽可能快地摆脱这个一般性而转向特殊件,倒是要得出相反的结论:我们坚持在此一般性上并把此一名称之唯一无双情况确知在心。（第81页）

这段话有几点是非常明确的。其一,译文8中树这个例子与在肯定是有关系的。其二,译文8提到的本质是非常重要的。只有先知道树的本质,才能识别个别的树。此即译文9所说的"必要性"。其三,"在"是一个词,是一个一般的名。其四,"在"这个词的一般性至关重要,它的涵义是独特的。其五,我们要认识和牢记的是"在"的这种一般性和它独特的涵义。这几点从译文9的论述和论述的层次可以看得非常清楚。但是,尽管这几点清楚,却有非常难以理解的地方。

在这个词与其他的词不一样。一般来说,一个词的涵义通过一个例子可以得到说明。但是在这个词不同,它通过每个例子得到的说明都不够。这层意思在译文9是非常明确的,没有理解的问题。但是,令人不解的是,它给的例子是关于树的,即树是什么,那么在这样的例子中,"在"如何出现呢？比如，我们说树是植物，树是有枝叶的东西，一些树是春天长出枝叶，冬天落叶的，而一些树是四季有叶的，等等。我们也可以说一棵具体的树，比如它是高的还是矮的，是茂盛的还是枯萎的，是阔叶的还是针叶的，等等。无论是谈论一般的树这个类，还是具体地说到某一棵树，在这个词是如何出现的呢？在我看来，根本就看不到在这个词。既然强调在是一个词，又通过树这个例子来说明在，"在"就应该在说明树的例子中出现才对。否则怎么能够通过这样的例子来说明在呢？尤其是，这样怎么能够说明在这个词，说明在这个词所表示的一般概念呢？没有在这个词，通过树这样的例子又怎么能够认识到在的一般性，并且在这种一般性的意义上认识这个词和它所表示的东西呢？

不过，这里的问题在后来得到深入的讨论，并且《导论》又给出更多的例子。让我们看一看后面这些例子是不是能够回答这里的问题，是不是有助于我们更好地理解这个问题。

【译文 10】

如果我们现在着手一试说在，因为我们总是而且归根到底是要以一定方式来着手的，那么我们就试着去注意在此说中所说的在本身。我们选用一种简单而常用而且几乎是信口随便的说，这样说时在就被说成一个词形，这个词形又是这样的层出不穷，以至于我们几乎不会注意这回事了。

我们说，"上帝在"，"地球在"，"大厅中在讲演"，"这个男人是（ist）从斯瓦本区来的"，"这个杯子是（ist）银做的"，"农夫在种地"，"这本书是（ist）我的"，"死在等着他"，"左舷外在闪红光"，"俄国在闹饥荒"，"敌人在退却"，"葡萄根瘤蚜在葡萄园肆虐"，"狗在花园里"，"群峰在入静"。

每一例中这个"在（ist）"的意思都不一样。我们可以很容易地证明这一点，特别是如果我们照现实出现的情况来说这个"在（ist）"，也就是说，随时从一定的境况、一定的作用、一定的情绪来说，而不

第四章　海德格尔的《形而上学导论》

是作为单纯句子与语法学中已成为陈词滥调的例句来说。（第89页）

这段译文分为三小段。第一小段是关于"在"的说明，说明在这个词是日常用语，它是简单的、常用的、可信口说出的和层出不穷的。单从这部分说明来看，我们关于树那个例子的疑问就更加清楚，因为从我们关于树的随意说明中似乎看不到在这个词。

第二小段通过举例来说明第一小段的论述。这里一共给了14个例子。绝大部分，即其中11个例子都有在这个词。由此来看，在这个词确实符合第一小段说明的那些性质，对此我们似乎不会有什么理解的问题。但是很明显，在这14个例子中，也有3个例子没有"在"这个词。这一点显然是无法理解的。既然是论述在，并且要举例说明在，举的例子里当然就要有在这个词，否则怎么能够通过这样的例子说明在这个词呢？人们可能会猜测，这里是不是存在着翻译的问题。确实，这3个例子与其他11个例子有些区别。一个区别是它们没有用"在"这个词。还有一个区别是：在这3个例子中，"是"的后面都用括号加注了德文"ist"。这就是告诉我们，这个"是"的原文是"ist"。这样，我们似乎大致可以猜测，这里本来说的也是在，只是由于语言差异问题，我们无法把它翻译为"在"。不懂德文的人这样理解也是合情合理的。但是对于懂德文的人来说，这个解释通了，别的问题却又来了。在德语中，"ist"是动词，是句子中最重要的成分。没有动词就无法形成句子。由此来理解，这3个例子没有问题，那11个例子的"在"却出问题了。比如在"上帝在"和"地球在"这样的表达中，"在"大概表示"存在"的意思，无疑是动词。而在"在花园里"和"在葡萄园"这样的表达中，"在"显然是构成"在……里""在……中"这样的介词结构。句子中的动词是什么呢？至于其他一些"在"，比如"在等着他""在闪红光""在退却""在闹饥荒"等等，除了表示现在的状态外，更强调一种进行的状态，动词又是什么呢？这里涉及一些不同的语法情况，我们只考虑介词的情况。在中文中，介词结构可以作动词，可以成为句子的主要构成部分。懂德语的人则知道，在德语中，介词结构不是动词，不是构成句子的必要成分。如果在以上标出"ist"的3个例子中,"ist"表示的是在,是动词,那么在其他11个例子中,特别是以"在"表示介词的句子中,德文的动词会是什么呢?或者一般地说,在那些例子中,与"在"相应的动词会是什么呢?

第三小段是对例子的总结说明。这段文字应该没有什么理解的问题。但是结合以上两段,却有了问题。最明显的是,在这一段说明中,"是"没有了,只有"在"。而且,它明确地说到每一个例子中的"在"这个词。但是我们明明看到以上有3个例子没有使用"在"这个词。不过,引人注意的是在这一小段的说明中,"在"后面加了一个"(ist)"。很清楚,这个ist与第二小段中那三个标出的ist一模一样。也就是说,那里的ist标在"是"的后面,而这里的ist标在"在"的后面。我不知道,如果不懂德文,会不会明白这里的意思,会不会觉得这里有什么问题。不过,在不懂德文的情况下,我觉得由此我们大致可以猜测,这14个例子中共有的这个德文词是"ist",或者说,它有时候被翻译为"在",有时候也被翻译为"是"。这就是第一小段所说的那个简单的、常用的、可信口说出的和层出不穷的词。因而我们也就大致可以猜测,对于德文中的同一个词,这里用了两个不同的翻译,一个是"在",一个是"是"。在这种情况下,也许我们终于可以明白,这里的问题是翻译造成的。德文的意思主要是"在",由于中文表达的问题,那3个例子无法以"在"来翻译,而只能用"是"。若是这样理解,翻译上的问题倒是解决了,不过新的问题又产生了。最简单的问题是,为什么德文的这个ist要翻译为"在",而不翻译为"是"呢?这里不是至少有3个非常自然的翻译吗?当然,人们也可以不这样考虑问题,而认为从"在"的理解出发乃是当然的。但是,假如表示"在"的可以是动词,比如"上帝在",可以是介词,比如"狗在花园里",或其他一些词,比如"农夫在种地",等等,那么它们还是同一个词吗?它们的语言形式还是一样的吗?海德格尔所说的在的不同涵义指的难道不是同一个词的同一种用法的不同涵义,而是不同词的不同用法的不同涵义吗?特别是,有了这里的理解,我们对后来的一些说明很难理解。比如"这个常被说成'是

第四章　海德格尔的《形而上学导论》

(ist)'的'在'有这些含义"（第 91 页），这里的"是"后面再次标出了"ist"，而"在"没有标。按照上面的理解，这里的"在"后面是不是也该加上"ist"的标注呀？如果是这样，那么还能理解这句话吗？如果是这样，它的字面意思难道不应该是"这个常被说成'是（ist）'的'是（ist）'有这些含义"吗？但是，这样的理解难道是有道理的吗？实际上，这样的理解即使在直观上也是有问题的。我们再看这一章结束时的一段（倒数第二段）论述。它也许有助于我们更好地理解这里的问题。

【译文 11】

这一切指向我们当初标出希腊对这个在的经验与解说时所碰到的情况的方向。如果我们坚持通用的对不定式的解释，那么"在"这个词就是从指引此一理解的视野之统一性与确定性来获得意义的。简而言之：我们照此办法就是从不定式来理解"在"这个动名词，而这个表达式本身又始终是指向这个"ist"，及其所摆出来的形形色色。这个确定的单独动词形"ist"直说式现在单数第三人称，在此有一种优先地位。我们领会"在"时不是眼望着"du bist（你在）"，"ihr seid（你们在）"，"ich bin（我在）"或者"sie waeren（他们会在）"来领会的，虽然后面这几项也完全和这个"在（ist）"一样是十足的"在"的动词变异形态。我们把"在"算作"ist"的不定式。反过来说我们也不是随随便便，几乎是不这样是不可能的，从"ist"那儿来说明"在"这个不定式。（第 92 页）

这段译文也许解决了前面提出的问题，因为它明确地提到"'在'这个不定式"。动词不定式与动词本身是有区别的，即它们的语言形式不一样，但是意思是一样的，或基本一样的。基于这样的语法知识，即使我们不懂德语，仍然可以猜测"在"的不定式与"ist"可能是不一样的。因此我们也许会猜测，前面提到的"这个常被说成'是（ist）'的'在'有这些含义"，其中的"在"可能是不定式，因为这样就比较容易理解了，而不会有前面我们所说的问题。但是，即使这样理解，我们毕竟还是看到，这一段仍然有"在（ist）"这样的表达，因此仍然会有理解的问题。比如，为什么不说"这个常被说成'在（ist）'的'在'有这些含义"呢？（在后一个"在"的后面注明不定式的形式不就可以了吗？）因此我们仍然不得不问：常说的究竟是"在"还是"是"呢？

尽管如此，从译文11还是可以看出，海德格尔强调"ist"在理解"在"这个概念时的优先地位。因为，"在"是它的不定式，而且，我们不得不从它来说明"在"。

从第三章的这几段引文（译文7到译文11）可以看出，在讨论在的时候，偶尔会出现"是"这个词。既有把它作为一个对象来说明的情况，也有在举例时说到它的情况，还有论述它与在的关系的情况。这样我们就会产生疑问：既然是探讨"在"，怎么会说到"是"呢？我们发现，同一个原文"ist"一会儿注在"是"的后面，一会儿注在"在"的后面，这难道没有问题吗？这使我们想到，这里似乎有翻译的问题，即不同语言转换所带来的问题。确实，许多理解的问题是由于出现了这个"是"而产生的。但是这就是问题的原因吗？我们还发现，在给出的14个例子（译文10）中，绝大多数的例子是关于"在"的，但是在译文8关于树的讨论中，同样是讨论一个例子，而且那么长一段译文，却几乎看不到"在"，既看不到这个词的使用，也看不到关于它的讨论。我们看到的比较明确的是关于树的本质是什么的讨论，是关于树是什么的表象的说明，而这些似乎都是关于"是"的说明。即便如此，我们却看不到关于"是"这个词的讨论，也看不到关于"是"的说明，当然也就无法看到关于"是"与"在"的关系的论述。那么这些究竟是在讨论什么呢？

三、如何理解"在"与"思"？

经过对在的本质的追问，就进入了第四章。这一章论述指称"在"这个名字时的四种公式化的说法：在与形成、在与表象、在与思、在与应当。

第四章　海德格尔的《形而上学导论》

在分别论述了这四种说法之后,《导论》对全书进行了简短回顾和总结。这里我们主要讨论关于在与思的这一节,然后讨论一下《导论》的结束语。

关于在与思的讨论是这一章的第三节。从具体内容来看,这一节最长,而且比其他几节长得多,内容也更为丰富。这一节,由于论述的是在与思,因此就要说明什么是思。《导论》从"人思而神作主"和"思坏事"这样的例子出发,讨论思是什么意思,最后得出思的一些一般性特征,比如思是独特自由活动的意象、分析和联系式的意象,是对一般性东西的意象性把握,是我们的能力,等等(参见第119—120页)。经过对思的说明,就进入关于在与思的讨论。

首先,这一节用了大量篇幅讨论逻辑。因为"逻辑是思之学,是讲思之规律与所思之形式的学说"(第120页),"逻辑在今天也还统治着我们的思和说,而且从早期开始就从根本上附带规定着语言之文法结构从而附带规定着西方人对一般语言的基本态度"(第121页)。由此可以看出,逻辑与思维相关,逻辑与说话相关。前面已经说过,在是一个词,是在语言中随意一说就出现的东西,因此谈论在与思的时候,大量谈论逻辑是比较容易理解的。其次,这一节对古希腊的思想进行了大量的探讨,包括荷马、赫拉克利特、巴门尼德、亚里士多德等人的论述,包括对诗歌、散文的探讨,其中非常主要的一部分是关于逻各斯,因此这些内容都涉及在与思的关系。还有,这一节还谈到上帝,因为"在者是上帝的造物,也就是理性地先被思出来的"(第193页),这里当然也会牵涉到在与思的关系。如此等等。除此之外,还有许多有意思的内容,比如在与存在的区别、在与真理的关系等等。这么多内容,我们无法在这里展开讨论,因此我们围绕本文所讨论的问题,只选择其中一段。

《导论》在谈论巴门尼德的思想时,讨论了他的一句话"但思与在是同一的"。这显然涉及思与在的关系。探讨思,自然谈到人,因为思是人独特的性质和能力。当然,这样的探讨涉及人的本质,涉及"人是什么"这样的问题,这也是人们常问的问题。在探讨有关这个问题的理解时,这一节指出了7个"基本瞄准点"(第144页),认为它们是理解巴门尼德的思想和有关讨论的基础。

【译文 12】

1. 对人之本质的规定绝不是答案，而根本是问题。

2. 此一问题的追问是历史性的，是在此一追问才创造历史这种原始意义之下是历史性的。

3. 情况之所以是这样，是因为人是什么这个问题只有在对在的追问中才能被追问。

4. 只有在这个在在追问中敞开自身之处，才出现历史从而出现人的那个在，全赖此一在人才闯入在者的分离中而成为这样一个在者。

5. 此一追问着的分离才把人带回到这样一个在者中去，这个在者就自己在而且要自己在。

6. 人作为追问着的由历史性者才归于他自身并且是一个自己。人之是自己并不是说明此种情况：人要把想他敞开自身的在放在历史中加以变化并在其中将自身定形下来。是自己并非说明，人首先是一个"我"与一个个别者。人不是这个，同样也不是一个我们与一个共同体。

7. 因为人作为历史性的人而是他自己，追问人的独特的在的问题就不得不从"人是什么？"这个形式变成"人是谁？"这个形式。

巴门尼德的说法讲出来的东西，就是一种从在本身的本质来对人的本质的规定。（第 144—145 页）

这一段说了 7 点，主要意思还是可以明白的。比如，对"人是什么？"的回答其实是问题；这个问题是历史性的；通过对人的追问展示出人处于历史之中，并且通过这样的追问才会获得对人的认识；等等。当然，这里似乎也有一些不太容易理解的问题。比如，作为历史的人与作为自己的人的区别是什么？作为个体的人与作为我们和作为共同体的人的区别是什么？这大概不会是简单的个体与类的区别，可能会有更为深刻的涵义。又比如，为什么追问"人是什么"会变成或要变成"人是谁"？这当然不会

第四章 海德格尔的《形而上学导论》

仅仅是形式上的区别。但是应该看到，这些可以理解的意思或可能会有的问题与在没有关系。而在涉及在的地方，却有一些非常难以理解的问题。

其一，以上我们说的可以明白的意思或不太容易理解的问题主要集中在1、2、6、7这4点，而没有涉及其他3点。因为这4点与那3点有一个根本区别。前者谈论的是人的本质或人是什么，丝毫也没有谈到在。后者虽然也谈到人的本质或人是什么，但是主要谈论的还是"在"，比如人的在，并且围绕在来谈论问题。因此给人一种印象，"是"乃是可以单独谈论的，与在没有关系。而"在"的探讨似乎不能是独立的，而要与"是"联系起来。想到这是谈论在与思时存在的问题，我们似乎就会有一些疑惑。在与是无疑是不同的。从这里的讨论来看，似乎思与是有关。那么，难道会是由于在与是有关，因而在与思才有关吗？若是这样的话，非常重要的东西难道不是这个"是"吗？因为没有它，在与思就无法联系了呀！而如果是这样，难道不会有一层非常重要的关系，即思与是的关系吗？因为这才是直接的关系，而在与思的关系只是间接的关系呀！

其二，即使通过"是"可以探讨在与思的关系及其相关问题，3、4、5这3点也令人费解。对人的本质的问答无疑是可以理解的。比如问"人是什么"，回答可以是"人是理性动物"，或者"人是……"，等等。但是，为什么这样的问题"只有在对在的追问中才能被追问"呢？这样的问题与追问在有什么关系呢？或者，这样的问题与在又是如何联系起来的呢？因为我们在这样的问题中看不到"在"，也想不到这样的问题怎么会与在联系起来。难道说，由于人存在，我们才能探讨人的本质，才能问人是什么吗？这样一来，人的本质确实与在联系起来。但是，难道不存在的东西我们就不能询问它的本质了吗？比如，什么是神？什么是金山？又有什么东西能够制止人们问"是什么"呢？除此之外，对人的在又该如何追问呢？是问"人在不在"吗？推而广之，对事物的在又该如何追问呢？无论如何，我不知道对在如何追问，也无法理解对在如何追问，更看不出如何能够通过对在的追问而获得关于人的本质的认识。

其三，我们不能理解关于在的追问，也许是我们自己的问题，是由于我们自己的愚钝。因此这里我们应该假定海德格尔本人能够理解这一点。但是，即使是这样，仍然有无法理解的问题。假定对在的追问是能够理解的，因而可以在这样的追问中追问人的本质，即人是什么。回答可以是"人是理性动物"，"人是能够直立行走的动物"，"人是能够制造和使用工具的动物"，"人是社会动物"，等等。那么，这些回答与在又会有什么关系呢？比如，与在的敞开自身会有什么关系呢？与人的闯入在者又会有什么关系呢？

其四，这7点确实谈到了在。但是，由于有以上问题，怎么能够理解在与思的关系呢？因而又怎么能够理解巴门尼德的话就是从在本身的本质来规定人的本质呢？

由于以上存在的问题，这一节关于在与思的说明，确实是难以理解的。

最后，我们看一看第四章的结束。用《导论》自己的话说，就是"整体透视一番"。限于篇幅，我们只引其总结的开始部分。

【译文13】

一切都扯到一开头就提出的根本问题上去了："为什么根本是在者在而无反倒不在？"这个根本问题之第一步展开就迫使我们去追问更前的问题：到底在是怎么回事？

"在"首先显得像一个空洞的字眼带着飘动的含义。这种情况显得是许多可判明之事实之一。但是末了这个看起来没有问题的而且进一步也没有什么可问的却显明出来是最要问的。这个在以及对这个在的领会不是一件现成的事实。在是根本事件，根本要以这个根本事件为根据，在敞开来的在者整体中心的历史的此在才能得到保障。

但这个最主要的历史的此在之根据，只有当我们把它提到问题中来时，我们才照它的身份与按照它的级别体验到它。基于此理我们提出这个预先问题：这个在是怎么一回事？

指出"是"这个字的许多习用的然而却是多样的用法，就使我们看到：认为在是不确定的与空的说法是错的。这个"是"倒确定"在"这个不定式的含义与内涵而不是倒过来。现在我们也能够理解了，为

第四章　海德格尔的《形而上学导论》

什么必定是这样。这个"是"是在命题中作为系词，作为"关系字眼"（康德）。命题含有这个"是"。但是因为命题，即作为范畴的逻各斯，变成了审理这个在的法庭，因此命题就从属于命题的"是"来确定这个在了。

这个在曾是我们将其当成一个空名由之出发之所，现在却不得不从而一反此印象而有一个确定的含义了。（第200—201页）

从这段总结可以看得很清楚，《导论》的讨论是从"为什么根本是在者在而无反倒不在？"出发，进而讨论"为什么在者在"，因而集中到"在"的问题，所以要问："到底在是怎么回事？"经过讨论，得到的结果是：在似乎是一个空洞的词，它的意思似乎是不确定的，但是它在使用时似乎却有确定的含义。这些论述是可以理解的，而且与我们前面所讨论的情况也是相符的。

引人注意的是，倒数第二段突然提到"是"这个词，并且说明，指出这个字的许多习用的用法批驳了有关在的不确定和空的说法。这就引起一些问题。在前面的讨论中可以看到，《导论》在讨论"在"的时候会突然冒出来一个"是"，有时候讨论几句，有时候则没有什么讨论，因此会造成我们理解的问题。这里再次出现这样的问题。联系前面的讨论显然可以看出，这里关于是的说明，有的可以理解，有的则不能理解。比如，这里说"是"的意思决定了"在"的不定式的意思，而不是相反。由于前面说过，"在"属于"是"的不定式，因此这里的说明是可以理解的。再比如，这里说到"是"的许多习用用法，并由此论述"在"这个词的含义。但是这与前面的论述不相符。我们看到，前面曾一下子谈到14个例子，其中11个是关于"在"的日常用法，只有3个例子说到"是"。所以这里的说明是不容易理解的。需要特别指出的是，这里明确谈到"是"乃是命题中的系词，命题含有这个是。因此，关于"是"，关于命题，尤其是谈到逻各斯之后，都是很容易理解的。众所周知，"S 是 P"是最基本的命题形式。但是，为什么这样一来，命题就成为审理"在"的法庭了呢？命题怎么就从属于命题的"是"来确定这个"在"呢?这样的命题与"在"会有什么关系呢?与"在"又能有什么关系呢?或者,所有这些问题太复杂了,我们一时也不太容易说清楚,那么就让我们考虑一个容易的问题。"是"是系词,命题含有"是"。这无疑是最简单的,而且也是非常清楚的,没有什么理解的问题。我的问题是,在这样的命题中,"在"这个词在哪里呢?"在"又是以什么方式体现的呢?

四、应该是"是",而不是"在"

以上我们以 13 段译文为例,分析讨论了《导论》第一、第三、第四章的一些思想。围绕这些译文,我们说明了在理解上存在的一些问题。我认为,海德格尔的著作确实比较难理解。但是以上 13 段译文之所以难以理解,却主要不是由于他的思想造成的,而是由于翻译造成的。确切地说,这是由于我们把"Sein"及其相关概念翻译为"在",而不是翻译为"是"。在我看来,如果翻译为"是",以上问题本来是不存在的。下面我对以上译文作一些修正(以星号"*"为标志以示区别),而且我的修正只局限在"Sein"及其相关概念。就是说,我们这里只谈论理解的问题,不探讨翻译的问题。和前面的划分一样,我们首先看第一章译文 1* 到译文 6*。

【译文 1*】

究竟为什么是者是而非不者?[①] (s.1)

字面上看,这个问句可以分为两个部分。前一部分,即"究竟为什么是者是",是一个完整的句子,而后一部分,即"而非不者",则不是一个完整的句子。当然,通过对这个问句的分析也可以看出,后一部分其实是一个省略的表达,它的完整表达应该是"而非不者是"。这样,后一部分

[①] 德文原文是:"Warum ist ueberhaupt Seiendes und nicht vielmehr Nichts?"参见 Heidegger, M.: *Einfuehrung in die Metaphysik*, Max Niemeyer Verlag Tuebingen, 1958, s.1. 以下译文凡引此书,只注标准页码。

第四章　海德格尔的《形而上学导论》

的意思其实也是一个问题:"为什么而不是不者是?"保持这种省略的表达是为了与原文保持一致,因为正如前面说过的那样,《导论》后来讨论了这个问题的结构和这个部分,明确称它为"附加部分"①。

表达形式是省略的,意思却是清楚的。因此这里实际上可以如同译文1那样理解为含有两个句子,一个是"是者是",另一个是"不者是"。字面上说,凡可以说"是"的东西都可以称为"是者",因此"是者是"乃是平凡的说法。同样,凡可以说"不"的东西也可以称为"不者",因此,"不者是"就不是平凡的说法。所以,这里的问题是清楚的,它问的就是为什么要采纳前一种说法而不采纳后一种说法。

如果细究,关于这里的"不者"这个词还可以多说几句。德文"Nichts"是不定代词"nichts"的名词形式。后者的意思是"什么也不是""没有任何东西",与之对应的词是"etwas",意思是"某物""某种东西"。但是在哲学家手中,也用"Nichts"这个词作副词"nicht"的名词形式,后者表示否定,即"不"。比如,黑格尔在建立他的逻辑体系时,使用的初始概念乃是"是"(Sein)和"不"(Nichts)。在那里,他显然不是把"Nichts"作为与"etwas"对应的概念使用的,而是把它作为与"Sein"对应的概念使用的。从肯定与否定的意义上看,"是"与"不是"乃是表达认识的最基本的方式。② 在海德格尔这里,译文1*中的"Nichts"是与"Seiendes"相对应使用的,而不是与"etwas"相对应使用的。"Seiendes"的意思指可说是的东西。因此,这里的"Nichts"指可说不的东西,或者可说不是的

---

① 本章前面谈到了这个问题,但是没有展开讨论。在我看来,探讨这个问题是重要的,特别是对于理解海德格尔的相应思想,乃是非常重要的。别的不说,仅从译文5*说的"谈到了是者的不是与是"就可以看出,"不者"的引入乃是必要的,否则,"不是"该从何谈起呢?在本书中,我之所以对这一部分内容不进行详细讨论,主要出于两点考虑。其一与篇幅有关。在我看来,这一部分可以作为一个专门的问题来讨论,这样就需要再引更多一些译文来进行分析。其二与本文讨论的一个宗旨有关,即我不讨论翻译的对错,而只讨论理解的问题,尽管理解的问题也会引起翻译的对错。把 Seiendes 翻译为"在者"或"是者"、把 Nichts 翻译为"无"或"不者"乃是理解的问题,但是把"nicht vielmehr Nichts"翻译为"无反倒不是"或"而非不者"(或者"而非不者是")可能就不会仅仅是理解的问题了。

② 我曾专门探讨过这个问题。参见王路:《"是"与"真"——形而上学的基石》第七章,北京,人民出版社,2003年;王路:《逻辑与哲学》第四章,北京,人民出版社,2007年。

东西。这当然是可以理解的。在我看来，把"Nichts"译为"不是者"也可以。比如"而非不是者（是）"。这显然也不是平凡的说法，自然不会是人们采纳的说法。由于原文字面上没有"是"，乃是一个省略的表达，我们也可以把它翻译为"不者"。因此，译文 1* 所要问的问题无论是不是有道理，至少字面上不会有什么理解的问题。在接下来的讨论中，我们看到了如下论述：

【译文 2*】
　　这时，似乎我们更可能把握的乃是它不是，而非它是并且是如其所是那样。在某种荒芜之际，这个问题就来临了。这时，我们既非绝望也非狂喜，然而是者冥顽地习以为常扩展着某种荒芜，在这荒芜中，是者是抑或是者不是，这对我们似乎都无所谓。于是，问题就以独特的方式重又振聋发聩：究竟为什么是者是而非不者？（s.1）

　　这段话首先谈到我们可能把握的两种情况。其一，是者不是。其二，是者是；是者是如其所是。在这两种情况中，后一种情况应该是自然的：是者是，而且该是什么，就是什么，该是什么样，就是什么样。前一种情况不应该是自然的：是者不是。但是这里指出，我们把握的似乎不是后一种情况，而是前一种情况。也就是说，一种可能性是我们把握不太自然的情况。尽管这里用了"似乎"一词，但把握不太自然的情况终究是有些问题的。关键是，这里的问题与"是者不是"相关。在接下来的说明中提到，是者是和是者不是，这两种情况对于我们都是无所谓的。尽管这里又用了"似乎"一词，毕竟还是有问题的：我们怎么会对两种截然不同的情况都无动于衷呢？关键是，这里的问题又牵涉到"是者不是"。无论这里说的是不是有道理，得出的结论至少还是比较自然的：从这两个"似乎"，我们可以听出开始提出的那个问题："为什么是者是而非不者？"因为两个"似乎"都提到"是者不是"。虽然这里的说明没有对"是者不是"作出具体的解释，但是字面上可以清楚地看出，"不是"显然与或者至少可以与"不是者"

第四章 海德格尔的《形而上学导论》

或"不者"相关。既然人们可能会把握"不是",当然就有可能会把握"不者"。所以这两个"似乎"虽然说得不是非常确定,但是却明确谈到了"不是"。在这种情况下,当然可以有疑问:为什么不能说"不者是"呢?所以,这里又回响起开始提出的问题:"为什么是者是而非不者?"而且,这似乎是自然而然的事情。

《导论》接着论证了这个问题的广泛性,即它"涵括所有一切是者"(s.2):

【译文3*】
这个问题的区域仅以不是者和绝不是者,即以不者为界。一切不是不者的东西,都落入这个问题,甚至包括不者本身,这并不因为由于我们谈到它,它就是某物,即一个是者,而是因为它"是"这个不者。(s.2)

这里论述的是这个问题的范围,既然它涵盖所有是者,那么以不是者划界当然是可以理解的。显然,凡是者,即可说是的东西,都属于这个范围,凡不是者,即不可说是的或可说不是的,都不属于这个范围。这里可以看得比较清楚了:不者就是指不是者和绝不是者。由此也可以看出,前面我们关于译文1*的讨论和理解是有道理的。在中文翻译中,"不者"和"不是者"都是可以的。不过,为了忠实于原文,还是译为"不者"。因此,不者和不是者相同,都会与不是相关,当然也就会与是相关。

值得注意的是这里谈到"不者"也属于是者的范围。表面上看,这一点似乎不太容易理解,但是结合这里给出的解释,还是可以理解的。这里的解释实际上说到两种情况:其一,我们谈到不者,因此不者是某物,这样,不者是一个是者;其二,不者是不者。而且,这里明确说明,把不者划入是者讨论的范围,不是因为前一种情况,而是因为后一种情况。应该说,这样的解释是清楚的,也是比较容易理解的。前一种情况直观上看似乎也是自然的。既然可以谈论不者,它似乎当然会是是者。但是这样我们会得到一种结果，即不者乃是是者。这在字面上就会是矛盾的。因为不者乃是（那）不是的东西，这样就会等于说，不是的东西乃是是的东西，这当然是有问题的，因为是矛盾的。所以，译文3*明确指出这种情况不是是者涵盖不者的原因。后一种情况很直观，不者是不者，就是说，对不者也是可以表述和说明的。特别是，这里在说明时所使用的这个"是"被加上引号，得到了强调。在我看来，之所以强调它，主要是因为，当人们说"不者是不者"的时候，其实是说"不是者乃是（那）不是者"。之间的这个"是"与前后两个"是"乃是有区别的，比如肯定和否定的区别，但是最显著的区别在于，要用这个"是"或者通过这个"是"来表述和说明"不者"或"不是者"。而且，这也是最显著的区别。这就说明，"是"具有一种独特的作用，也是一种至关重要的作用。

鉴于"是者是"和"不者是"都是抽象的表述，因此，为了更好地理解它们的涵义，我们看一看《导论》给出的例子。

【译文4*】

关键只在于不被轻率的理论所诱骗，而应最随意地去体验事物，体验它们是怎样的。这里的这支粉笔是一长长的、较为坚固的、有一定形状的灰白色的物体，除此之外，它还是一用来书写的物。这个物确实处在这一位置上，但它也确实可能不是在这里的，可能不是这么大的。它可能被我们在黑板上画动和使用，这种可能性绝不是我们想出来加上去的。这个物自身作为是者乃是处在这一可能性中的，否则它就不会是作为书写用具的粉笔了。（s.23）

粉笔是大家熟悉的东西，以它为例不会有什么难以理解的问题。这里一开始就谈到了体验事物，意思当然是让我们去体验这支粉笔。值得注意的是，这里不仅提到体验事物，还提到要"体验它们是怎样的"。正是在这样一种指导思想下，粉笔的情况被描述出来：它是一支长长的、坚固的、有形的灰白色物体，它是可用来书写的东西。除了关于粉笔的体验以外，

第四章 海德格尔的《形而上学导论》

这里还谈到关于这支粉笔的一些可能性。比如，它可能不是在这里的，它可能不是这么大的，它可能有一些什么用。虽然没有明确说明，但是可以看出，这样的可能性显然不是"体验"出来的，甚至是与我们的体验相反的。我们看到的这支粉笔是在这里的，但是它也可能会是不在这里，比如被拿走。我们看到的这支粉笔是这么长的，但是它也可能不是这样长的，比如在没有使用之前或者在被用得更短了以后。我们看到的这支粉笔是静止地待在这里的，但是它也可能被用来在黑板上写字，这样它就不会是静止地待在这里的，如此等等。也就是说，一方面，我们可以体验到这支粉笔是什么样子的，另一方面，也会有一种可能性——它可能会不是这样的。因此，围绕这支粉笔，这里谈论的好像是我们对一事物的体验和一事物自身的可能性的问题，似乎是说，我们体验的总是一事物是怎样的，但是一事物同时又具有一种可能性，这种可能性与我们所体验的情况不同，即它不是那样的。因此，围绕粉笔这个例子所说的这些内容至少还是清楚的，不会有什么理解的问题。当然，人们可能会不明白译文 4* 为什么这样说，谈论这两种不同的情况是什么意思。难道是为了说明人们关于事物的体验和事物本身的可能性乃是有区别的吗？为了理解这里的问题，我们看接下来的译文：

【译文 5*】

　　现在，我们一下子就谈到了是者的不是与是，而没有说及如此说法与是者自身是如何发生关系的。二者是同一的吗？即是者与它的是？区别呢？例如在这支粉笔身上，是者是什么？这个问题已经是有歧义的了，因为"是者"这个词可能从两种角度来理解，就像希腊文中的 to on 一样。是者一方面意指那总是是的**东西**，具体说来，就是这灰白的、如此这般形状的、轻的、易碎的一团。然后，"是者"又意指这样的东西，它仿佛"使得"所说的东西是一种是者，而不是（那）不是的，即意指这样的东西，当是者是是者时，它使是在是者身上出现。按照"是者"这个词的这样双重含义，希腊文 to on 意指的往往是第二种含义，亦即不是那乃是是的是者自身，而是"那种是"，那种是性，那种是是的，即是。反之，第一种含义上的"是者"则称谓所有或个别是的是者本身，即所有那些依据它们而不是依据它们的是性而考虑的东西，即不是 ousia。

【译文 6*】

To on 的第一种含义意指 ta onta（entia），第二种含义意指 to einai（esse）。在粉笔身上的是者是什么，我们已经叙述过了。我们也可以相对容易地发现它，我们还可以容易地看出，所说的东西也可能不是，这支粉笔最终用不着是在这里而且根本用不着是。那么与可以处于是中的东西或者可以落归入不是中的东西有别的是什么呢？那与是者有别的东西，即是，乃是什么呢？它与是者是一样的吗？我们重新如此发问，在上文中我们并没有一同列举是，而只是列出了：一团质料、灰白、轻如此这般形状，易碎。那么，是藏在哪里？这样的东西还必须归属于粉笔，因为它自身，即这支粉笔**是**嘛。（s.23-24）

译文 5* 一开始就谈到我们突然谈到了是者的是与不是，并由此思考是者与是本身是不是一回事、有什么区别。正是通过关于是者与是本身的区别，进而转到对是本身的思考，提出关于是的问题。看到这些，首先我们就可以理解，译文 4* 遗留下来的问题多少也就得到了解决。那里关于粉笔的讨论实际上是为了引出关于一事物是与不是的讨论。一事物可以是，也可以不是，由此可以非常清楚地看出，一事物的是与不是与一事物本身乃是有根本区别的。译文 4* 举的例子就是为了引导我们走到关于一事物的是与不是的考虑。无论那种谈论可能性的方式是不是自然的，目的还是达到了，因为引入了关于不是的讨论和思考。而且，由于这个例子非常直观、简单，也不会造成理解方面的问题，这样我们就一下子过渡到关于是与不是的思考。

谈论是与不是，目的还是探讨是，当然是为了更好地探讨是。这里首先要探讨的就是是者与是的区别。译文 5* 对是者作出两种解释。一种是

第四章 海德格尔的《形而上学导论》

"那总是是的东西"。从这里所加的强调标记来理解,这似乎是一种具体的东西,对此给出的说明似乎也证明了这一点:在粉笔上是诸如灰白的、易碎的一团等等。另一种似乎不是具体的东西,而是需要我们去体会的东西。"当是者是是者时,它使是在是者身上出现",这样的情况该如何理解呢?比如,这支粉笔是灰白色的,这应该表明了是者是是者的情况。那么,我们在这支粉笔上看到什么了呢?自然是灰白色。我们可以想象灰白色在粉笔身上出现,但是我们如何能够理解在这支粉笔和灰白色上出现"是"呢?所以我认为,第二种说明是不太清楚的。而且,即使这样的说明也还加上了"仿佛"一词,这样一来它的含义也就更不容易把握了。大概正是由于不太容易把握,后面又用了"那种是""那种是性""那种是是的",并且最终落实在"是"。这里搞不明白其实也是可以理解的:这个问题本身是一个非常难的问题,因此是不容易理解的。而且这里也还有其他一些可能性。比如,海德格尔提出这个问题来进行探讨,至少会有两种可能性。一种是他自己完全考虑清楚并且也说清楚了;另一种是他自己也没有完全考虑清楚,而且也没有完全说清楚。这两种可能性我们在这里不予考虑。但是可以肯定的是,这里的说明本身确实不是那样容易理解的。

此外,译文 5* 还引用了希腊文。由于海德格尔的讨论要借用希腊语和希腊文化的丰富资源,因此是可以理解的。而且在第二章探讨词源的时候,有大量关于希腊文的探讨。由于译文 5 没有翻译这些希腊文,因此我们也可以暂且不用讨论它们。虽然有以上问题,但是这里可以看得非常清楚,海德格尔是想借助希腊文来说明"是者"的含义,从而说明是者与是本身的区别。或者,他至少表明,这里的理解是需要依靠对相关希腊文的理解的。[①]

译文 6* 是与译文 5* 紧密相连的。这里不仅给出了希腊文,而且给出了拉丁文。它是对译文 5* 的进一步说明,实际上是强化了我们提出的不能

[①] 关于希腊文的讨论,可以参见《导论》第二章,也可以参见卡恩的著作 (Kahn, C.H.: *The Verb 'be' in Ancient Greek*, D. Reidel Publishing Company, 1973.)。我曾经介绍并讨论过他的相关论述。参见王路:《"是"与"真"——形而上学的基石》第二章,北京,人民出版社,2003 年。

理解的问题。可以理解的是在举例过程中所列出的东西，比如灰白色、易碎的等等，不容易理解的是看不到这个"是"。这里的问题实际上是说，我们能够体验到比如这支粉笔是灰白色的，是易碎的，等等，但是我们看不到"是"。由于这支粉笔是灰白色的，是易碎的，等等，而不是其他东西是灰白色的、易碎的等等，所以这个是乃是不能脱离这支粉笔的。那么这个"是"究竟是什么呢？由此可以看出，字面上我们没有什么理解的问题，只是对这里提出的这个问题本身不太容易理解。因为关于这里所说的和所强调的这个"是"，确实有一些理解的问题，确实有一些不太容易理解的地方。

从第一章的译文1*到译文6*可以看出，确实有一些不能理解的地方。但是应该看到，我们至少可以看清楚两点。一点是，这一章从问"究竟为什么是者是而非不者"出发，通过讨论指出，最核心的问题乃是"是者是"，并且借助关于"不者是"的讨论引入关于"是"与"不是"的讨论，最终通过这样的讨论指出是者与是的区别，从而使问题集中到"是"上面来。这样就为后面的讨论奠定了基础。在以后三章中，《导论》也就自然而然地集中对"是"的问题进行讨论。另一点是，对照粉笔这个例子，我们可以清楚地知道，"是者是"乃是一种抽象的表达。"是者"可以指粉笔，可以指粉笔表现出来的现象和状况。这是清楚的。"是"与粉笔、与粉笔表现出来的现象和状况有关，联系在一起，这是肯定的。但是，这个"是"究竟是什么，又是不太清楚的。考虑到这是《导论》全书要讨论的问题，因此也就可以理解，这里不清楚，并不意味着全书也是不清楚的。可以看到，通过第一章的讨论，我们已经把目光集中到"是"的问题上来了。这样我们就知道后面几章要讨论什么了。在这种意义上，这里尚不清楚的东西也是可以理解的，因为它正是以后要讨论的东西，也许正由于这里的不理解，我们才渴望继续读下去，以便最终解决这里的问题。为此，让我们继续，看第三章的几段译文。

【译文7*】

我们让一切是者如其所是（ist）地是（sein）。但是，如果我们听

第四章　海德格尔的《形而上学导论》

其自然不加苦思冥想地使我们在我们历史的此是的长流中，如果我们一直让是者是它所是的是者，那么我们在此一切情况中已经必须知道："是（ist）"与"是（sein）"，这叫怎么一回事？

但是，如果我们不能预先把是与不是区别清楚，我们又该怎样来断定一个估计随便在什么地方与随便在什么时候的是者不是呢？如果我们并不笃定而确切地知道这里的区别本身，即不是与是，指什么的话，我们该怎样作出此有决定作用的区别呢？如果我们连"是"与"不是"都从未领会过，是者对我们来说怎么有朝一日还会是一个是者呢？

但是我们经常碰到是者。我们从是者的是如此和不是如此区别是者，对是与不是作出判断。由此我们知道得一清二楚，"是"意谓什么。有的主张说这个词是空的与不确定的，这个主张看来只是一种肤浅的讲法和一个错误。（s.58-59）

这段译文有三小段。第一小段谈到两种是，一种是是者自身的是，另一种是我们让是者的是。字面上看，是者自身的是没有什么理解的问题。是者是，这是海德格尔谈论的一种方式，所谓是者，就是可以说是的东西，因此是者是乃是自然的，是者自身的是也就是可以理解的。我们让是者是（sein-lassen）似乎有些不太容易理解。字面上这两种是乃是有区别的：一种是动词形式"ist"，另一种是不定式形式"sein"。意思当然也是有区别的：一种是事物自身的是，与我们没有关系，另一种则不仅仅是事物自身的是，而是与我们有关。与我们有关，大概是说与人有关，引申一下，可能会是与人的认识有关，与人的表达有关，与人的思维有关，等等。不管怎样，其间毕竟是有区别的，而且这种区别还是可以看出来的。简单地说，即使我们让是者是的意思有些费解，但是至少有一点还是清楚的：是者的是乃是一回事，与我们相关的是则是另一回事；二者是有区别的。结合第二小段所说的我们的判断，结合前面所谈到的我们关于事物的体验、我们关于事物的谈论，这一点可以看得更加清楚。一方面，一事物是什么样；另一方面，我们判断它是什么样，我们体验它是什么样，我们把它说成是什么样。二者当然是不同的。

由于有了这里的区别,第二小段谈论我们关于事物的判断也就是顺理成章的。不过,这里主要谈论是与不是的区别。作为判断来说,是与不是之间存在着区别乃是自然的。值得注意的是,这里强调这种区别,并且认为这是识别是者是或不是的先决条件。由此可以看出,一方面有是者之是,另一方面有关于是者之是的判断。后者牵涉到我们,即人,这样就牵涉到对是与不是的理解,而且,这样的理解会影响到我们关于是者的认识。

第三小段接着第二小段说,从关于是者的是与不是,得出关于它们是与不是的判断。这样就得出一个结论:在这样作出判断的时候,我们清楚地知道"是"乃是什么意思,因此不能说"是"这个词是空洞的和不确定的。我认为这个结论是自然的。既然是者是与不是乃是清楚的,我们关于它们是与不是的判断也是清楚的,而且我们可以作出这样的判断,我们就一定会知道"是"乃是什么意思,否则我们无法作出这样的判断。而且,这里清楚地说到"是"这个词。既然是词,它就一定属于语言,因此一定是我们说的。我们在判断事物的是与不是的时候,怎么可能使用一个空洞的不确定的词呢?如果这样,我们的判断还是明确的和可理解的吗?

值得一提的是,第三小段谈到"我们从是者的是如此和不是如此区别是者"。这个表述可能会被人忽略,因为它非常平凡。它符合我们平时的认识。比如一支粉笔是白色的,不是红色的。我们依据粉笔的性质识别它是一支粉笔,而不是一支铅笔;或者我们从它是一支粉笔而不是其他什么东西(比如铅笔)而识别它是粉笔;我们依据它是白色的而不是红色的而识别它是一支白粉笔;等等。我强调这里的表述,旨在提请大家注意,这一小段是对上一小段的解释说明。上一小段谈论"是"与"不是",这里所说的"是如此"和"不是如此"正是对"是"与"不是"的说明解释。由此可以看得非常清楚,"是"与"不是"实际上是"是如此"和"不是如此"的省略表达。其实在哲学史上,这样的表达很多。比如矛盾律,它有时候表达为"一事物不能同时既是又不是",有时候则表达为"一事物不能同时既是如此又不是如此"。认识到这一点,有助于我们更好地理解

第四章　海德格尔的《形而上学导论》

"是"的涵义。

综上所述,译文7*虽然有一些不太容易理解的地方,比如我们让是者是,但是总的意思还是清楚的,可以理解的。区别了事物自身的是与我们关于事物的是的判断,也就说明这是两个不同层次的情况。从判断出发,理解是与不是就比较容易,由此也就比较容易理解"是"这个词的涵义。即使目前还不是那样清楚,我们至少可以把目光集中到"是"这个词上来,围绕这个词来考虑它的涵义。明白了这些比较抽象的说明,下面我们来看一看具体的例子。

【译文8*】

我们为举例说明而不提"是"这个一般概念而提"树"这个一般表象。如果我们要把树的本质是什么说一说而且划定范围,我们就离开一般表象而转向一些树的特殊品种和这些品种的个别实例。此一做法是这样地不言而喻,差不多我们都不好意思把它单提一下了。然而事情并不这样简单。究竟我们怎么会发现这许多特殊例子,这些个别的树就是树,就是树这样的东西呢?究竟我们怎么会发现这样的东西,即一些树是这样的东西呢?哪怕只是能够找找呢?除非是我们对一棵树到底是什么的表象早已心中有数了。倘若"树"这个一般表象真是这样完全不确定而且含糊不清,以至于我们在寻找与发现中竟得不到任何可靠的指示的话,那就可能出现这样的情况:我们竟凑凑合合把汽车或兔子作为确定的特殊者当作树的例子了。我们为要进一步确定"树"的本质多样性而必须把此特殊范围踏行一遍,如果这也是对的话,那么下述情况却至少是同样对的:只有当我们越是原始地设想与知道"树"的一般本质,在此也就是"植物"的本质,而这就是说"生物"与"生命"的本质,摸清楚此其本质多样性的工作才得开始才得提高。如果在此工作中对树的情况正待展开的知识我们还心中无数而此正待展开的知识从自身中与从其本质渊源中都还没有明白可见地确定清楚,那么我们可以成千上万遍地找遍所有树,——一切还停留在一种性急的大胆妄为状态中，在此状态中我们面对一片树木而看不见树。

可能有人恰恰就用事情关涉到"是"的一般含义来回答说，既然它是最一般的了，那么由它出发，设想就不可能再升到更高级了。如果我们要克服词之空洞，那么在最高的与最一般的概念处指出在它"之下"的内容，不仅是值得考虑的，而且是唯一的出路。（s.60-61）

这段译文分为两小段。前一小段举了树作例子，同时提到"是"这个"一般概念"。在这个例子中，比较显著的地方是提到树的表象、树的本质和个别的树。树的表象实际上是我们关于树是什么的想象、印象等等。树的本质实际上就是关于树是什么的说明，也就是我们关于树的认识。在现实中，我们看到的乃是一棵棵具体的树。根据我们关于树的认识，我们才能确定一棵棵具体的树是树，而不是其他什么东西，比如不是汽车，不是兔子，等等。本质这个概念乃是西方哲学史上经常讨论的，在这里的意思也是清楚的。因此这样关于树这个例子的说明应该是可以理解的，没有什么问题。后一小段明确谈到这里的认识牵涉到"是"，而且谈到要在"是"这个最高和最一般的概念指出处于它之下的内容。这里所说的"高"和"下"也许不太容易理解。但是，这里谈论"是"的一般性却没有什么理解的问题。无论是关于事物的本质，还是关于具体事物的具体情况，实际上都会牵涉到这个"是"。比如抽象地说，树是植物（进一步说，植物是生物，等等），具体地说，这棵树是高的或矮的，是茂盛的或枯萎的，是针叶的或阔叶的，等等。除此之外，这里明确谈到"是"这个一般概念，明确谈到它所表达的东西的"空洞"。这样就使我们可以转而专门来考虑它。

【译文9*】

"是"这个词诚然是一个一般的名而且好像是许多词中的一个词。但是此一好像是的情况迷惑了人了。这个名及其所指称者是唯一无双的。因此任何通过例子来直观此名之举到底都不对头，而恰恰在鉴于下述情况时不对头：每一个例子在此一情况中都表明得一点也不太多，

第四章 海德格尔的《形而上学导论》

而永远是太少了。如果上文已经提请注意此一必要性：我们必须预先已经知道"树"是什么意思，然后才能找出与发现个别树种的特殊件就是这样的树，那么这对"是"来说更加是决定性的了。我们已经领会"是"这个词，此一必要性是最高的与无可比拟的必要性。因此从关涉到一切是者的"是"的"一般性"中得不出这样的结论：我们要尽可能快地摆脱这个一般性而转向特殊件，倒是要得出相反的结论：我们坚持在此一般性上并把此一名称之唯一无双情况确知在心。（s.61-62）

这一段译文明确论述"是"这个词。首先说明它是一个名字，其次说明它与其他名字是不同的。不同之处在于这个名字是唯一的，它所命名的对象也是唯一的。前面曾经谈到"树"这个例子。这里又谈到这个例子，并且围绕这个例子说明"是"这个词的特点。我们先有关于"树"的认识和理解，由此出发可以区别出树的不同种类和一棵棵具体的树。"是"这个词的情况更是如此。我们对个别的是者说是，这是由于我们对是有预先的理解。而且，这里强调，我们预先理解是这个词，这是最高的不可比拟的必要性。由此得出的结果是：是的一般性乃是最重要的。我们坚持"是"的这种一般性，并且提出这个名字和它指称的对象的独特性，这样就把这个问题提高到认识的层面上来。应该说，这些论述是比较清楚的，不会有什么理解的问题。需要指出的是这里非常明确地谈论"是"这个词。既然是一个词，自然与语言相关，这样它就一定会在语言中得到使用，而且一定是被人来使用。简单地说，它一定是由我们说出来的。

【译文 10*】

如果我们现在来说是，因为我们总是而且从根本上说必然要以一定的方式说是，那么我们试图注意这种说中所说出的是本身。我们选择一种简单而通常的，几乎随意的说，在这样说时，是被以一种词的形式说出来，这种形式使用频繁，以致我们几乎不注意它了。

我们说，"上帝是"，"地球是"，"讲演是在大厅里"，"这个男人是从斯瓦本区来的"、"这个杯子是银做的"、"农夫是在乡下的"、"这本书是我的"、"他是要死了"、"左舷是红光"、"俄国是在闹饥荒"、"敌人是在退却"、"葡萄园里是葡萄根瘤蚜在作怪"、"狗是在花园里"、"群峰是／一派寂静"。

　　每个例子中，这个"是"的意思都不一样。我们可以很容易地证明这一点，特别是如果我们照现实出现的情况来说这个"是"，也就是说，随时从一定的境况、一定的作用、一定的情绪来说，而不是作为单纯句子与语法学中已成为陈词滥调的例句来说。（s.67-68）

　　这段译文共有三小段。第一小节说明"是"这个词的一些特征，可以归结为三点。第一点是说它的必要性：我们的表达离不开它，因为我们总要说它。第二点是说它的方式：简单的、通常的、随意的、以词的形式说出的。由于这两点，也就产生了第三点：我们说它，但是我们几乎不注意它。为了说明是这个词的这些特征，第二小段举了 14 个例子。它们都含有"是"这个词，确实体现了第一小段所说的那些特点。关于这些例子，我曾经作过详细分析，这里不再论述。① 这里我只想指出，其中 12 个例子是日常语言中比较自然的表达，它们的表达形式乃是"S 是 P"这种形式。但是前两个例子不是这样。第一个例子是关于上帝的特定表达，它的形式与那 12 个例子不同。人们一般认为，在这个表达中，"是"的意思是表示存在。② "地球是"这个例子可能是海德格尔造出来的，因为它肯定不是日常语言中的表达，似乎也不是宗教中的表达。第三小段对这 14 个例子作了总结，说明虽然它们使用了同一个"是"，但是其中每一个"是"的意思都不一样。这些论述也是清楚的，不会有什么理解的问题。基于这些理解，我们再看第三章最后一段译文。

---

① 参见王路：《"是"与"真"——形而上学的基石》，北京，人民出版社，2003 年，第 12—15 页。
② 参见王路：《上帝的名字及其翻译》，《世界哲学》2006 年第 6 期。

第四章　海德格尔的《形而上学导论》

【译文 11*】

这一切指向我们当初标出希腊对是（Sein）的经验与解说时所碰到的情况的方向。如果我们坚持通用的对不定式的解释，那么"是（sein）"这个词就是从指引此一理解的视野之统一性与确定性来获得意义的。简而言之：我们照此办法就是从不定式来理解"是"（Sein）这个动名词，而不定式本身又始终是指向这个"是"（ist），及其所摆出来的形形色色。这个确定的单独动词形式"是"（ist）直说式现在单数第三人称，在此有一种优先地位。我们领会"是"（Sein）时不是眼望着"du bist（你是）"，"ihr seid（你们是）"，"ich bin（我是）"或者"sie waeren（他们会是）"来领会的，虽然后面这几项也完全和这个"是（ist）"一样是十足的"是"（Sein）的动词变异形态。我们把"是"（sein）算作"是"（ist）的不定式。反过来说我们不由自主从"是"（ist）出发来说明"是"这个不定式，几乎就好像不这样是不可能的。（s.70）

这一段译文论述了是这个词的三种形式，即动名词"Sein"、不定式"sein"、动词第三人称单数"ist"，实际上是通过这三种形式的区别来说明"是"这个概念。由此可以清楚地看出，《导论》一直在谈论"是"，希望获得关于它的认识、关于它的意义的理解。这个"是"乃是以动名词的形式表示的。这里提出，可以通过这个词的不定式形式获得关于它的一种统一的理解。这样，如果能够获得关于"是"这个词的不定式的意义的理解，也就可以获得关于"是"这个词的理解。由于这里指出，"是"这个词的不定式的意义来自这个词的动词，特别是其第三人称单数形式的意义，因此只要我们能够获得关于这种形式动词的意义的理解，也就可以获得关于"是"这个词的理解。因此，对于理解"是"这个词和概念，"是"这个词的第三人称单数形式是最重要的。现在我们终于明白，为什么《导论》要讨论具体的例子，为什么要举那么多例子。正由于前面已经举了那么多例子，而且它们都是第三人称单数形式，因此应该说我们已经得到了关于这种形式的意义的理解，因此我们也就获得了关于"是"这个词的不定式意义的理解。这样我们也就获得了关于"是"这个词的动名词的意义的理解。因此应该说这里的说明是清楚的，可以理解的。

从这一段译文的说明可以看出，"是"这个词的不定式只是理解"是"的一个中介，最终所依赖的还是"是"这个词的动词形式，尤其是第三人称单数形式。但是应该看到，这里还谈到"是"这个词有许多动词变异形式，比如第一人称单数、第二人称单数等等。作为"是"这个词的动词变异形式，它们与第三人称单数形式在语法上具有同等地位。但是这里只谈到不定式与第三人称单数形式的关系，而没有谈到与其他几种形式的关系。这可能牵涉到"是"这个动词第三人称单数形式的特点，比如它可以用来描述各种各样的个体事物，可以用来说明各种各样的可能性，可以用来表达各领域、各学科、各方面的情况和问题，等等。从这里的论述来看，它的目的是要说明不定式的意义来自哪里。这当然是可以理解的，因为只要说明了不定式的意义来源，似乎也就说明了"是"这个词的意义来源。需要指出的是，联系前面译文 7* 的论述，我们可以认识到，这里的问题其实是比较复杂的。是者是，涉及的是第三人称单数，我们让是者是，涉及的是不定式。因此，这里所揭示出来的"是"的三个层次，即动词第三人称单数、动词不定式、动名词形式，可能会具有更为深刻的涵义。也就是说，关于"是"的考虑、关于"是"的追问，实际上是一个非常复杂的问题。当然，如果简单地理解，我们也可以说，从译文 7* 那里区别是者是和我们让是者是，因而牵涉到关于动词第三人称单数和不定式的区别，到译文 11* 这里区别"是"的这三种形式，乃是有联系的，而且是有深刻涵义的。

通过围绕译文 7* 到译文 11* 的讨论，可以看出第三章的主要思想。在这一章，《导论》追问是的本质。但是它并不是直接去探讨"是"，而是通过分析和论述"是"这个词，围绕着这个词来进行讨论。比如，它区分是者是与我们让是者是，论述我们的判断，区别是与不是。又比如，它举了大量的例子，以此说明"是"乃是一个词，是一个独特的与众不同的词，是一个不可或缺的词。通过这样的讨论它最终说明，关于是的理解依赖于"是"这个词的不定式，而关于这个词不定式的理解又依赖于这个词的动词形式,尤其是第三人称单数形式。这样就使我们清楚地看到,是乃是一个词,因此与语言相关,与使用语言的人相关。理解这个词当然也就会与语言相关,与使用语言的人相关。无论这样的讨论是不是使我们最终理解了是的本质,但是至少为我们的理解提供了一条思路。而且,在我看来,这样一种理解是的本质的思路本身乃是清楚的,可以理解的。

我们看到,在第四章,《导论》谈到了人,谈到了关于人的理解。

【译文 12*】

1. 对人之本质的规定绝不是答案,而根本是问题。

2. 此一问题的追问是历史性的,是在此一追问才创造历史这种原始意义之下是历史性的。

3. 情况之所以是这样,是因为人是什么这个问题只有在对是的追问中才能被追问。

4. 只有在这个是在追问中敞开自身之处,才出现历史从而出现人的那个是,由此人才冒险作为是者来解释是者。

5. 此一追问着的解释才把人带回到这样的是者中去,他自身是这个是者,而且他不得不是这个是者。

6. 人作为追问着的有历史性者才归于他自身并且是一个自身者。人的自身性并不说明此种情况:人要把向他敞开的是变为历史并在其中将自身定形下来。这种自身性并非说明,人首先是一个"我"与一个个别者。人不是这,同样也不是一个我们与一个共同体。

7. 因为人作为历史性的人而是他自身,追问人的独特的是的问题就不得不从"人是什么?"这个形式变成"人是谁?"这个形式。

巴门尼德的说法讲出来的东西,就是一种从是本身的本质来对人的本质的规定。(s.109-110)

这一段译文围绕着人谈了 7 点。第 1 点说到人的本质,并且说这是根本的问题。人的本质即是对人是什么的说明。比如,人是理性动物,人是能够制造和使用工具的动物，等等。这样的追问和认识不是凭空产生的，而是具有历史性的意义（第2点）。这是因为，在这样的追问中，要把人放在历史中来思考，而不能脱离人的生存环境、发展条件等孤立地考虑，比如不能仅仅考虑生物学意义上的人。而且，正是在这样的追问和思考过程中，人既是被追问者，又是追问者，既是是者，又是是者的解释者（第4点），并且追问和解释的结果要通过"是"来展开（第6点）。所谓"展开"，即是说明人是什么样子的、什么状况的，或者人是什么。正是由于对人的追问和认识，使人成为是者（第5点）。这样就有了关于作为自身、作为个体、作为"我"的人和作为共同体的人的区别和考虑（第6点），甚至这样的追问形式也会发生变化，比如从问"人是什么？"变为问"人是谁？"（第7点）。所有这些最核心的一点乃是"是"，因为对人的追问实际上是对人的本质的追问，亦即是对人是什么的追问，这样的追问需要在对"是"的追问中展开（第3点）。不仅如此，对人是什么的解释也要通过"是"才能做到。因此对"人是什么？"的回答必然会以"人是如此这般的"这样的方式来表述，尽管这样的表述一定会把人放在历史的过程中，从而使人具有历史性。

综上所述，对译文12*给出的7点说明，人们可能会有不同看法，甚至可能会完全不赞同，但是字面上应该没有什么理解的问题，至少不会有前面我们对译文12提出的那些疑问。顺便说一下，译文12*取自《导论》第四章第三节，这一节主要探讨"是"与"思"（而不是"在"与"思"），这一节还用了大量篇幅讨论逻辑。有了前面的讨论，关于这两点其实是很容易理解的。首先，"是"乃是一个词，是语言中的东西，因此与语言有关。语言与思维的关系密切，语言表达的东西也与思维关系密切。由于"是"这个词的独特性，因此探讨"是"与"思"其实是很自然的事情，而且意义甚至可能会是多方面的。其次，我们知道，在传统认识中，逻辑是关于思维的科学，比如涉及一些思维规律。当然，逻辑又是用语言表述的。在逻辑规律或思维规律的表述中，"S是P"乃是最基本的形式。因此在关于"是"的追问和探讨中，谈论逻辑，谈论与逻辑相关的东西，也是非常自

第四章　海德格尔的《形而上学导论》

然的。限于篇幅,《导论》中有关这些内容的论述我们就不展开了。但是,其中与"是"的关系,其中与"是"相关的讨论,乃是显然的,也是自然的。我们至少可以明确一点,这样的谈论与"在"肯定没有关系,也不会有什么关系。

最后我们再看一看最后一段译文。

【译文 13*】

一切都扯到一开头就提出的根本问题上去了:"究竟为什么是者是而非不者?"这个根本问题之第一步展开就迫使我们去追问更前的问题:关于是,究竟怎么回事?

"是"首先显得像一个空洞的字眼带着飘动的含义。这种情况显得是许多可判明之事实之一。但是末了这个看起来没有问题的而且进一步也没有什么可问的却显明出来是最要问的。这个是以及对是的领会不是一件现成的事实。是乃是根本事件,根本要以这个根本事件为根据,在敞开来的是者整体中心,历史的此是才能得到保障。

但这个最主要的历史的此是之根据,只有当我们把它提到问题中来时,我们才照它的身份与按照它的级别体验到它。基于此理我们提出这个预先问题:关于是,究竟怎么回事?

指出"是"这个字的许多习用的然而却是多样的用法,就使我们看到:是乃是不确定的和空的这种说法是错的。这个"是"倒确定了"是"这个不定式的含义与内涵而不是倒过来。现在我们也能够理解了,为什么必定是这样。这个"是"是在命题中作为系词,作为"关系字眼"(康德)。命题含有这个"是"。但是因为命题,即作为范畴的逻各斯,变成了审理这个是的法庭,因此命题就从属于命题的"是"来确定这个是(Sein)了。

这个被我们当成一个空名而由之出发的是,现在却不得不因而一反此印象而有一个确定的含义了。(s.153-154)

前面说过，这段译文是四章之后的总结。作为全书的总结，我们并没有全引，而只是引了前一部分，为的只是以此论证我们的理解是不是有道理。

这段译文从一开始提出的问题出发，到最后把问题确定到"是"上面来，说明"是"乃是《导论》考虑的最核心的问题。由于有了前面关于译文1*至译文12*的讨论，译文13*又只是回顾性的，因此没有什么理解的问题。这里我们只重点考虑其中倒数第二小段。

这一小段谈到了"是"这个词的许多用法，这显然是指译文10*所举的例子。这里还谈到了如何理解"是"与"是"的不定式的关系，这显然是指译文7*谈到的是这个词的第三人称单数和不定式之间的关系。特别值得注意的是，这里明确说明"是"在命题中是系词，并且强调要根据这个系词来确定这个"是"。我在这段译文中只给出最后一个"是"字的原文。可以看出，它乃是动名词，或者说，它是不定式的名词形式。这也就说明，译文13*明确指出，我们应该根据作为系词的是来确定是。当然这样说是有些含糊的，比如，究竟是根据作为系词的是的用法来确定是的含义，还是根据作为系词的是的含义来确定是的含义，乃是值得思考的。虽然这里对这些意思没有作出交代，但是至少有两点还是清楚的。其一，作为系词的是与作为动名词的是之间的关系乃是清楚的：前者决定后者。其二，是这个词的理解依据是清楚的：它依据作为系词的是。前一点是清楚的，也是没有问题的。前面译文11*说过动词ist、不定式sein和动名词Sein三者之间的关系。这里只不过略去了不定式而直接谈论是的动词和名词之间的关系，或者说，直接谈论作为动词的是和作为名词的是之间的关系。因此关于这一点我们不用多说什么。但是关于后一点，即关于作为系词的是与作为动名词的是之间的关系，还有一些值得思考的地方。

系词是一个非常明确的概念，它是"S是P"中的"是"，即联系主语与谓语的那个联结词。这一点，从译文10*给出的例子来看大概是最明显的。前面我们说过，在那14个例子中，"上帝是"和"地球是"与其他12个例子不一样，主要是指它们的句式不是"S是P"，因此其中的"是"不是系词。但是根据译文13*的论述，由于没有专门的说明，似乎也应该把

第四章 海德格尔的《形而上学导论》

这里的"是"看作系词。应该说,这样的说明(或我们的理解)似乎不会是完全没有问题的。这里的问题可能非常复杂。我们知道,"上帝是"是宗教(主要是基督教)中的专门表述,有专门的含义。康德在讨论它的时候也说过这里的"是"不是谓词,就是说,他也把这里的"是"看作是系词,认为它后面所跟的表述与它应合为一体。海德格尔是不是与康德的看法一致,是不是认为"上帝是"中的"是"不是谓词,而是系词,从给出的译文看不出来。但是从他举例时的说明可以看出,他把它与作为系词的是看作是同样的词,即随意说出的词。而从他关于系词的说明可以看出,"是"的系词用法涵盖了"上帝是"中的"是"。如果不是这样,我们似乎只能认为,海德格尔论述的是一般情况,省略或遗漏了关于"上帝是"这种特殊情况的考虑。因为在他举的 14 个例子中,毕竟使用"S 是 P"这种句式的有 12 个,占绝大多数。"省略"和"遗漏"只是一种说法,却牵涉到有关论述的对错,当然可以深究。但是,无论是不是深究或怎样深究,也不管深究的结果会怎样,海德格尔关于系词的明确肯定和强调却是确切无疑的。看到这一点,即使发现或认为他的说明中有一些问题,我们也要从系词出发来理解他所说的 Sein。而在这种意义上来理解,他所要探讨的当然就是"是",而不是"在",也不会是"存在"。原因很简单,"在"和"存在"不是系词。正由于这一点,它们不会是系词的不定式,因而也不会是系词的动名词。

从作为系词的"是"出发来理解,则可以看出,《导论》一开始提出的问题的意思乃是清楚的。在"究竟为什么是者是而非不者?"这个问题中,"是"乃是系词,因此可以看出,"是者是"实际上是一个省略的表达。从系词出发,这是可以理解的。作为系词的是可以表示那么多情况,比如,表示事物是什么,怎么样,处于什么条件或状态,在什么地点或位置,与其他事物有什么关系,等等。因此"是"乃是所有这些情况的集中表达。在"是者是"这个最核心的表达后加上"而非不者"这一表达,实际上是为了引入表达否定的"不",从而可以谈论"不是"的情况,通过这样的讨论,则可以进一步说明"是"才是我们表达的最核心的词,因而最终也就可以消除这个含有否定的表达,而集中在关于"是"的思考上。实际上这也正是《导论》的思路和所做的事情。

综上所述,我认为,我们应该把海德格尔所说的"Sein"及其相关概念翻译为"是",而不应该翻译为"存在"。这是因为海德格尔为我们指出了理解这个概念的思路,这就是从系词出发。但是实际上,我们在翻译中却违背了海德格尔所指出的思路。在我看来,海德格尔的许多论述可能非常费解,实际上也确实费解。但是中译文中许多不能理解的地方却是由于我们自己的翻译造成的,其中最主要的原因就在于我们把"Sein"翻译为"在"或"存在",而不是翻译为"是"。本书通过对《导论》一书13段译文的讨论,说明了其中所存在的问题,说明了《导论》想做的事情和所做的事情,也说明了我的有关看法。我觉得,我们应该认真对待这里的问题。

五、为什么是"是",而不是"在"?

在以上讨论中,我引用了13段译文,对它们进行了分析并且提出了一些疑问。我将译文中的"在"改译为"是",其他译文基本保持不变,以此说明,我们可以得出几乎完全不同的解释。而且在我看来,通过修正的翻译至少可以看到两个结果:一个是中译文中存在的问题在德文文本中其实是不存在的,另一个是中译文中存在的问题本来也是可以避免的。

对照两种中译文,我们可以看出,修正的中译文把"是"翻译出来,因此以"是"这个词取代了"在"这个词。但是,如果读者足够仔细的话,就可以看出,也有几个地方例外。在这几个地方,我不仅没有增加"是"这个词,而且把原中译文中的"是"一词删去了。比如,我把译文"到底在是怎么一回事?"(译文13)改译为"关于是,究竟怎么回事?"(译文13[*]),把"……必须知道:'是'与'在',这是怎么一回事?"(译文7)改译为"……必须知道:'是(ist)'与'是(sein)',这叫怎么一回事?"(译文7[*])。这究竟是为什么呢?难道是为了标新立异?或者故意要与中译文作对,凡是中译文没有翻译出来的"是",我一定要翻译出来,而对于中

第四章 海德格尔的《形而上学导论》

译文翻译出来的"是",我故意把它去掉吗?绝不是这样!

在讨论第一章的时候,我曾经说过,《导论》从译文1的问题出发,最后把问题集中到在上,并且不断地问:"在是怎么一回事?"现在我们已经说明,《导论》实际上是从"为什么是者是而非不者?"这个问题出发,最后把问题集中到"是"上,因此这里我们应该进一步指出,它不断地问:"关于是,究竟怎么回事?"(s.25、s.29、s.30、s.32)由此可见,这个问题是在第一章就谈到并且反复强调的,而不是仅仅在第三章和第四章偶尔提到的。这就说明,这个问题是重要的,而不是无足轻重的。在前面分析中译文的时候,我没有对第一章的这句译文提出质疑和讨论,也没有对后面两章(译文7、译文13)这两处要修正的地方提出质疑和讨论。因为在我看来,这样的翻译字面上没有什么理解的问题。我们前面讨论的是字面上有理解问题的译文。现在我要指出的是,中译文字面上没有理解的问题,并不意味着一定没有理解的问题。我说过,我对中译文提出质疑,不是为了讨论翻译的对错,而是为了探讨应该如何理解西方哲学。同样,这里我要强调我对中译文的修正,也是为了说明,这里的翻译牵涉到对《导论》的不同理解。下面我们详细说明这里的问题。

先看原中译文。"到底在是怎么一回事?"显然是关于"在"的询问,"……必须知道:'是'与'在',这是怎么一回事?"显然也是关于"在"的询问,当然,这里也有关于"是"的询问。

再看修订的中译文。"关于是,究竟怎么回事?"显然是关于"是"的询问,"……必须知道:'是(ist)'与'是(sein)',这叫怎么一回事?"显然也是关于"是"的询问。

由此可以看出,不考虑被追问的"在"与"是"的区别,原中译文与修订的中译文没有什么太大的区别,都是询问被追问的词的涵义。区别只是原中译文使用了"是"作系词,而修订的中译文在陈述中去掉了这个系词。在中文表达中,作为系词的"是",有时候并不是必要的:有它没它,意思是一样的。换句话说,若是不考虑被追问的概念,这两个中译文的意思差不多一样。因此现在可以明确我们的问题了:既然意思差不多是一样的,为什么要去掉这个"是"并且还要强调这一点呢？增加它或取消它难道会影响我们对这里讨论的问题的理解吗？这一点正是我们要说明和讨论的问题。

译文 7 和译文 7* 的德文是："Wie steht es ueberhaupt mit dem Sein?"①译文 13 和译文 13* 的德文是 "… wissen, was das heist: >ist< und >sein<"。显然，在德文中，这两个问句是关于"是"的动名词、动词第三人称单数和不定式等形式的发问，但是在陈述中这两个问句本身没有使用"是"这个系词。在这种意义上，译文 7* 和译文 13* 不把"是"这个系词翻译出来当然是对的，至少可以说字面上忠实于原文。问题是，从中文来看，如上所述，使用了这个系词"是"和不使用这个系词"是"，这两个问句的意思差不多是一样的。因此就要问，使用了系词"是"的译文是不是就一定会造成理解的问题，而不使用系词"是"的译文就一定不会造成这样的问题呢？由于两种中译文的字面意思是一样的，我们当然无法直接作出这样的判定。但是，从德文出发，我们却可以从另一个角度问：为什么海德格尔要在问句中省略这个系词"是"呢？如果使用系词和省略系词的问句没有什么区别，那么两种不同的中译文也就没有什么区别。但是如果有区别，情况可能就会完全不同了。在我看来，这就是我们要考虑的问题所在，而且这里恰恰是有区别的。

在《导论》中，海德格尔多次提到要根据《是与时》中的论述来考虑问题。因此我们也可以参考《是与时》中的论述来考虑这个问题。在那里，海德格尔明确指出，"'是'这个概念是不可定义的"②。这是因为定义要以"是如此这般的"的方式表达，这样一来就等于在定义项中使用了被定义项。在此基础上，海德格尔明确地说：

【译文 14*】

我们不知道"是"说的什么。但是，当我们问"'是'乃是什么？"时，尽管我们还不能在概念上确定"是"意谓什么，我们却已经处于对"是"

---

① 第一章那句话的德文是"Wie steht es um das Sein"。这里的区别有两点。一点是没有"ueberhaupt"这个强调语气的词，另一点是"um"和"mit"这两个介词不同，但是句子结构完全一样。
② Heidegger, M.: *Sein und Zeit*, Max Niemeyer Verlag Tuebingen, 1986, s.4.

第四章　海德格尔的《形而上学导论》

的一种理解之中。①

这一段译文是清楚的。我们不知道"是"乃是什么意思。但是，问"是"乃是什么意思则依赖于对"是"本身的理解，因为在这样的表述中不知不觉地使用了这个"是"。既然使用了这个词，当然就有对它的理解。从海德格尔的论述看得非常清楚，对任何东西都可以问"是什么"，这即是关于事物本质的追问和思考，这样的追问和思考也正是哲学的根本特征。但是，唯独对"是"本身不能这样问。这是因为，在这样问的时候，要用到"是"这个词。同样，在试图说明是的本质的时候，也会用到"是"这个词。这是由"是"这个词的系词性质决定的。这样，我们在问这个问题的时候就已经依靠了对"是"的理解，我们在说明这个问题的时候就已经利用了"是"这个概念本身。所以，这样的提问和说明注定会陷入循环。既然有这样清晰的认识，而且又有如此明确的说明，那么在《导论》中对"是"本身发问的时候刻意不用"是"这个词，而换一种表达方式，当然是可以理解的。这种表达方式本身就表明了海德格尔对"是"的一种看法。为了更好地说明这里的问题，我们也可以顺便看一看中译本《存在与时间》中与这段译文相应的中译文：

【译文 14】
我们不知道"存在"说的是什么，然而当我们问道"'存在'是什么？"时，我们已经栖身在对"是"（"在"）的某种领悟之中了，尽管我们还不能从概念上确定这个"是"意味着什么。②

这里又出现了"存在"（"在"）和"是"两个不同的概念，因而牵涉到二者之间的关系。在前面的讨论中，我们曾经说过它们给我们的理解带来

---

① Heidegger, M.: *Sein und Zeit*, Max Niemeyer Verlag Tuebingen, 1986, s.5.
② 海德格尔:《存在与时间》，陈嘉映、王庆节合译，熊伟校，北京，生活·读书·新知三联书店，1987 年，第 8 页。

的问题及造成的困难。这里也是一样。一个问题是，问"存在"是什么，自然要依赖于对"是"的理解。但是这为什么会成为问题呢？另一个问题是，为什么要在那个问题中在形式上对"是"加以强调呢？换句话说，全书主要并一直要探讨"存在"，而且明确说明要探讨存在，怎么忽然转到谈论"是"和对"是"的理解上来了呢？其实，这两个问题也只是字面上的问题。它们还隐含着一个更为重大的问题。既然"存在"是一个所要讨论的主要概念，甚至是最具有普遍性和一般性的概念，怎么还能依靠"是"来理解它呢？若是这样理解，"存在"和"是"究竟哪一个是更为普遍和一般的概念呢？这些问题，在译文14中显然是存在的。但是它们在译文14*中却不会出现。当然，经过对照我们也会认识到，这些问题在德文中本来是不存在的，在中译文中本来也是可以避免的。事实是，译文14那样的翻译和理解，带来了上述问题。也许正是由于这样的翻译和理解，导致了忽略或没有看到《导论》刻意采用的表达方式——避免在关于"是"的发问中依赖对"是"的理解。根据译文14，译文7和译文13的理解似乎没有什么问题。因为无论"到底在是怎么一回事？"，还是"……必须知道：'是'与'在'，这是怎么一回事？"，似乎本身意思都是明白的，而且"在"与"是"乃是完全不同的词和概念，因而是有明显区别的。但是根据译文14*，这恰恰有问题，而且是有严重问题的。

　　仅从译文14*来考虑，可能也会有一些问题。人们可能会问，既然要对"是"发问，那么一定会借助其他一些东西来理解"是"。这些东西是什么呢？如果深究下去，当然也就有了层次的区别，即"是"是不是最根本的？是不是还有比它更根本的东西？人们也可能会说，海德格尔自己糊涂，他不明白，语言是有层次的，当我们问"'是'乃是什么"的时候，前一个"是"是被问的东西，因而属于对象语言，而后一个"是"是关于前一个"是"的陈述，属于元语言。这是两个不同层面的东西。区别了这两个层面，也就不存在他所担心的循环说明的问题。我们也许还可能会发现其他一些问题和可能性。但是，不管有什么样的可能，在海德格尔这里，我们至少应该注意一点，既然他对"是"有了这样明确的区别和说明，他

第四章 海德格尔的《形而上学导论》

在关于"是"的具体询问中回避使用这个"是"本身也就是自然的,这至少说明他知道这里有问题,应该注意这里的问题并尽量避免出现这样的问题,而且他作出了一些努力。如上所述,他确实明确指出,"是"这个词是一个独特的词,与其他词不一样。所以,我认为,译文 7* 和译文 13* 的翻译是正确的,就是说,那里不把系词"是"翻译出来是正确的。因为这样的翻译不仅忠实于原文的句法,而且能够反映出海德格尔关于"是"的一些看法,还能够反映出海德格尔在涉及"是"的表述时的一些具体做法,从而使我们看到这些做法背后所隐含的一些东西。在我看来,所有这些都与海德格尔关于"是"这个问题的看法有关,因而与我们理解他的相关思想有关。所以,所有这些都是不应该忽视的,而且是应该认真对待的。

从译文 1 到译文 14,我们可以看到一个十分明显的现象。这就是"在"(或"存在")的翻译并不是贯彻始终的。如果我们仔细分析一下其中出现"是"这个中译文的地方,就会发现,在这些地方,根本就无法用"在"和"存在"来翻译。如果我们再仔细分析一下,还会发现,这些地方一般有两个特征,一个特征是有明确的说明,比如像"系词"这样的说明,另一个特征是出现完整的句子。比如译文 10 给出的 14 个例子,译文 14 中关于"是"的发问本身也是一个句子,尽管是一个问句:"'存在'是什么?"如果仔细分析,实际上可以看到,译者也发现了用"在"和"存在"所造成的问题,也想了一些解决办法。比如采用"是"加括号注原文的做法,采用"是"加括号并且在括号中注明"在"的方式,等等。这里,我只想指出,译文 10 用"在"翻译了 11 个例子,且不论我们所讨论的那些问题,若是用"存在"来翻译,恐怕连这 11 个例子也是无法完全翻译的。① 在我看来,看到问题并且想到了在翻译上动脑筋,这当然是好的。但是,为什么不能由此出发,

---

① 国内学界主张把 being(Sein)翻译为"存在"的人占大多数,主张翻译为"在"的人其实并不多。在我看来,"在"与"存在"没有什么太大的区别。其实,从字词涵义的角度说,"在"显然比"存在"的意思更含糊,更有歧义。因此在具体翻译中,"在"比"存在"的适用性要大一些。比如"农夫在种地","农夫是在乡下的"等至少是一句明白话,如果用"存在"大概就无法翻译了。"农夫存在种地","农夫存在在乡下存在"等大概甚至不是明白话。因此,我想请大家注意的是,用"在"尚且有一些句子无法翻译,用"存在"来翻译大概就更不用说了。

再深入一步，考虑一下产生这样的问题的原因呢？难道仅仅是语言的问题，仅仅是翻译的问题吗？

在我看来，这里的问题与语言相关，与翻译相关，但是绝不是语言的问题，绝不是翻译的问题，至少绝不仅仅是语言和翻译的问题。确切地说，这里的问题主要是理解的问题，即理解西方哲学的问题。其实，从这些无法翻译为"在"或"存在"的地方可以很容易联想到，《导论》最初提出的问题以及那个问题最核心的东西也是一个句子——"为什么是者是？"这是对人们表述自己认识的最基本的方式的发问。这种基本表达方式是《导论》中所给出的那些例子的浓缩或缩写。从逻辑（或者从语法）的观点看，完整的句式是"S 是 P"。"是"乃是其中最核心的词和概念。但是在形而上学讨论中，"是者是"乃是这种句式的缩略表达。正像海德格尔自己所说，"是者"这个词是自然语言中陌生的词（参见 s.58）。看到这一点，我们应该认识到，"是者是"不能在一般的日常语言的意义上来理解。这种表达方式虽然没有"S 是 P"这种表达方式清楚，但是也有一个非常明显的优点，这就是它直接引出了所要讨论的最核心的概念"是"。"是者"是可说是的东西，"是"则是关于是者的表述，或者表述是者所必须要借助和依靠的东西。在我看来，理解海德格尔的形而上学思想，要在西方哲学史的背景下，要联系西方的语言、思想和文化，而且这些是我们理解的首要条件。中西语言、思想、文化的差异也许在形而上学这里得到最突出的体现。字面上，我们也许对"存在"和"在"更容易理解一些。但是正如本文所示，这样的概念会造成我们对海德格尔思想的严重曲解。从我们自己的语言、思想和文化出发，我们也许不相信，甚至无法接受"是"会成为形而上学最核心的概念，但是一如本章所示，这一概念可以使我们更好地理解海德格尔的思想，至少可以解决译文 1 至译文 14 所造成的那些问题。因此，我还是强调我已经说过多次的话，以"是"来理解和翻译"being"（Sein），有助于我们更好地理解西方哲学。

第五章　读不懂的解读

汉译西方哲学著作无疑包含着中国学者对西方哲学的理解。除此之外，中国学者自己研究西方哲学的著作也体现了对西方哲学的理解。国内涉及西方哲学的论著大致可以分两类，一类是基于文本的，另一类是不基于文本的。不基于文本的很多，在这样的论著中，只看到论者谈论西方哲学家的思想，看不到注释。这一类著作不在我的考虑范围之内，我只考虑前一类论著。

中国学者对西方哲学的理解主要有两种，一种是翻译，另一种是解释。翻译是以引文的方式出现的。当然，引文有的是引自现有的中译文，有的是引者自己翻译的。在前一种情况下，现有中译文会直接影响引者对西方哲学的理解，因而会影响引者对西方哲学的解释。而在后一种情况下，论者基于自己对原著思想的理解，把外文转换为中文。既然是翻译，就要遵守翻译本身一些特定的规则和要求，比如通常所说的信、达、雅等等。除此之外，无论是引用别人的翻译，还是自己亲自翻译，都会根据译文作出一些解释。解释也是一种理解。所谓解释，不过是论者基于自己对所援引的论述，把自己的认识写下来。因此，在这样的解释中，既有对原著思想的认识和理解，也有基于自己思想的引申和发挥。在这样的语境下，我们至少可以看到两个层次的东西。一个层次是：原著的思想。当然，这里的原著是经过理解的（论者自己翻译或别人翻译的）。另一个层次是：论者对所引思想的解释。由于有这样两个层次，因此也就产生一个问题：论者的解释与所引的思想是否一致。

在我看来，如同西方哲学著作的中译本一样，在涉及 being 的问题时，我国许多学者的论著也存在无法理解的问题。下面我从一些论著中选择一些片断，分析并指出其中存在的此类问题。

一、关于海德格尔的论述

近年来，国内学界研究海德格尔的论著比较多。我们先选引一些关于他的思想的论述来进行讨论。

【引文1】

（在《逻辑的形而上学基础》一书中，海德格尔）用下面的图解说明判断活动的本质。

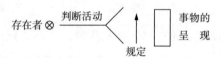

他解释说："判断是人的一种活动。""在'A 是 B'的判断中，'是'既与一个存在者有关系，又与那个分叉有关系。"这里的"分叉"如图所示指一方面与事物的呈现相联系、另一方面与事物的规定性相联系的双重关系；然而，事物的呈现是向一个存在者的呈现，事物的规定性是由存在者作出的，两者在判断中都来自存在者。因此"A 是 B"中的"是"不仅仅起着连系事物 A 及其规定性 B 的作用，更重要的作用在于指示存在者与 A 和 B 的关系；就是说，"存在"的意义比"是"更加基本。如果把 Sein 译作"是"，不仅没有突出 Sein 与"存在"的联系，而且违反了海德格尔对形而上学从"是"动词引申出 Sein 的意义的传统做法的批判。①

---

① 赵敦华：《"是"、"在"、"有"的形而上学之辨》，载《学人》第四辑，南京，江苏文艺出版社，1993年，第391页。

第五章 读不懂的解读

这段话的意思非常明确。第一，它解释海德格尔的一个思想："存在"的意义比"是"更基本。第二，它根据这一解释，认为不能把 Sein 翻译为"是"，而应该翻译为"存在"。由于这段话既有译文，又有解释，既有理论的论述，又有例子，因此应该比较容易理解。正因为如此，我们对它的分析和说明也就比较容易。

如上所述，这样的论述涉及三个层次。因此我们可以分层次来分析。第一个层次是海德格尔的话。从引号可以看出，这里有两段译文。第一段译文说判断是人的活动，第二段译文说明为什么是这样。由此可以看出，后者解释前者。从海德格尔画的这个图可以看出，判断活动位于存在者和判断所表达的东西之间，因此很明显，判断活动与二者相联系。这样，根据前一译文来理解，图中的"存在者"指人。从后一译文可以看出，判断是"A 是 B"。因此，"A 是 B"一方面与人相联系，另一方面与判断所表达的东西相联系。这些意思大致是清楚的，但是如果仔细思考一下，就会发现一些无法理解的问题。

一个问题是，既然图示中说的是判断活动，而且也以"A 是 B"说明了什么是判断，那么为什么不接着说"判断"，而刻意强调判断中的那个"是"呢？另一个问题是，既然说了判断是人的活动，为什么在图示中不标明"人"，却要标明"存在者"呢？特别是，通过把"人"转换为"存在者"，从"判断"凸显出"是"，难道就能够说明它们之间的联系了吗？在解释"判断是人的活动"的过程中，说判断中的"是"与"存在者"相联系难道会比说"判断"与"人"相联系更清楚更明白吗？

第二个层次是论者对海德格尔的思想的解释。在我看来，这里论者有两个层次的解释。"因此"一词之前的解释是关于图示中的分叉以及译文的，这个解释与海德格尔的论述是一致的，没有什么问题。"因此"一词之后的解释是论者引申的解释，即判断中的"是"一方面与存在者相关，另一方面与判断所表达的东西相关。这个解释与海德格尔的论述显然是有出入的。这是因为，译文中讲"是"与二者的关系，用的表达是"既……又……"，显然这是一种并列关系，没有什么区别；但是在论者的解释这里却有了变化:"是"与一方的关系是"连系",而与另一方的关系是"指示",并且得到了强调。因此,这样的解释实际上是无法理解的。但是为了我们的讨论,这一点也可以暂且忽略不计。关键是进一步的解释。

论者以"就是说"引出了一个结论:"存在"的意义比"是"更加基本。由于这个解释在分号的后面,因此依然是对海德格尔思想的解释。我的问题是,这是海德格尔的思想吗?从他的论述能够得出这样的意思吗?在我看来不能。判断与存在者有联系,这从图示可以看出,由于判断以"是"来表达,因此大致也可以说"是"与存在者相联系。这马马虎虎也可以理解。但是,凭什么说"存在"的意义比"是"更基本呢?有人可能会认为,既然海德格尔说了"是"与存在者有联系,我们就可以进一步思考,对这种"联系"作出说明。但是,在如此明确的上下文里,"存在者"明确地指人,因此当然应该把"是"与人联系起来才对,比如"是"与人相联系。"是"不是判断,判断是人的活动,因而没有人,就没有判断,因此甚至可以说,没有人,也就没有"是",如此等等。这样,若要在这样的关系中分出高下,比如谁更基本,谁不太基本,大概也只能说人更基本,或存在者更基本。无论如何,从这里的论述怎么会得出"存在"的意义更基本呢?难道是因为"存在者"是更基本的,所以"存在"就是更基本的吗?这怎么会是海德格尔的意思呢?(他那"既……又……"的表达难道会有这样的意思吗?)由于这样的解释出了问题,那么基于这样的解释所作的进一步讨论,比如究竟应该以"是"还是以"存在"来翻译 Sein,怎样翻译才能更好地反映出海德格尔的思想,难道会没有问题吗?

在我看来,以上问题与 being 的翻译和理解有直接的关系。其中,最主要的问题出在"存在者"一词上。海德格尔给出的图示插在两段译文之间,因此这里讲的显然是判断与人以及与判断所表达的东西之间的关系,"存在者"无疑指人。在这种意义上,如果没有"存在者"一词出现,以上的问题是不会出现的。因此我们要看一看这个词的原文是什么。在英译文(论者译文来自英译文)中,图示中的"存在者"是"Dasein",引号中的"存在者"是"being"。也就是说,英译者在后一译文中作了翻译,而在图示

第五章　读不懂的解读

中保留了德文原文，没有翻译这个词（其他几个术语都作了翻译）。这表明，在英译文中，图示中的 Dasein 与解释中的 being 是两个不同的词。由此至少可以看出两点：第一，英译者似乎无法确定图示中的 Dasein 是什么意思，不敢贸然翻译；第二，英译者不愿意翻译这个词，似乎担心不能准确地表达它的意思，甚至曲解它的意思。

在德文原著中①，图示中使用的是"Dasein"一词，引号中使用的是"Seiende"一词，这两个词显然是不同的。看到这一点，也就可以明白，英译者的翻译与德文原文是相对应的，因而至少字面上保留了这两个词之间的区别。论者的翻译与英译文并不是对应的，这样在中译文中至少没有保留这种字面上的区别，因此使人们无法看到由于这种字面上的区别而可能会产生的意义上的差异。

深入地探讨这里的问题，比如，为什么海德格尔在图示中要使用 Dasein 这个词，而不用"人"（Mensch）这个词？为什么他在论述中要使用"Seiende"这个词，而不使用"人"这个词？不是不可以，而且他确实阐述过这里的原因。②但是，这样做势必要引用海德格尔的相关论述进行讨论。我们这里主要是探讨论者对海德格尔思想的解释，因此我们的论述只围绕着引文，并且只限于引文。

我认为，无论海德格尔有什么样的原因和理由，无论他的原因和理由是不是有道理，至少从这个图示和引号中的有关说明可以非常清楚地看出一点：他的论述都与 Sein 相关。Dasein 的词根是 Sein，它是 sein 与 da 组合而成的词，也可以说，它是"ist da"的名词形式。判断"A 是 B"中的 ist（是）乃是 Sein 这个词的第三人称单数形式。Seiende 则是 Sein 一词的分词形式。因此，这三个词都与 Sein 相关。无论它们的意义是不是相同，

---

① 参见 Heidegger, M.: *Metaphysische Anfangsgruende der Logik*, Vittorio Klostermann GmbH. Frankfurt am Main, 1978, s.125.
② 例如，参见同上书，s.171-172.

至少从字面上看紧密相关。① 所以，按照我的理解，这个图示中的 Dasein 可以翻译为"此是"，说明中的 Seiende 可以翻译为"是者"，这样我们就可以看出，海德格尔在论述"判断是人的一种活动"的过程中，给出了那个图示，然后他指出："在'A 是 B'这个判断的'是'中，不仅有与是者有关系的这个'是'，而且还有那个分叉。"② 这样，无论海德格尔说的是不是有道理，他至少把自己的论述都与"是"联系起来。

应该看到，引文 1 是在讨论海德格尔关于逻辑的形而上学基础的论述，因此与海德格尔逻辑的讨论相关。在这个图示中，最清楚的东西无疑是"判断活动"，因为判断的形式在逻辑中已经是常识。因此"A 是 B"这样的东西是最清楚的。相比之下，"事物的呈现"和"Dasein"则不是那样清楚。在这种情况下，海德格尔要探讨判断形式与它们之间的关系，自然要借助比较清楚的东西来说明不是那样清楚的东西。因此，海德格尔在论述中围绕着"是"来说明，乃是可以理解的。而且，当他以这样一种方式把自己的论述与"是"联系起来的时候，不管他说的是不是有道理，他至少在字面上使逻辑与形而上学建立起一种联系。就是说，逻辑中说的 ist 与形而上学中说的 Dasein 或 Seiende 相关，而且它们都与 Sein 相关。正因为如此，Sein 本身才是他讨论的核心概念。特别是，从他的说明我们可以看到，他特别强调判断中的那个"是"。

我认为，这里存在着理解层次上的区别。海德格尔是不是讨论和论述了 Dasein 或 Seiende 的意义比"是"更基本，乃是可以讨论的。且不论这种看法的对错，即使认为海德格尔强调 Dasein 和 Seiende 的意义，认为它们比"是"的意义更加基本，不同的翻译也会造成理解的差异。例如，就 Seiende 与"是"相关，人们可以有两种不同的看法。一种看法会认为，海

---

① 比如，几行之后，海德格尔就谈到"Aufhellung der Seinsverfassung des Daseins"（同参见 Heidegger, M.: *Metaphysische Anfangsgruende der Logik*, Vittorio Klostermann GmbH. Frankfurt am Main, 1978, s.125）。之所以可以说明 Dasein 和 Sein 的情况，大概至少与 Dasein 含有 Sein 相关。

② 同上书，s.125。

第五章 读不懂的解读

德格尔说的是"存在者"比"是"的意义更基本，另一种看法会认为他说的乃是"是者"比"是"的意义更加基本。又比如，就 Dasein 与"是"相关，人们也可以有两种不同的看法。一种看法会认为，海德格尔说的乃是"存在"（或"此在"）比"是"的意义更基本，另一种看法会认为，他说的乃是"此是"比"是"的意义更基本。很明显，一种翻译和理解完全割除了海德格尔所在意和强调的 Dasein 和 Seiende 与 Sein 字面上的联系，而另一种翻译和理解至少在字面上保留了那种联系。至于说"是者"和"此是"本身是什么意思，如同"存在者"和"存在"本身是什么意思一样，乃是可以讨论的。但是我想问：从理解海德格尔思想的角度出发，究竟是消除这种字面上的联系好，还是保留这种字面上的联系好呢？

让我们再看一段关于海德格尔思想的论述。

【引文2】

对于前一方面，海德格尔相信这里的"理一分殊"是因为系词现象实质上牵涉到"诸存在者之存在（the being of beings）"的如下规定性：

（1）being-something[Etwas-sein]【是某某】（偶然的）；

（2）whatness 或 being-what[Was-sein]【是什么】（必然的）；

（3）being-how 或 howness[Wie-sein]【是—如何】；

（4）being-true, trueness[Wahr-sein]【是—真】。

也就是说，所谓的"诸存在者之存在（the being of beings）"就意味着"什么（whatness）""如何（howness）"与"真（truth）"："因为每个存在者（beings）都由 what 与 how 所规定并且被绽露为一个在其 whatness 与 howness、其 being-what 与 being-how 中的存在者，所以系词必然是暧昧的。然而，这种暧昧性不是'缺陷'而只是存在者之存在（being of a being）的内在多重结构的表达——从而也是存在领会一般的内在多重结构的表达。"至此我们才看到海德格尔对于逻辑学历史的别出心裁的解释绝非出自其自身对于某些哲学家的偏好，而是出于存在论问题的考量所作的大胆选择的结果。他令人信服地证明了逻辑学不自觉地朝存在论定向。当然,"逻辑的形而上学基石"也只有"形而上学家"才摸得着。①

这段话是在讨论海德格尔关于系词的论述。所谓"前一方面",指系词的多义性。我们看到,这里有对海德格尔思想的介绍,有引用的译文,还有论者的说明,因此我们可以按照前面的方式进行探讨。论者在说明中对一些关键概念作了英文或德文标注,这些也有助于我们进行讨论。

在这段话中,海德格尔的思想可以分为两部分。一部分是四点说明,另一部分是引号中的话,即直接引语。我们先看第一部分。在这部分,黑体方括号中是论者提供的中译文。它们分别是:是某某,是—什么,是—如何,是—真。由此可以看出,这四点有一个共同的东西,即其中那个系词"是"。对照前面方括号中的德文,我们也可以看出,相应的德文虽然是以名词形式表达的,但是很清楚,它们分别是 Sein 一词的系词形式表达方式的名词化形式。因此,其中的 sein 是共同的东西,而且是作系词。这就说明,中译文与德文是对应的,一致的。这四点虽然不是以直接引语的方式给出的,但是论者给出了相应的德文,我想,他的目的是使我们相信,这些德文来自海德格尔本人,而这里的中译文是对德文的翻译。因此也可以把这四点表述看作是海德格尔的话。

方括号前面还有英文,这显然是因为论者根据英译本,因而要根据英译文来讨论。虽然这些英文是以分词的形式给出的,但是显而易见,它们都与系词表达形式相关。值得注意的是,(2)和(3)两点还增加了去掉系词后的名词表达式,即 whatness 和 howness。以"或"一词来连接,英译者大概是想表明,这样不带系词所表达的意思与带有系词所表达的意思是一样的。无论这是不是英译者的意思,但是可以看出,这样的英译文与德文已经是有了差异的。

---

① 宋继杰:《海德格尔与存在论历史的解构——〈现象学的基本问题〉引论》,南京,江苏人民出版社,2008年,第150页。

第五章 读不懂的解读

特别值得注意的是，论者明确指出，这四点说明乃是"诸存在者之存在（the being of beings）"的规定性，而且这是海德格尔所相信的。这样它们似乎自然而然就与存在联系起来。但是在我看来，此二者一结合，就产生一个令人无法理解的问题。由于这个短语是在引号内，因此是直接引语，是海德格尔的原话。同样是海德格尔说的话，而且是同样的 being，为什么在这个短语中被翻译为"存在"，而在四点说明中却被翻译为"是"呢？这样的翻译难道不是有些随意了吗？虽然这个短语没有给出德文，但是从字面上也可以看出，四点说明中的 being 与 the being of beings 中的 being 乃是同一个词，那么凭什么就把前一个翻译为"存在"，而把后一个翻译为"是"呢？这无论如何是无法理解的。不过好在下面还有进一步的解释，因此让我们接着往下看。

接下来的译文表达了两个意思：一个意思说明系词是暧昧的以及为什么，另一个意思指出系词的这种暧昧性所起的作用。这两个意思大致是清楚的，但是仔细分析，就会发现一些无法理解的问题。

一个问题是，存在者（being）如何"绽露为"在 being-what 与 being-how 中的存在者？这里论者的翻译不太规范，其中一些关键词没有翻译为中文，而是把英文直接摆在那里，产生的结果是一个中英文混合的句子。尽管如此，如果我们仔细分析，大概依然可以看出，在"绽露为……存在者"中，这个"存在者"的原文一定是 being，其中 being-what 与 being-how 的中译文则分别是"是—什么"和"是—如何"（根据前面说过的四点）。无论是不是明白这里的意思，我们至少可以想象或相信，一个 being 在 being-what 和 being-how 中"绽露"为一个 being，似乎多少还是有些道理的，因为在这四个表达式中，being 毕竟是共同的东西。但是不管怎么思考，我们也无法理解，一个存在者如何"绽露为""是—什么"与"是—如何"中的存在者。这是因为我们无法明白，在"是—什么"和"是—如何"中，哪里来的存在者呢？为什么会有存在者呢？既然没有，"存在者"在其中又是如何"绽露"的呢？在中译文中，我们不仅很难理解"存在者"与"是—什么"和"是—如何"之间的关系，而且即使它们在字面上的联系我们也是看不到的。

另一个问题是，系词的暧昧性如何是存在者之存在（the being of a being）的内在多重结构的表达？这个问题与前面一个问题是相关的。其实可以看出，四点说明中给出的正是所谓系词的多重结构：同一个是，即可以表达是某物，也可以表达是—什么，是—如何，是—真的，等等。但是在"是"的这些不同结构中，根本就没有存在者和存在。因此，如果前面一个问题存在，即无法理解存在者在这种结构中如何"绽露"，那么我们也就不能理解系词如何表达存在者之存在的内在多重结构。

以上是关于引文中翻译的问题。下面我们来看论者的解释。论者的意思可以分为两部分。一部分是通过海德格尔的话来论证海德格尔的四点说明。关于这一部分，从前面的论述可以看得很清楚，论者对同样的 being 采用了不同的翻译，因而把海德格尔本人以 being 的不同方式或结构，比如 being-what、being-how 等等，来说明 the being of beings 改变为以系词，即"是"的不同结构或方式来说明"存在者之存在"。因此，前面所说的问题实际上是论者自己造成的，也就是说，是由中文翻译造成的。所以，表面上它们是海德格尔论述中的问题，实际上却是论者自己理解中的问题。

论者在解释海德格尔的思想时出了问题，那么基于这种解释所作的引申说明肯定也是有问题的。因此它不可能会是"令人信服"的。关于这一部分，我们暂且不作进一步讨论。

在我看来，论者对海德格尔的四点规定的理解是对的。非常清楚，它们是关于系词的论述。而海德格尔以此所要说明的东西乃是"是者之是（the being of beings）"。在海德格尔那里，凡可称"是"的，都是"是者"。因而"是者"有"是"，也可以谈论是者之是。由于一个是者可以表达为是某物、是什么、是怎样的、是不是真的，因此他才认为这诸多表达的"是"乃是多义的。正因为这样，他才认为，系词的这种暧昧性不是缺陷，因为它乃是一个是者之是的表达。一个是者可以有多种是的表达，被他称为一个是者之是的内在多重结构。海德格尔说的是不是有道理乃是可以讨论的，但是他说的这些意思还是可以理解的，或者说，本来应该还是可以理解的。

二、关于托马斯·阿奎那的论述

以上我们所探讨的都是关于海德格尔思想的论述。下面我们看一些关于托马斯·阿奎那思想的论述。由于引文比较长，我们分三次引用讨论。

【引文3】

由于事物据以被归入它的属和种的那种东西就是通过"此物是什么"陈述出来的定义来标明的东西，所以"本质"这个词便被哲学家们转换为"什么性"（quiditatis Washeit）一词。而这种"什么性"也就是哲学家（亚里士多德）经常称之为"它是什么？"的是（esse, Sein）。"是/存在"就是使某物有"是什么"（Was-Sein）的东西。正如阿维森纳在其《形而上学》第二卷中所说，就每一事物之确切规定性是由形式得到显明而言，本质也被称为形式。本质还被称为本性。而本性……波埃修在其《论两种本性》中曾给出这样的说明：因此，一切能够用理性以某种方式被理解和把握的东西就叫本性，也即是说，除非通过事物的定义和它的本质，没有事物是可认识的。哲学家（亚里士多德）在《形而上学》第五卷里也说：任何本性（Substanz）都是一种本性。以这种方式理解本性，那么本性这个词就是表示事物的本质：只要这个词涉及的是事物自己的固有作用，因为没有事物缺少自己的固有作用。什么性这个词所表示的东西就是从由定义所标明的东西那里获取的，而本质就是这种（由定义所标明的）东西——只要存在者是通过它并且是在它那里获得存在/是。[①]

这是托马斯·阿奎那的一段话，是论者为了讨论他的思想而引用的，也是论者翻译的。这段话的意思很明确，它主要探讨"本质"这个概念以

[①] 黄裕生：《宗教与哲学的相遇——奥古斯丁与托马斯·阿奎那的基督教哲学研究》，南京，江苏人民出版社，2008年，第265页。

及由它转化而来的"什么性"这个概念。看得出来,论者非常认真,在一些重要概念的后面都注明了原文。如果我们仔细阅读,这段话的意思大致还是清楚的,但是,我们会发现一个无法理解的问题。

由于要讨论"本质"和"什么性",因此与这两个概念有关的内容就非常重要。第一个与它们有关的论述是"'它是什么?'的是(esse, Sein)"。这个论述非常清楚。由于其中谈到亚里士多德的话,而且还用引号注明,因此这里不会有什么歧义。由于"它是什么?"没有什么歧义,因此其中的"是"也不会有什么歧义。尽管如此,论者还在这个"是"的后面加了原文注释,既有拉丁文,也有德文。所以,这个论述非常清楚,没有任何理解的问题。

第二个与"本质"和"什么性"相关的论述是"'是/存在'就是使某物有'是什么'(Was-Sein)的东西"。这句话紧接着上一句话。上一句话那样清楚,因此这句话本应该也非常清楚才对。但是我们清楚地看到,这里突然引入了一个"存在"。虽然它跟在"是"的后面,但是由于同处一个引号内,因此与"是"并列在一起。我们无法理解,明明说要论述"是",怎么又要论述"是/存在"了呢?刚刚还在说"是",怎么突然就变成了"是/存在"呢?"它是什么?"的"是"怎么会一下子就成为"是/存在"了呢?这个"存在"究竟是从哪里跑出来的呢?而且,即使不考虑前一句话,而只考虑这句话,我们也无法理解。因为这句话本身论述的仍然是"是什么"(Was-Sein),我们依然看不到哪里有"存在",因此我们不明白,这句话与"存在"又有什么关系呢?

中间的论述可以暂且忽略,最后一句与"本质"和"什么性"相关的论述就是这段话的结论:"而本质就是这种(由定义所标明的)东西——只要存在者是通过它并且是在它那里获得存在/是。"从这个结论我们得到了"存在/是"这样一个概念。这里外文注释也没有了。如同我们不能理解从"是"怎么一下子就变成了"是/存在"一样,我们同样无法理解,从"是/存在"怎么最后就变成了"存在/是"呢?

从"是"到"是/存在",再到"存在/是",无疑是有变化的。既然有变化,似乎就会是一个过程。我的问题是，这样一个过程在托马斯·阿奎那的论述中存在吗？如果注明外文的话，难道中译文这三个不同的概念不是同一个"esse, Sein"吗？如果不是这样，那么既然在开始的概念上注明了外文，为什么在第二个概念上就不注明了呢？如果说这是因为紧跟前一个概念，因而是清楚的，不用注明，那么为什么在最后一个概念上也不注明了呢？难道这里也是清楚的吗？如果不是这样，那么这样的意思转变又是如何读出来的呢？

明白了论者引用托马斯·阿奎那的话中有问题，那么也就会认识到，论者对他的思想的理解肯定也会是有问题的。为了更好地说明这里的问题，我们看论者两段相关的解释。

【引文4】

　　作为"什么"出现，就是以"什么"为存在身份或存在状态，这种存在状态被托马斯·阿奎那（亚里士多德）称为"什么性"（Washeit）。而这种"什么性"又进一步被他们理解为"这是什么／这作为什么存在"的"是／存在"（einai，esse，Sein）。因为他们认为，"是（存在）"就是使某物具有"是什么（作为什么存在）"（esse quid，Was-Sein）的东西。这意味着，"是（存在）"是也仅仅是"这是什么／这作为什么存在"（Was ist das?）中的"是／存在"。正因为"是（存在）"仅仅被视为"这是什么／这作为什么存在"中的"是／存在"，"是／存在"才被看作是使……成为什么／作为什么存在的东西。而正因为"是／存在"被看作是使……成为什么／作为什么存在的东西，"本质"也才被看作与"存在／是"同等的东西。因为作为"什么"存在，本质使一物成其为一物，也就是使一物成为什么。

　　这里，我们要进一步问的是：如何理解Sein（是／存在）就是"Was ist das?"（这是什么／这作为什么存在？）中的那个ist（是／存在）？它非得与Was（什么）相联系吗？或者说，它非得与宾位者相联系吗？

　　实际上，在"Was ist das?"（这是什么／这作为什么存在）里的这个 ist（是/存在）有两层必须严加区分的意思：一层是，它表示有相遇者"这"存在着（Das ist），仅此而已。它除了表示在主位上的自在者存在着以外，不表示任何更多的东西。①

这段话是论者解释上一段托马斯·阿奎那的话，并且根据他的话进一步阐述他的相关思想。这段话仍然围绕着"什么性"的问题，意思大体上是清楚的。但是结合引文3，我们显然可以看到一个无法理解的问题。

这里我们看到，论者对"什么性"提出了一个解释——"这是什么/这作为什么存在"。值得注意的是，论者认为这是托马斯·阿奎那和亚里士多德的理解。既然如此，就要结合引文3来考虑。二者一结合，我们就会发现，那里所说的"这是什么"在这里变成了"这是什么/这作为什么存在"。"Was ist das？"的意思无疑是"这是什么？"。但是，难道它的意思会是"这作为什么存在？"吗？或者退一步，难道它会有这样的意思吗？我实在是无法理解！一方面，这究竟是不是这句话的意思？另一方面，这样的意思，究竟是托马斯·阿奎那和亚里士多德本人所说的意思，还是论者理解出来的意思？如果是后者，那么与前者相符合吗？此外，如果是，为什么在上一段引文中不这样直接翻译呢？

从这样的解释可以看出，它与论者理解引文3的思路差不多是一样的。如前所述，那里对同一个"esse, Sein"的翻译有从"是"到"是/存在"，再到"存在/是"的变化，而这里差不多也是这样。唯一的区别在于，那里把"Was ist das？"翻译为"这是什么？"，而这里则直接译为"这是什么/这作为什么存在？"，因而那里还有一个从"是"到"是/存在"的过渡，而这里则直接谈论"是/存在"，连这个过渡也没有了。在这种情况下，对那里的译文，我们还能提出质疑：从带有注明外文的"是"怎么一下子就过渡到没有外文注释的"是/存在"了呢？而在这里，我们甚至连这样的

---

① 黄裕生：《宗教与哲学的相遇——奥古斯丁与托马斯·阿奎那的基督教哲学研究》，南京，江苏人民出版社，2008年，第267页。

质疑也提不出来了。①

不管怎样，由于有这样的理解，引文 3 所说的"是"，似乎在这里也就名正言顺地变为"是 / 存在"。或者说，正因为引文 3 有从"是"到"存在 / 是"的过渡，似乎这里也就可以顺理成章地谈论"这是什么 / 这作为什么存在"。正因为这样，本质才被看作与"存在 / 是"同等的东西。问题是，这样的思想究竟是谁的？这样的解释究竟是谁的？究竟是托马斯·阿奎那有这样的思想，论者对它作出了相应的解释，还是论者自己把托马斯·阿奎那的思想解释成了这个样子呢？我的意思是，究竟是论者根据托马斯·阿奎那的论述读出了这样的思想，还是按照自己的认识把托马斯·阿奎那的思想解释成为这个样子呢？总之，我确实无法理解。

有了以上解释作铺垫，经过第二小段询问 ist（是 / 存在）是否一定要与 Was（什么）相联系，就进入了第三小段的论述。这里，论者指出 ist（是 / 存在）必须严加区分两层意思，实际上是强调这里指出的、可能被忽略或不太为人所知的这层意思：某物存在着"Das ist"。这个意思非常明白，但是却带来难以理解的问题。好端端一句话"Was ist das?"怎么一下子被断然分为互不联系的两部分了呢？其中的那个"was"跑到哪里去了呢？在我看来，对于"Was ist das?"这样一句话，分开谈论，谈论"Was"（什么），谈论"ist"（是），或者谈论"das"（这），大概都是可以理解的。因为这些谈论尽管会分裂原来的句子，但还是围绕着原来的句子，只不过把其中的各个词分开来谈论。但是，论者谈论"Das ist"令人无法理解。

首先，在"Was ist das?"这样的句式中，ist 是连接 was 和 das 的词，因此与它所联系的那个表达式 was 乃是不能分开的。论者断然把这个 was 去掉，而只把它与 das 联系在一起，即只谈论"das ist"，乃是令人无法理解的。

其次，"Was ist das?"是一个问句。问句与其相应的陈述句的语序是不

---

① 我强调这一点，也提请读者注意这一点。由于有原文注释，因此我们可以看出这里的问题。但是国内许多解释西方哲学的著作是没有原文注释的。而在没有原文注释的情况下，翻译中的问题，因而理解中的问题，是不太容易看清楚的。

同的。论者所说的"das ist"乃是陈述句的语序,而且在这个语句中割去了表语(即论者所说的"宾位者")位置上本该与 was 相对应的东西。明明是围绕着这个问句在谈论,为什么论者不以同样的方式割去这个 das,而说它首先表示"什么存在?"(Was ist),仅此而已呢?谈论问句,却在论述中抛弃问句,改谈陈述句,也是令人无法理解的。

第三,引文 3 指出,"'是/存在'就是使某物有'是什么'(Was-Sein)的东西",而这里的"是/存在"就是"它是什么?"中的"是"。由此可见,在托马斯·阿奎那看来,"Was ist das?"中的 ist 的主要作用就在于能够表示"是什么"(Was-Sein),因而这个 ist 与那个 was 不能割裂开来。但是论者一句"仅此而已",就把系词与表语(Was-Sein)这种紧密的联系完全割裂了,这同样是令人无法理解的。

第四,论者创造出一个新的句式:一个孤零零的以 ist 为动词所表达的句式,并从这样的句式来谈论对 ist 的理解。不是说不可以有这样的句式,中世纪"Gott ist"就是这样的句式,而且托马斯·阿奎那也有许多讨论。问题是,这里托马斯·阿奎那是否在讨论这样的句式呢?换句话说,论者这里是在解释"Was ist das?"中的 ist,难道对这样的句式中的 ist,能够以如上割裂其间联系的方式来理解吗?这无论如何是令人无法理解的。让我们接着再往下看。

【引文 5】

就他者首先来相遇才有可能进一步进入同一性显现而言,命名是定义之前提,命名之名是属名之名的前提。一物必须首先存在/是(Das ist),它才可能进一步是什么/作为什么存在(Was ist das?)。所以,Sein 的第一层意思是它的另一层意思的前提。因为在"Was ist das?"中的 ist 的另一层意思,就是表示"这个东西"是作为某种什么存在。简明地说,就是表示这个东西是一个宾位者,一个以"客体"身份出现的事物。当且仅当把相遇的他者从其自在的主位上"抢夺"出来而带入同一性显现,也即是把他者在相遇中的显现就当作它自身,ist 才

第五章　读不懂的解读

与宾位者相联系。只是从语法学的角度看，ist 在这种情况下发挥着"系词"功能。但是，从哲学（存在论）角度看，即使在这种情形下，ist 表达的核心意思仍然是"存在"，只不过这里表达的不是自在的主位者的"存在"，而是在宾位上的客体的"存在"，也即是以客体身份出现的"存在"。如果把"Was ist das?"这一西语句子转换成相应的汉语句子，那么这一层意思就会清楚地显明出来。在汉语中，这一西语句式可以表达为"这个东西作为什么存在着？"或者"这个东西存在着，但作为什么存在呢？"这里"存在着"（ist）的是个"什么"，是个"客体"，虽然还没有确定它究竟是个具体的什么，是个什么样的客体。

所以，在哲学层面上说，不管是在什么情况下，ist 的本源而核心的意义都是表示"存在"，或者更确切地说，都是表示存在 Sin 在时机中的到来、显现。因此，ist 并不一定非得与"什么"即宾位上的客体有关，甚至它首先与"什么"无关；当且仅当相遇者被带入同一性显现当中，ist 才与"什么"相关而发挥着系词功能。①

这是在引文 4 后不久说的，是那一段论述的继续。这段话分为两小段。第一小段主要有两个意思。一个意思是说，一事物必须首先"存在 / 是（Das ist）"，然后才能进一步"是什么 / 作为什么存在（Was ist das?）"。这也是 Sein 的两层意思，而且前一层意思是后一层意思的前提。另一个意思是说，有两个角度看 ist。一个是语法的角度，另一个是哲学的角度。在前一个角度，ist 起系词作用，而在后一个角度，ist 表示存在。这些意思虽然清楚，却是有问题的。

一个问题是，为什么一事物必须首先"存在 / 是"，才可能进一步是什么？难道人们不探讨、不去认识不存在的事物吗？"这是什么？"难道不包含对不存在的东西的追问吗？与它相应的肯定陈述难道不包含对不存在

---

① 黄裕生：《宗教与哲学的相遇——奥古斯丁与托马斯·阿奎那的基督教哲学研究》，南京，江苏人民出版社，2008 年，第 268—269 页。

的东西的表述吗？在这样一个疑问中，在这样一个相应的肯定陈述中，在那个"ist"上如何能够划出存在和不存在的界限呢？围绕本书的目的，这里我只是简单地指出这个问题，而不进行深入讨论。但是我要问，这是论者自己的意思，还是托马斯·阿奎那的意思？

另一个问题是，所谓"从哲学角度看"究竟是什么意思呢？这一点搞不明白，人们就无法理解，为什么从哲学的角度看ist就表示存在，而不能起系词作用。哲学家探讨"Was ist das?"（这是什么？），因而对它作出各种各样的解释。难道哲学家不能从语法角度出发进行解释吗？难道从语法角度出发作解释就不会是一种哲学的解释吗？难道从语法角度进行解释而获得的理解就不是哲学的理解吗？我们看到，论者在翻译和论述过程中总以"/"划出两种表达。也许，他想以这种方式告诉人们，一边是语法的理解，另一边是哲学的理解。我不知道我对论者的这种理解是不是正确，但是我确实想问，难道这是托马斯·阿奎那的意思吗？

还有一个问题是，论者竟然说"Was ist das?"这句话转换成汉语，存在的意思就会"清楚地显明出来"。这里，我确实感到困惑！这样的解释给人一种感觉，好像托马斯·阿奎那本来的意思并不是特别清楚，倒是汉语帮了他的忙，使他的意思变得清楚了。我不明白，如果拉丁文或德文中没有存在的意思，而经过汉语的转换却显示出存在的意思，或者，如果拉丁文或德文中存在的意思不明显，而经过汉语的转换却明显地表示出存在的意思，这样的语言转换难道会是可靠、可信的吗？

对于这个问题，虽然可以进行理论探讨，但是在这里却没有必要——只要看一看论者的转换就可以了：论者将"Was ist das?"转换为"这个东西作为什么存在着？"或者"这个东西存在着，但作为什么存在呢？"。这里，我们可以看得非常清楚，从最初的"这是什么？"到"这是什么/这作为什么存在？"，再到这里的"这个东西作为什么存在着？"或者"这个东西存在着，但作为什么存在呢？"，确实有一个"转变"。这个转变有几个特征。一个特征是最初的语言转换不带"/"，因而是一句话。第二个特征是最后形成的语言转换也不带"/"，也是一句话。但是，前后是两句完全

第五章 读不懂的解读

不同的话。还有一个特征是，在这个转变过程中，"/"起着至关重要的作用：它可以被引入，也可以被消除；它似乎有一种魔力，正是通过它的引入和消除，才从最初的那句话达到最后这句话。我想问的是，这样一种语言转换是任意的、随意的，还是忠实于原文的翻译和解释？或者简单地说，对于"Was ist das?"，究竟是应该转换为"这是什么？"，还是应该转换为"这个东西作为什么存在着？"，甚至转换为"这个东西存在着，但作为什么存在呢？"？

在第二小段，论者直接从哲学的层面谈论 ist 的存在意义。既然前面区别出语法的角度和哲学的角度，似乎也就可以从哲学的层面来谈论了。但是，由于有前面我们提出的那些问题，所以这样的进一步的讨论也一定是有问题的。

从引文 3 到引文 5 可以看出，论者的讨论是一步一步进行的，而且分析也是逐步推进的，想表达的意思大致也是清楚的，所以存在的问题我们也可以看得非常清楚。那么为什么会有以上问题呢？在我看来，大概有以下几个原因。

一个原因是，论者在翻译托马斯·阿奎那著作的过程中，对他的思想的理解是有问题的。这样的问题体现在对其中同一个"Sein"，采用了不同的翻译：开始是"是"，然后是"是/存在"，最后是"存在/是"。这三个翻译无疑是不同的，而且从论者的做法也可以看出，他似乎意识到这个问题的重要，因此，他在"是"的后面注了原文。但是，由于有从"是"到"存在/是"的转变，而且后者没有原文注释，因此给人一种印象，即这种转变就是托马斯·阿奎那本人的思想，或者，论者以这种转变的方式来理解托马斯·阿奎那的思想，所以后来的解释几乎就是围绕着这种转变进行的。

另一个原因是，论者对"Was ist das?"的理解是有问题的，相关的解释也是有问题的。托马斯·阿奎那对"Sein"的解释来自对"Was ist das?"的思考（根据引文中的拉丁文和德文注释，这一点可以看得非常清楚），因此在解释他的相关思想时，对"Was ist das?"的理解是基础。在我看来，在"Was ist das?"中，Sein 就是一个系词，只是一个系词，它的意思只能是"是"，或者它的意思只能以"是"来体现。如果讲语言转换，它也只能转换为"这是什么？"。但是，论者一定要在这里理解出"存在"的意思，因此出了问题。在我看来，不是不可以讨论这里的"是"是不是有存在的意思，也就是说，我们可以讨论"这是什么？"中的"是"是不是有存在的涵义，因而"这是什么？"是不是有存在的涵义。但是，即使认为这里有存在的意思，也只能认为，它是通过"这是什么？"中的这个"是"来体现的。因此句子中起联系作用的这个词乃是"是"，它的根本的意思乃是以"是"体现的。论者从"Was ist das?"理解出"这是什么？"和"这个东西作为什么而存在？"这样两种完全不同的意思，与实际意思不符，因此在解释中出了问题。基于这样的理解，论者认为后者是比前者更基本的意义，当然也有问题。

这两个原因都与"存在"这个概念有关。这正是我无法理解的地方。我不知道，究竟是因为论者在托马斯·阿奎那的论著中读出了"存在"的意思，因而在翻译中引入了"存在"这个概念，从而作出有关存在的一系列解释，还是由于论者先入为主地有了"存在"这个概念，才在对托马斯·阿奎那思想的解读中引入这个概念，并且围绕着它来翻译和解释托马斯·阿奎那的思想。至少从论者的译文可以看出，"存在"这个概念的引入是有问题的，与"是"的关系排列也是有问题的。"存在"这一概念的引入过程确实为随后有关存在的探讨埋下了伏笔，但是同样也为随后解释留下了隐患。如果只是讨论存在问题，比如讨论存在与是的关系，讨论哪一方更为基本，也不是不可以，问题是论者的讨论不是这样。论者是在讨论托马斯·阿奎那的思想，即使是引申的讨论，也是基于并且围绕着托马斯·阿奎那的思想。所以我认为，关键的问题还是理解，即如何理解托马斯·阿奎那的思想。如果对他的思想理解出了问题，那么对他思想的解释一定会是有问题的，相关的讨论一定会是有问题的，所得的结论肯定也是靠不住的。

三、几点思考

以上我们从三位中国学者的论著中选引了几段话。通过分析和讨论，我们可以看出，这几段话在解释西方哲学家思想的过程中存在一些问题。下面我想进一步讨论以上问题的实质是什么，以及为什么会产生这样的问题。

以上讨论是关于海德格尔和托马斯·阿奎那的，即使是讨论海德格尔的思想，也是针对他在不同著作中的论述。但是如果我们仔细分析，会发现论者在讨论中有两个共同点。

一个共同点是，论者引用的文献中有"是"这个词出现。就是说，这是论者根据原文翻译出来的。比如引文 1 "A 是 B" 中的"是"，引文 2 "是什么""是—如何"中的"是"，引文 3 "它是什么？"中的"是"，等等。

另一个共同点是，论者引用的文献中也有"存在"这个词出现。就是说，这也是论者根据原文翻译出来的。比如引文 1 中的"存在者"，引文 2 中的"存在者之存在"，引文 3 中的"存在/是"，等等。

尽管论者有这些共同点，我们还是会看到一点非常明显的不同。这就是，"存在"这一术语的翻译来自不同的词。比如在引文 1 中，它来自"Dasein"，在引文 2 中，它来自"being"，而在引文 3 中，它来自"Sein"。当然，这里还有一些细微的区别。比如引文 1 把"Dasein"译为"存在者"，由此得出"存在"；引文 2 说的"being"是英文，相应的德文（四点）都是"sein"；引文 3 说的"Sein"本身就是被翻译为"是"的那个词。这样的翻译与"是"的翻译显然形成鲜明对照。"是"的翻译都是来自系词，而"存在"的翻译无疑来自不同的词，甚至来自系词本身。

以上不同翻译来自不同论者。假如我们把它们看作来自同一个论者的不同翻译，难道不是可以看出"存在"这个译名的随意性吗？这是因为以同一个"存在"翻译了不同的词。当然，这是一种引申的理解。但是，理解西方哲学并不是某一个人的事情。在这种意义上说，以上差异不是恰恰反映出我们在理解西方哲学时的一些问题吗？下面就让我们来分析一下这里面的问题。

我们看到，当"being"明确表示为系词的时候，人们的翻译比较一致，因而理解也比较一致，但是当"being"不是明确表示为系词的时候，人们的翻译就会有区别，因而理解也会有区别。这是为什么呢？

在我看来，一个原因可能在于动词和名词的区别。明确的系词表示，一般有两种情况。一种情况是以句子的形式出现，比如"A 是 B"（引文1）。在这种情况下，由于是一个完整的句子，因此可以清楚地看到"being"在其中是动词，意思非常明确，不会有什么歧义。所以人们对它的理解也是清楚的，也不会有什么问题。另一种情况是明确围绕着句子来谈论，比如谈论"'它是什么？'的'是'"（引文3）。在这种情况下，虽然谈论的乃是"是"，而且是一个名词，但是由于有明确的上下文，而这个上下文又给出了含有它的句子，即"A 是 B"，因而所谈的东西是明确的，不会有什么歧义，所以也不会有什么理解的问题。也就是说，在完整的句子中，在包含句子的上下文里，人们可以清楚地看到所探讨的名词 being 乃是指动词 is，因而可以认为这两个词的意思乃是一样的，或者可以认为，being 是一个系动词或由系词而来的名词。对于这样一个词，人们一般会认为应该把它翻译为"是"，或者认为，只能翻译为"是"。

相比之下，being 的名词形式，尤其是脱离句子上下文的名词形式，人们往往把它翻译为"存在"。除此之外，还有一些词是 being 的变形。这些词已经不是简单的 being 的名词形式，而是由 being 这个词演变而来。比如 Dasein（引文1），它由 sein（being）和 da 这样两部分组成；又比如 beings（引文2），它是 being 的分词形式作名词用，表示具体的东西。人们对这样一些词一般翻译为"存在者"。在我看来，人们之所以这样做，一个原因也许在于不习惯以中文的"是"表示名词，或者根本就认为它不能表示名词。所以，遇到 being 的名词形式，就要把它翻译为"存在"。

我们也看到，当"being"明确表示为系词的时候，人们的翻译也不一致，因而理解也不一致。这一点在引文3和引文5中表现得最为明显。引文3谈论的东西，有明确的上下文，有完整的句子，意思应该是清楚的。但是

第五章 读不懂的解读

在论者对同一个 being 的翻译中，我们还是看到了从"是"到"是/存在"，再到"存在"的演变。而在引文 5 中，我们更是看到了"Was ist das?"干脆被翻译为"这个东西作为什么存在着？"，甚至被翻译为"这个东西存在着，但作为什么存在呢？"，还有不少相应的解释。尽管这样的情况不多见，毕竟还是可以看到的。① 因此，即使是系词，也会产生不同的翻译。这又是为什么呢？

如果说对前一个问题的原因我还能够作出一些分析的话，那么对这个问题，我只能承认我确实无法理解，我也不知道原因所在。若是一定要找一找原因的话，我只能说，这里可能有先入为主的因素在作怪。就是说，在理解西方哲学的过程中，"存在"这一概念的影响乃是根深蒂固的。

对 being 的理解，牵涉到 being 这个词的具体使用，比如动词、名词、变形词等等，因此有必要对这个词本身作一些分析。being 这个动词的主要作用是系词，因此当它作动词的时候，它的主要意思也是来自系词。对于作为系词的 being，人们一般认为应该把它翻译为"是"。但是这是比较普遍的看法，因此就不用讨论了。在我看来，尽管个别人也有一些不同看法，我们也可以暂且先不讨论。由于对于 being 的名词和变形词有不同的认识和理解，因此我们把讨论的重点放在它们上面。

being 有名词形式，因而可以用名词表达，这是事实。一个直观的问题是，being 这个名词的意义是什么？表面上看，这样一个名词不是动词，与动词不同，因而似乎可以与动词没有什么关系，所以我们的讨论也可以与动词没有什么关系。但是我不这样看。一个进一步的问题是，这样一个

---

① 比如引文 2 的论者就认为，"'to be'总是'to be something'（作为/是某某东西而实存）"，"现实的存在（to be actual）是某种不同于可能的存在（to be possible）的东西"（宋继杰：《海德格尔与存在论历史的解构——〈现象学的基本问题〉引论》，南京，江苏人民出版社，2008年，第64—65页）。"实存"虽然与"存在"字面上稍有区别，但意思实际上差不多。显而易见，这里的 to be 乃是系词。但是在后一句话，这种系词特征和涵义根本就没有翻译出来。前一句话虽然保持了"是"一词，但是为它加上了"实存"，因而表明这才是论者强调的意思。而且，即使保留了这种系词涵义，也把它放在了斜杠的后面，由此也就说明，在论者看来，to be something 的意思首先并且主要是作为某某东西而实存。这样的理解与引文 5 的论者的理解显然如出一辙。

名词是不是由动词演变而来的？更明确地说，being 这个词最初是以什么形式出现的？我之所以这样问，是因为在我看来，在日常语言中，being 大概只会以动词的形式出现，而不会以名词的形式出现。只有当哲学家对它进行思考，对它发问，把它作为讨论的对象，因而要谈论它的时候，它才成为名词。在这种意义上，经过哲学家们的讨论之后，无论它有什么样的意思，至少它在字面上的意思应该与它原来作动词的意思是一样的。也就是说，尽管 being 以名词的形式出现，但是它本来的涵义却来自它作动词的时候。因此，至少在字面上，being 的名词与动词的意思应该是一样的。在这种意义上，如果 being 的系词形式的意思乃是"是"，那么它的名词形式的意思也应该是"是"。

这里还有一个更深层次的问题。这就是一个词与它的涵义的区别。在英语中，being 主要是以系词形式出现的，比如"S is P"（第三人称单数）。人们一般认为，系词本身没有意义，它的意义是它作为系词这种语法作用体现的，即通过连接主语和表语而体现。对于这一点，人们一般也是这样理解的。因此"S is P"明显表达出 being 这个词的系词特征，也是对"S is P"准确的翻译。基于这一点，当人们谈论 being 的时候，尤其是明显指系词的时候，尽管它是名词，我们无疑应该把它翻译为"是"；而在不是明显指系词的时候，只要我们认为系词是它最主要的用法，或者最基本的用法，我们也应该把它翻译为"是"。这是因为，在中文中，"是"最主要的意思乃是系词。至于系词表达什么意思，则要具体考虑。同样，"是"乃是 being 的语言形式，它有什么意思乃是可以考虑的。在这种意义上，人们可能会认为 being 有存在的意思，因而对它提出存在的解释，也不是不可以。但是应该看到，在这里，"存在"乃是对 being 这个词的意思的解释，就像对它的系词解释一样。在中文中也是一样。人们可以认为"S is P"中的这个"是"有不同的涵义，比如表示"存在"，但是，这也只是"是"这个词的一种涵义。也就是说，"存在"只不过是对"是"这个词的意思的一种解释，而不是这个词本身。

当然，人们可能会问，为什么 being 这个词会是"是"，而不是"存在"？

第五章　读不懂的解读

探讨这个问题，需要从词源上作深入考察。但是从引文1到引文5来看，海德格尔和托马斯·阿奎那谈论的无疑是系词，因此我们至少可以看出，在引文的语境中这样谈论"存在"乃是有问题的。

仔细分析引文1至引文5，我们还会发现论者有另一个共同点。这就是，他们根据自己对所引译文的理解认为"存在"这个概念乃是比"是"这个概念更基本的。就是说，在解释西方哲学家思想的过程中，论者无一例外比较了"是"与"存在"这两个概念，并且试图说明它们中哪一个是更基本的，而且观点是一致的。比如引文1说的"'存在'的意义比'是'更加基本"，引文2说的"逻辑学不自觉地朝存在论定向""逻辑的形而上学基石"，引文5说的"ist的本源而核心的意义都是表示'存在'"，等等。

同样是理解西方哲学，这样的理解与前面译文的理解是不一样的。在前面几章的译文中，理解是以翻译的方式表现出来的。而在本章的引文中，除了有译文，还有论者的论述。因此这里一方面有以翻译的方式体现的理解，另一方面有以论述的方式表达的理解。这是两种相互联系的理解，但也是两个不同层次的理解。前一种理解形成了译文，后一种理解是关于译文的说明或基于译文的说明。我们看到，由于有不同的理解，因此论者认为，being这个词是有歧义的，既可以表示"存在"，也可以表示"是"。除此之外，论者还认为，being不仅有两种不同涵义，而且这些不同涵义还有区别："存在"的意义比"是"的意义更为基本。在这种认识的基础上，人们还会进一步得出一些不同的结论，比如逻辑与哲学的区别，语法与哲学的区别，二者的不同理解，哲学是逻辑的基础，等等。

我的问题是：在这样的理解中，如果第一层次的理解出了问题，那么第二层次的理解还是可靠的吗？即使仅考虑第二层次的理解，是不是可以得出"存在"比"是"的意义更基本呢？这个问题将留在下一章去讨论。这里我仅指出，看不到being与is（或Sein与ist）是同一个词的不同形式，认识不到二者产生和形成的来源与关系，对being就不可能有正确的理解。如果对being不能有正确的理解，那么对它本身以及与它相关的问题也就不会有正确的理解。我的意思是说，人们可以对being有不同的理解和解释，人们同样可以对与它相关的问题,比如哲学与逻辑的关系、哲学与语言学的关系等等,有不同的理解和解释。但是我们必须清楚地认识到,既然是在解释和论述西方哲学家的思想,我们就面临着一个问题:我们所说的东西究竟是被解释者的思想还是解释者自己的思想?我们的理解和解释与被理解和解释的东西是不是相符合?

第六章 一脉相承的"是"

前面我们分别对柏拉图、亚里士多德、胡塞尔和海德格尔的著作作了一些分析。通过这些分析我们看到，在中文翻译中，由于把 being 翻译为"存在"（或"在"），因此给我们的理解造成了一些问题。经过对这些中译文进行修正，即把 being 及其相关概念改译为"是"，我们消除了原来存在的那些问题。基于这些修正的中译文，我们又对以上哲学家的思想作了一些讨论。

前面我们也对国内一些研究西方哲学的论著作了一些分析和讨论。通过这些分析我们看到，由于把 being 及其相关概念翻译为"存在"，因此在解释西方哲学的过程中存在一些问题，给我们的理解带来一些困扰；由于在解释中存在差异，在引申的结论中也有一些问题。

有了前面的工作，现在我想进一步探讨，为什么应该以"是"，而不应该以"存在"来翻译 being。而且我要说明，为什么关于"是"的理解在西方哲学研究中要贯彻始终。也就是说，我要说明，西方哲学家对"是"（being）的思考，不是仅限于某一句话、某一段文字、某一部著作或某一个人，而是从古至今一脉相承。

一、语言

从前面的讨论可以看出，无论是柏拉图和亚里士多德，还是胡塞尔和海德格尔，在谈及 being 的时候，都有明显的、专门的关于语言的论述。因此，语言可以成为我们探讨这个问题的一个出发点。在探讨柏拉图时我们还说过，他在谈论语言的时候，有的说明明确，有的说明不那么明确。其实，这种情况在其他几位哲学家那里也存在。为了使讨论更加集中和深入，也更加有说服力，我们将只围绕那些明确的关于语言的说明来进行讨论。在这样的说明中，关于系词的论述无疑是最明确的。因此在下面的讨论中，我们将只围绕他们有关系词的论述来进行讨论。

在胡塞尔和海德格尔的论述中，可以看到非常明确的关于系词的说明，因为他们明确提到"系词"这一概念，并且在系词的意义上探讨 being。由于系词的意义是明确的，因此我们可以非常清楚地看出，在这样的情况下，他们所讨论的 being 乃是"是"。这一点十分清楚，不用多说。

与胡塞尔和海德格尔相比，柏拉图和亚里士多德在论述中没有明确使用"系词"这个术语，因而似乎没有明确谈论系词。但是我们看到，他们明确谈论 being 这个词，并把它看作是与系词相应的词，因此他们关于 being 的论述实际上是关于系词的，只不过没有用这个词而已。比如：柏拉图明确说到我们"用'是'这个词"，"使用'是'和'不是'这些术语"，"我们总把一事物说成对某事物的'是'"，等等；亚里士多德则明确地说，"一事物可以在许多意义上被说'是'"，"'是'或'不是'这个词有确切的意义"，"事物被说成'是'"，"有多少种谓述形式，'是'就有多少种意义"，等等。那么为什么可以说这样的论述是关于系词的论述呢？这里我只想简单地指出两点。一是可以仅从这里论述的字面看。比如"有多少种谓述形式，'是'就有多少种意义"这一句，这一定指"S 是 P"这种形式。因为只有这样，我们才会看到"是 P"是谓述形式，而且，由于它可以表达为是什么、质、量、关系等等，因此"是"才有多种意义。另一点是结合柏拉图和亚里士多德所给出的例子来看。前面我们说过，举例是为了更好地说明所阐述的理论，因此例子必须是自明的，必须与理论相匹配。而从柏拉图和亚里士多德所给的例子来看，比如"风是冷的"，"人是白的"，等等，其中的"是"显然是系词。而他们所说的正是这个词。这就说明，在柏拉图和亚里士多德关于 being 的论述中，尽管他们没有使用系词这一术语，但是他们所论述的却是系词。

第六章 一脉相承的"是"

关于例子，这里需要多说几句。同样是为了说明所要说明的观点或理论，举例的目的却可能完全不同。比如，举例可以是为了说明一个道理、一条规律、一种观念或一个概念等等。柏拉图和亚里士多德的举例，以及胡塞尔和海德格尔的举例，则都是为了说明 being 这个词以及这个词所表达的东西，并以此说明有关 being 的理论。因此，对于他们给出的例子，首先要看到，它们是以语言形式出现的，无论是"人是白的"，还是"S 是 P"。其次，它们是为了说明 being 这个词的，为了说明它如何被"说"，如何被"用"，如何表达事物，等等；也就是说，如何以系词或与系词相应的词的方式出现。看到这些情况，我们也就会认识到，这些例子一定会含有 being 这个词，能够体现这个词的特点，因而能够帮助人们理解和认识这个词。

通过以上分析我们可以发现，从柏拉图和亚里士多德到胡塞尔和海德格尔，关于 being 的论述有一个显著发展，这就是从没有明确地谈论系词到明确地谈论系词。如果我们仔细分析，其实可以看出，在柏拉图和亚里士多德那里，"用"是或"说"是，虽然只是从具体使用这个词的角度说的，但是"谓述形式"这种说法已经具有语言层面上论述的意义了。这就表明，关于 being 的论述，即使是在柏拉图和亚里士多德那里，也是有发展的。而且，这种发展也是围绕着系词或相应于系词的语言形式进行的。由此可见，在关于 being 的讨论和研究过程中，关于系词的认识本身是具有重要意义的，而且相关的认识本身也有一个发展过程。它至少有一个逐渐清晰，直至明确的过程。

西方哲学家们从系词的角度谈论 being，因而我们应该依据系词来理解 being。这一点不难理解。问题是，从系词的角度理解 being，为什么它一定是"是"，而不是"存在"呢？为了说明这个问题，有必要考察一下"是"和"存在"这两个中文概念。

"存在"一词是一个由"存"和"在"形成的组合词。按照《现代汉语词典》的解释，"存"有存在（生存）、储存、积蓄、储蓄、寄存、保留、结存、心里怀着等八种意思。① 除第一种和最后一种意思外，其他诸种意思差不多都含有"放置"的意思，因此会涉及具体的空间和时间。最后一种意思似乎是引申的，因为脱离了具体的空间。第一种意思不是那样具体，似乎是后面诸种意思的概括。"在"一词也有差不多八种意思，除了与其他词连用、作介词用、表示正在进行等用法外，它还有存在、位置、留在、参加、在于等等意思。② "在"的意思显然不如"存"的意思那样明确。位置与空间有关，"留在"和"参加"在引申的意义上也有空间涵义，因此，即使不考虑第一种意思（存在），"在"与"存"也有重合的涵义。"存在"一词是二者的结合，字面意思是"事物持续地占据着时间和空间；实际上有，还没有消失"，还有一种意思是"不依赖人的意志为转移的客观世界，即物质"。③ 后一种解释已不是日常语言中的意思，而是一种特定的哲学观点和解释，因此我们可以暂不考虑。而前一种意思显然综合了"存"和"在"这两个词的共同涵义，即它表示两个意思，一个是"有"，另一个是"在空间和时间中"，而且主要应该是这两种意思结合的产物。

"是"一词不是组合词。按照《现代汉语词典》的解释，"是"一词除了表示"对"或"正确"和与之相应的意思，以及表示代词以外，主要有十一种意思。其中绝大部分意思属于不同的语法形式，比如与"的"字相应，用于相同的名词或动词之间，用于相同的名词、形容词或动词之间，用在句首，用在名词前面，用在选择、是非等问句里，表示坚决肯定，等等。④ 需要说明的是其中第一种意思——"联系两种事物，表明两者同一或者后者说明前者事物的种类、属性"⑤。这里说明的也是使用"是"的一种语法形式，而且显然是它的系词用法，即"S 是 P"。把这种用法放在首位进行解释，大概是因为这是"是"这个词最主要的用法。实际上，其他种类的

---

① 中国社会科学院语言研究所词典编辑室编：《现代汉语词典》第 1 版，北京，商务印书馆，1978 年，第 181—182 页。
② 同上书，第 1424 页。
③ 同上书，第 182 页。
④ 同上书，第 1043 页。
⑤ 同上书，第 1043 页。

第六章　一脉相承的"是"

意思中也可以看到这种用法。比如，说明与"的"字相应的用法时给的例句是"这张桌子是石头的"，无论这里的意思如何解释，这个句子显然是"S 是 P"这种形式。值得注意的是其中第四种意思——"表示存在，主语通常是表处所的语词，'是'后面表示存在的事物"[①]。这里给出的例子是"村子前面是一片水田"。这里的解释是成立的，意思也是清楚的，即村子前面有一片水田，但是它的句子形式也是"S 是 P"这种形式。这似乎更加说明，把系词结构作为"是"这个词的主要意思放在首位解释，乃是有道理的。因为这是这个词最主要的使用方式，因而也表述了它的基本意思；甚至其他一些不同意思的解释，比如"存在"，也是依赖于这种句式。由此也就说明，在汉语中，"S 是 P"这种基本句式可以表示许多意思，其中也包括表示存在的意思。当然，这也就说明，作为系词的"是"乃是比其他涵义（包括存在）更为基础的涵义。或者，作为系词的"是"乃是"是"这个词最基本的意思。

基于以上解释，现在我们可以说明"是"与"存在"这两个概念的直观涵义。"存在"的意思主要是"有"，由于它一般与时空相联系，因此这种有乃是比较具体的。因此当人们说"S 存在"的时候，意思应该是说有 S 这样的东西或事物。

而"是"的主要意思是"S 是 P"这种用法，或者说是这种用法所表达的涵义。这种用法即是我们通常所说的"是如此这般的"，它可以表示是什么东西，也可以表示是在什么地方、是什么样子、是什么状况、是什么情景、是怎么一回事等等。因此这里的"是"的意思非常广泛，它既可以表示具体的情况，也可以表示抽象的情况，既可以表示现实的情况，也可以表示潜在的情况，既可以表示真实的情况，也可以表示虚构的情况，既可以表示存在的情况，也可以表示想象出来的情况，如此等等。从纯粹意义的角度说，当我们考虑"存在"和"是"这两个概念的时候，它们无

[①] 中国社会科学院语言研究所词典编辑室编：《现代汉语词典》第 1 版，北京，商务印书馆，1978 年，第 1043 页。

疑应该是以上全部意义的抽象，而不应该是某一种用法或某一种意思的抽象。这样我们就可以得出一个结论："是"与"存在"乃是两个不同的词，表示不同的概念，它们的区别是清楚的。而且，它们的区别不仅在字面上是清楚的，在意思上也是清楚的。此外，"是"这个词是比"存在"这个词更常使用的，所表达的概念也更为宽泛。

说明了"是"和"存在"这两个词的用法和意思，我们也就可以看出，以"是"来翻译西方哲学中的 being 一词，符合西方哲学家关于语言的考虑。这主要是因为，"是"这个词不仅是系词，可以表示系词的意思，而且它最主要的用法就是系词，它最主要的意思也是系词所表示的意思。因此它与 being 恰好是相应的词。

与语言层面的思考相关，从例子的角度也可以看出这一点。"S 是 P"与"S is P"，"人是白的"与"Man is white"，"这是什么？"与"What is this?（Was ist das?）"，等等，都是对应的翻译。不仅语言形式完全对应，意思也是完全对应的。这样的翻译没有什么问题。它们是典型的系词结构。在如此明白易懂的例子面前，显然不会有什么理解上的问题。如果看到这些例子是为了说明 being 的，那么除了其中那个"是"（is, ist），还会有什么词是与它对应的呢？而其中那个 is（ist），除了翻译为"是"，还能翻译为什么呢？有人可能会说，当然可以有不同的翻译。比如前面海德格尔给出的 14 个例子中，绝大多数 ist 没有被翻译为"是"，只有 3 个 ist 被翻译为"是"。在关于托马斯·阿奎那的论述中，论者也把"Was ist das?"翻译为"这个东西作为什么而存在？"。但是我们已经指出，这样的翻译是有问题的；而且，翻译中的问题，也给我们理解关于 being 的论述带来了问题。相比之下，以上系词形式的翻译显然没有什么问题，因而不会给我们理解关于 being 的论述带来什么问题。因此我认为，应该以"是"来翻译作为系词的"是"。

综上所述，系词在具体的句子中是清楚的，无论是"S 是 P"这样的句式，还是"人是白的"这样具体的例子。由于上述哲学家们明确地在系词意义上谈论 being，因此它与具体句子中的系词应该是同一个词，所以对

第六章 一脉相承的"是"

它们的翻译应该是一致的。但是，由于中西语言差异，同样是谈论语言，同样是使用语言，这里还是会有一些区别的。

一个显著的区别是，句子中的 being 是以动词形式出现的，而被谈论的 being 是以名词形式出现的。由于动词和名词形式不同，因此在西方语言中，being 乃是以不同形式出现的，或者它表现为不同的形式。比如海德格尔所说的动词第三人称单数形式、不定式形式、动名词形式。此外，它还有一些相应的变形词，比如亚里士多德所说的 on、ousia，海德格尔所说的 Seiende、Dasein，等等。这些变形词都是名词，但是都与 being 相关。关于这一点，从海德格尔的论述可以看得最清楚，Seiende 和 Dasein，以及他所说的其他一些相关词，从字面上就可以看出，它们均含有 Sein 这个词，因而与它直接相关。

汉语不是语法语言，没有相应的语法变形规则，因而没有西方语言这种语法变形。从表达形式上，同一个词的名词和动词形式得不到语法形式上的区别，因而得不到语言层面上的区别。比如，"研究"一词既可以作名词，也可以作动词。而且，对于这样的词的理解，我们没有什么问题。至于它究竟是名词还是动词，不能从语言形式上区别，而要依靠上下文来理解。对于"是"这个词也是同样。但是这个词与其他词又有一些区别。理论上说，这个词既可以作动词，也可以作名词。但是实际上，人们一般会觉得，它作动词的情况比较自然，而它作名词的情况则不太自然。因此，对于它作名词，成为一个讨论的对象，人们会觉得有些理解方面的问题。比如，从中文的角度说，"是"究竟是一个什么东西？它有什么意思？显然是有疑问的。在我看来，这个问题确实是存在的。但是，这只是中文中的问题。这个问题恰恰反映出中西语言之间的差异，而且通过这种语言之间的差异，恰恰也反映出中西哲学之间的差异。虽然在中文中，"是"一词只能作动词，在动词中只是或者主要是系词，但是它恰恰是与 being 对应的词，因此可以反映出 being 这个词的典型特征和主要意思。

二、语言与语言所表达的东西

从柏拉图到海德格尔关于 being 的讨论可以看出，无论是谈论具体的例子，还是直接谈论 being，都涉及 being 所表达的东西。因此在我们理解他们的思想的时候，不仅要理解他们所说的 being 这个词，还要理解 being 这个词所表达的东西。

从前面的讨论可以看出，being 似乎有两个意思：一个意思乃是"是"，另一个意思则是"存在"。这一点从引文看得比较清楚，但是在译文中则看得不是那样清楚。因为在引文中，我们看到论者直接谈论"是"和"存在"的关系，而且他们还认为，being 的"存在"意义比"是"的意义更基本。这显然是在谈论 being 的两种不同意义。而在译文中，我们只是看到关于"存在"和"是"的论述。不知道的会以为这里有两个词或概念，知道的则会感觉或意识到 being 似乎会有这样两个意思。在我看来，这样的讨论，无论是在译文中还是在引文中，实际上都牵涉到语言和语言所表达的东西之间的关系。区别出这样两个层次，围绕这样两个层次进行探讨，有助于我们更好地理解有关 being 的讨论，也有助于我们更好地理解和认识 being 这个概念本身。

从区别语言和语言所表达的东西这个角度讨论 being，直观上看比较简单。这个区别无非是要说明，being 的语言表达方式是什么，being 这个词所表达的意思是什么。如果我们混用中西两种文字来探讨这个问题，似乎可以说得比较清楚。比如我们说，being 有两个意思：一个意思表示"存在"；另一个意思表示"是"，即语言中系词意义上的东西。在这个解释中，我们已经下意识地说出了这种区别：being 是语言层面的东西，是一个词，而"存在"和"是"则是语言所表达的东西层面的东西，是 being 这个词的意义。由此也可以看出，在此基础上，探讨"存在"是不是比"是"的意义更基本也是很自然的，因为二者是同一个层面的东西，当然是可以比较的。问题是，如果我们只使用中文一种文字，是不是可以把这样两个层次区别清楚？也就是说，在中文翻译和理解中，我们应该如何把这样两个层次区

第六章 一脉相承的"是"

别清楚?

如果不考虑西方哲学家的论述,我们可以把这个问题简化如下:一方面,"是"这个词有两种意思,一种意思是作系词,另一种意思表示存在;另一方面,"存在"这个词有两种意思,一种意思是存在,另一种意思是作系词。这样就有两个层面的区别。一个是语言层面的区别:"是"与"存在"乃是两个不同的词。另一个是意义层面的区别,即它们所表达的东西的层面的区别:是与存在乃是两种不同的含义。看到这两个层面的区别,也就可以认识到,这里的探讨可以是两个词之间的区别,也可以是两种意义之间的区别。如果是两个词之间的区别,大概会比较清楚,不会有什么歧义。因为"是"和"存在"乃是两个不同的词,字面上就是清楚的。但是,如果是两种意义之间的区别,则可能会产生一些问题。比如可以是两个不同的词的两种不同的意义,也可以是同一个词的两种不同的意义。如果是前一种情况,则问题不大。然而如果是后一种情况,则需要考虑,究竟是"是"这个词的两种不同的意义,还是"存在"这个词的两种不同的意义。由于"是"与"存在"本身就是不同的词,因而"是"的不同意义与"存在"的不同意义也就有了根本性的区别。在我看来,这几个层次应该是清楚的,其实也是可以区别清楚的。

理解西方哲学家的思想,当然不会这样简单。但是,认识到上述层次,无疑会有助于我们更好地理解有关 being 的问题。比如,在柏拉图、亚里士多德、胡塞尔和海德格尔的著作中,从语言层面上,being 究竟应该翻译为什么?应该理解为什么?也就是说,通过中文转换,它首先应该转换为一个什么词?这大概应该是第一位的。有人可能会认为,这样的转换离不开对 being 的意义,即它所表达的东西的理解。这一点当然不错,但是,这样一种语言与语言所表达的东西的区别,不应该由我们自己凭空想出来,而应该从西方哲学家的著作中读出来。问题是,在阅读和理解中,在翻译和论述中,我们是不是意识到了这种区别?是不是把这种区别明确地表达出来了?为了说明这里的问题,我们结合前面的一些讨论来作一些具体的探讨。

先以亚里士多德的话为例:"存在有多种意义,它或者表示是什么和这个，或者表示质，或者表示量，或者表示这些范畴中的任何一个。"（本书第二章译文 11）在这段译文中，"存在"一词如果以 being 表示，即"being 有多种意义"，则语言和语言所表达的东西就区别得比较清楚。由此可以看出，如同亚里士多德自己所说，他是在说明 being 这个词的各种不同意义，我们也不会有什么理解的问题。但是在如上翻译中，由于采用"存在"一词，因而造成了理解的问题。因为如前所述，我们无法理解"是什么"与"存在"会有什么关系。在这里，问题的实质在于谈论的词是"存在"，以及它所表达的意思是"是什么"，而这样两个东西无法对应起来。也就是说，语言与语言所表达的东西无法对应起来。因此，这样的翻译造成我们理解的困难。

再以胡塞尔的话为例，"那个表述着谓语判断的联系性存在，例如所谓'是（ist）''是（sind）'以及其他等等，是一个非独立之物"（本书第三章译文 9）。在这段话中，加引号的"是"显然是语言层面的东西，因为它们是以举例的方式说明语言中表达谓语判断的东西。括号中的德文也显示出这一点。但是译文中的"存在"一词，究竟是语言层面的东西，即一个词，还是语言所表达的东西或意义层面的东西呢？从这里的说明，即"表述着谓语判断的联系性"和指示代词"那个"，再加上随后给出的例子，我们可以看出，这个"存在"应该是语言层面的东西，因而是一个说出的词。正因为如此，才有了如前指出的问题：它与例子中的"是"乃是不对应的。换句话说，同样是语言层面的东西，却是两个不同的词。这样就造成了我们理解的问题。

还是以胡塞尔的话为例："也只有当某个存在现实地或想象地被置于我们眼前时，存在的概念才能够产生出来。"（本书第三章译文 10）其中的"某个存在"和"存在的概念"显然是不同的东西。它们无疑是指语言层面的东西和语言所表达的东西层面上的东西。按照这里的翻译，我们可以理解，胡塞尔的意思是说，只有先看到"存在"这个词，才会产生"存在这个概念"。他显然区别出语言和语言所表达的东西，并且通过这样的区别来谈论 being 的起源。这句话字面上本来没有什么理解的问题，但是如果我们

第六章　一脉相承的"是"

想到如何看到"存在"这个词，也就是说，"存在"这个词会以什么样的方式出现在我们的眼前，问题就来了。因为这样的情况与胡塞尔的那些相关讨论对不上号，比如，"存在"不能是系词，例子中也没有这个词。

最后以论者所引海德格尔的话为例，系词的"暧昧性不是'缺陷'而只是存在者之存在（being of a being）的内在多重结构的表达——从而也是存在领会一般的内在多重结构的表达"（本书第五章引文 2）。这里明确提到系词，而系词无疑是语言层面的东西。这里还提到系词的"暧昧性"，这一定是指系词所表达的东西，即它是多义的。因此，这里涉及语言和语言所表达的东西这样两个层面。问题是，这里所说的"存在者之存在（being of a being）"究竟属于哪个层面？应该如何从语言和语言所表达的东西这样两个层面来思考它？如果它是语言层面的，那么它在语言中是如何体现的？如果它是语言所表达的东西层面的，那么它的语言形式是什么？经过这样的思考我们就会发现，所谓系词的暧昧性，不过是指"是"这个词可以表达出不同的涵义。由于这段话前面给出四点说明，因此我们也可以知道，这样的歧义是以"是某某""是—什么""是—如何""是—真"等等这样的方式表现出来的。就是说，同样一个"是"，可以有不同的表达方式，因而可以有不同的涵义。"是"的这些不同方式相应于海德格尔所说的"存在者之存在（being of a being）的内在多重结构的表达"。既然是"表达"，也就有所表达的内容和表达的形式这样两个层面。看到这一点，无论"存在者之存在（being of a being）"本身的意思是不是清楚，就是说，不考虑这里所说的"存在"的意思是不是清楚，我们至少可以明白，表达的形式层面的东西一定是"是"。正因为如此，我们才会看到：引文中所说的"存在"若是语言层面的东西，则与四点说明中语言层面的那个"是"不一致；若不是语言层面的东西，而是语言所表达的东西层面的，则也与四点说明中的那个"是"不一致。这样就有了我们前面所说的无法理解的问题。而且，只要区别出语言与语言所表达的东西这样两个层面，也就可以看出，前面关于哪一种意义比哪一种意义更基础的讨论也是有问题的。

从前面几章可以看出，类似以上讨论的情况很多。也就是说，涉及语言和语言所表达的东西之间关系的论述很多。这里我想顺便说一说举例的问题。我非常重视并且强调举例。在我看来，对于哲学家们所举例子的理解，有助于我们更好地理解他们有关 being 的论述。而且，这个问题实际上直接就与语言和语言所表达的东西的区别有关。

直观上看，关于例子可以有三种解释。其一，哲学家们谈论 being，为了说明自己所要说的东西，他们还举了例子。由于这些例子基本都是"S 是 P"这样的句式，因此可以看出，他们所谈论的 being 与例子中的"是"乃是对应的，这些例子是为了说明这个 being 的。如果这样解释，则可以看出，他们谈论的"being"乃是例子中出现的"是"，因而首先是语言层面的东西。他们谈论的 being 究竟是什么意思，则需要结合具体的上下文。如果可以看到明确或明显的关于语言的论述，比如柏拉图和亚里士多德所说的"说"或"一词"，海德格尔所说的"信口随便的说"，"被说成一个词形"，甚至"'这是什么？'中的'是'"，等等，则 being 显然是语言层面的东西。因此，例子中的"是"与 being 在语言层面上是对应的。如果关于语言的论述不是那样明显，则也要结合例子并且可以结合例子来理解，就是说，要结合例子中并且可以结合例子中语言层面的这个"是"来理解所谈论的 being。

其二，哲学家们谈论"是"，为了说明自己所要说的东西，他们还举了例子。由于这些例子基本都是"S 是 P"这样的句式，因此可以看出，他们所谈论的"是"与例子中的"是"乃是对应的，这些例子无疑可以说明这个"是"。在这种情况下，无论是所要说明的东西，还是进行的说明，都是对应的，而且也是清楚的。因此一般不会有什么理解的问题。这一点从前面修正的译文可以看得比较清楚。

其三，哲学家们谈论"存在"，为了说明自己所要说的东西，他们还举了例子。由于这些例子基本都是"S 是 P"这样的句式，因此可以看出，他们所谈论的"存在"与例子中的"是"乃是不对应的。由于这些例子是为了说明这个"存在"的，因此我们就要理解，这些例子如何说明了"存在"。在这种情况下，就有许多理解上的问题。从前面的讨论我们已经看到许多

第六章 一脉相承的"是"

这样的问题。比如,为什么谈论的是"存在",但是举的例子却不含"存在"一词,因而与"存在"没有任何关系?因此我们无法理解,具有"S是P"这样形式的例子与"存在"有什么关系,它们怎么能够说明"存在"。

这里我也顺便谈一谈翻译的问题。从前面的讨论可以看出,对于being有几种不同的译法:"存在""在""有"和"是"。虽然是不同人作出的不同翻译,但是从理解西方哲学的角度说,却也体现出对同一个词的不同理解。在具体的上下文里,我们也看到了"存在"("在")与"是"这样不同的译法。我认为,对于同一个词和概念,这样的翻译多少显示出一种随意性。比如胡塞尔所说的Sein与Seinsollen被翻译为"在"与"应当在"。这样至少有两个问题。一个问题是,他所说的Sein在其他地方被翻译为"存在",但是在这里却被翻译为"在"。那么,"存在"与"在"是同一个概念吗?它们之间没有区别吗?胡塞尔说的难道不是同一个Sein吗?这样,也就有了进一步的问题:这样的翻译符合胡塞尔的思想吗?这样的翻译能够反映出胡塞尔的思想吗?另一个问题就是我们前面所讨论的问题。胡塞尔在论述规范科学时所说的Seinsollen究竟应该翻译为"应当在",还是应该翻译为"应当是"?这表面上看似乎是翻译的问题,其实却是理解的问题。从前面的讨论可以看出,胡塞尔举的例子是"一个战士应当勇敢",它无疑是为了说明这个Seinsollen的。由于把Seinsollen翻译为"应当在",结果这个例子没有"在"这个词,因而显示出与"应当在"中的"在"没有关系。即使认为它含有"应当",因而与"应当在"有关,也依然是有问题的。因为没有了这个"在",就无法说明"应当在"与"在"的区别。即使把这个例子翻译为"一个战士是勇敢的",也解决不了问题。因为其中的"是"不是"在",因而依然无法说明"应当在"中的这个"在"。归根结底,这里的原因在于,例子中的sein首先是以语言形式出现的。所谈论的"Seinsollen",究竟是语言层面的,还是语言所表达的东西层面的,则需要仔细分析和理解。如果有了"系词"或"这个词"等等这样的说明,我们当然可以知道这是语言层面的论述。问题是在没有这样的论述的时候,它是不是语言层面的论述?在我看来,即使在这样的情况下,也有语言层面和语言所表达的东西的层面的区别。就这个例子而言，只要 Seinsollen 与例子是相应的，它就至少可以是语言层面的东西，因此应该与例子的句式是一样的，因而其中的 sein 和 sollen 这两个词与句子中实际出现的词是一样的。即便认为它是语言所表达的东西层面的东西，那么它也应该处于相应的语言所表达的东西的层面上，因而是基于语言层面的东西的。看到这一点，也就可以明白，为什么胡塞尔所说的乃是"是"与"应当是"的区别，而"一个战士应当是勇敢的"这个例子恰好说明了这个"应当是"，由此也就说明了它与"是"的区别。

再比如海德格尔给出的例子。由于他明确地说要考虑"所说的 Sein 本身"，并且说明"这样说时 Sein 就被说出一个词形"，因此我们显然要从他给的例子中去找 Sein 的"词形"，由此来考虑这个 Sein 本身。应该把这个 Sein 翻译为"是"还是翻译为"存在"，似乎是翻译的问题，其实却是理解的问题，而且这里显然牵涉到语言和语言所表达的东西这样两个层面。从前面的讨论可以看出，海德格尔给出 14 个例子，因此这些例子应该能够说明这个 Sein，让我们看到 Sein 这个词。前面的译文把这个 Sein 翻译为"在"，因而相应的例子应该能够说明这个"在"，让我们看到"在"这个词。但是我们看到，其中有 3 个例子没有"在"，因而它们与"在"没有关系，从而无法说明这个"在"。此外，如前所述，这些例子的翻译实际上是利用了"在"一词的歧义性，比如作介词、表示正在进行的状态等等。如果把 Sein 翻译为"存在"，大概在例子中不出现"存在"一词的情况会更多，因而无法说明"存在"的例子会更多。认识到这里的问题，也就可以明白，为什么（根据修正的译文）海德格尔要考虑的乃是"所说出的是本身"，并且他说明，"在这样说时，是被以一种词的形式说出来"，而他给出的 14 个例子能够说明这一点，并且共同说明了这一点。

西方语言有语法特征，因此可以借助不同的语法形式区别语言和语言所表达的东西，比如 is 与 being 的区别。即便如此，也有不清楚的时候，比如在不与 is 进行对照、脱离例子而单独谈论 being 的时候。在这种情况下，being 有时候指语言，有时候指语言所表达的东西。但是如果我们仔细分析，其实还是可以看出一些区别的。比如胡塞尔所说的"Sein"和"Sein这个概念"，显然，前者指的是语言，后者指的是语言所表达的东西。中文没有语法形式的区别，因此区别语言与语言所表达的东西会困难一些，但是如果认识到这里存在和涉及的问题，认识到这些问题的重要性，那么作出区别也不是不可能的。这是因为，尽管我们不能利用语法形式的不同来表达这里的区别，但是我们可以用其他一些方法。比如：通过加引号，我们可以使所谈论的语言与语言所表达的东西区别开；通过加指示代词，我们可以使谈论的东西成为对象；如此等等。关键在于，我们一定要认识到这里存在的问题。只有认识到这里的问题，我们才会有意识地使这里的问题显示出来，并且想办法解决它们。

三、"是"与"存在"

"是"与"存在"乃是两个不同的词，因而有不同的涵义，表达两个不同的概念。这个问题看起来并不复杂，其实却不简单。除了语言和语言所表达的东西这样两个层面外，至少还有两个不同角度。一个是从中文的角度来考虑它们，另一个是从西方语言的角度来考虑它们。思考一下这两个不同的角度，有助于我们更好地理解西方哲学。

首先，我们仅从中文来考虑。假定在哲学思考中要考虑"是"这个概念。显然，这个"是"与日常语言中使用的那个"是"乃是有区别的。因为它是名词，而在日常语言的使用中，它一般不是名词。从前面的说明可以看出，"是"可以有多种形式，每一种形式甚至可以被看作表示了一种不同的意思，而且这些形式大都不是名词。比较直观的问题是，哲学中考虑的这个"是"，与日常语言中使用的这个"是"有没有关系？有什么样的关系？说没有关系大概是不对的，因为那样一来哲学的讨论就会成为没有来源的事情，就会变得没有任何实际意义，似乎完全成了空中楼阁。但是当我们考虑有什么样的关系这个问题的时候，同样直观的问题是：“是"这个名词究竟是表达了这个词的所有语言形式的意思，还是表达这个词一部分语言形式的意思？究竟是表达了这个词最主要的语言形式的意思，还是表达了它不太重要的语言形式的意思？在我看来，在没有专门说明的情况下，哲学中关于"是"这个词的讨论，应该是希望涵盖了这个词的所有语言形式的意思，至少是希望涵盖了这个词最主要的语言形式的意思。若是前一种情况，即考虑前面所说的十一种意思；若是后一种情况，则是考虑作系词时的意思。在前一种情况下，"S 是 P"乃是最主要的语言形式，而在后一种情况下，"S 是 P"也是最主要的语言形式，因此，只要考虑"是"这个概念，"S 是 P"就是要考虑的最基本的情况。

在哲学讨论中，对于"存在"这个概念的考虑也是同样。哲学中考虑的"存在"虽然是一个名词，它同样要表达"存在"这个词在日常语言中的全部用法或主要用法的意思。这个词本来的意思是占据时间和空间的位置，引申一些或更抽象一些，即表示"有"的意思。

因此，在哲学讨论中，"是"与"存在"乃是两个不同的概念，前者的意思主要来自"S 是 P"这种语言形式，后者的意思主要来自"存"和"在"这两个词共同的涵义。"S 存在"表示有 S 这样的东西或事物，而"S 是 P"则表明 S 是如此这般的。前者说的乃是有没有 S，后者说的乃是 S 是怎么一回事。二者之间的差异是根本性的，也是清楚的。但是，这仅仅是从语言形式上最直接看到的区别。实际上它们还有更为重大的区别。

关于"S 存在"，人们可以问"S 存在吗？"，意思是问"有 S 吗？"。回答是"S 存在"或"S 不存在"，意思是有 S 或没有 S，也可以是有 S 这样的东西或没有 S 这样的东西。大概不会再有其他不同的问答方式，也不会再有其他不同的意思。但是关于"S 是 P"的问答却没有这么简单。仅以肯定方式为例。表面上看，人们问"S 是 P 吗？"，回答则是"S 是 P"。但是这里的问答却涵盖了许多不同的意思。它问的可以是"S 是什么？"，"S 是什么样子？"，"S 是在哪里？"，"S 是怎么一回事？"，等等。因而相应的回答也是不同的。由此可见，"存在"的意思是单一的，而"是"的意思是多元的，因而复杂得多。除此之外，这里还可以看出一种认识方面的区别。谈论一事物的存在是在谈论是不是有该事物，而谈论一事物的是则

第六章 一脉相承的"是"

是谈论该事物是怎么一回事,或者宽泛地说,谈论与该事物相关的事情,这样就涉及对该事物诸方面的认识。比如,人们说玫瑰花存在或者存在玫瑰花,说的只是有玫瑰花,而人们说眼前是一朵玫瑰花,玫瑰花是红色的,它是在土中生长的,它是可以用来表示爱情的,等等,说的则不是有没有玫瑰花,而是说了与玫瑰花相关的一些事情,即人们对玫瑰花的一些认识。对事物是不是存在的论述无疑也是一种认识,但是,与对事物的是的论述相比,前者显然比较单一,而且非常不全面。因此可以说,从表达认识的角度说,"存在"一词是远远不够的,至少与"是"这个词相比,是远远不够的。

值得注意的是,如前所述,"存在"一词字面上没有"是"的意思,而"是"一词则有"存在"的意思,比如词典给出的它的第四种涵义。这就说明,"是"一词也涵盖了存在的意思。因此,"是"的表述不仅从认识的角度说远远超出"存在",而且在某种意义上也可以表示存在。当然,从哲学的角度出发,"是"即使可以表达存在,毕竟与"存在"是两个不同的词,因而不如"存在"一词对存在表达得具体而明确。但是,就这两个词的相互关系而言,我们可以认为它们是两个不同的词,表示两个不同的概念,相互之间没有什么关系,但是如果我们认为它们是有联系的,那么只能说"是"比"存在"表达得更为宽泛,因为它可以表达存在。非常保守地说,它至少在某种程度上可以涵盖存在的涵义。

有人可能不会承认"是"与"存在"这两个概念之间有什么联系,因而不会接受这样的结论。在我看来,即使不考虑它们之间的关系,从表达认识的角度说,"是"也是比"存在"用途更为广泛的词,其表达的内容更为丰富,因而是更为重要的概念。它也许不能表达所有认识,但是至少可以表达大部分认识。这是因为,"S 是 P"乃是人们最基本的表述方式。人们用这种方式表达对事物的描述,也表达对事物的断定。也就是说,人们对事物方方面面的认识主要是以这种方式表述的。所谓方方面面,指的是:事物的情况不是一元的,而是多元的;人们对事物的认识不是片面的,而是多方面的;人们对这样的认识的表达不是单一的,而是多样化的。这些方面综合起来，构成了认识的复杂性。因此，在哲学中论述和探讨"是"看似简单，实际上却不是那样简单，而是非常复杂的。

在哲学研究中，比较两个相互联系的概念，人们往往要说哪一个重要，哪一个不重要，或者哪一个更重要。而对于"是"与"存在"这两个重要概念，人们探讨的则是它们哪一个更为基础。有人可能会说，一事物若是不存在，怎么可能会有那些相关的性质呢？即怎么可能还会是如此、是那般的呢？因此"存在"应该是更为基础的概念。不能说这样的看法没有任何道理，但是对于这样的看法，我想提出三个问题。

第一，对于"'存在'是什么？"和"'是'存在吗？"这两个问题，在哲学讨论中，人们会问哪一个呢？我想，大概是前一个。因为"是"具有这样询问的功能和特征，是日常的主要表达方式，也是哲学的主要思考方式。由于探讨"存在"要使用"是"这个概念，这就说明"是"乃是更为基础的概念。我们其实也可以问"'是'乃是什么？"（尽管有人会认为不能这样问，比如海德格尔），只是这里的两个"是"处于不同的层次，因而是有区别的。也许有人认为，问"'是'存在吗？"也是可以的，意思是问是不是有"是"这样的东西。我不知道会不会有人这样问，这样问是不是自然，但是我看不出这样的问题有什么意义，我更看不出这样的问题在西方哲学史上有什么来源。

第二，在人们的认识中，以"存在"来表达是主要的，还是以"是"来表达是主要的？相应地在哲学讨论中，关于"存在"和"是"的考虑，哪一种是主要的？在我看来，前一个问题是显然的，因为"S是P"乃是一种最基本的表达方式，这是因为，无论是在日常生活中，还是在科学中，它都是最常见的表达。而"S存在"只是一种特殊的表达方式。相应地，在哲学讨论中，主要应该考虑"S是P"及其相关的问题。我们也可以换一种方式来考虑这个问题：一种关于"存在"的哲学会是什么样子的？一种关于"是"的哲学又会是什么样子的？我想，前者可能会考虑什么存在，什么不存在，哪些存在物是第一位的，哪些存在物是第二位的，如此等等；后者则可能会考虑是什么，或是什么样子，如此等等。

第六章 一脉相承的"是"

第三，假定哲学中有三种情况：一种既讨论"是"又讨论"存在"，一种讨论"是"而不讨论"存在"，还有一种只讨论"存在"而不讨论"是"。在这三种情况中，哲学受益最大的无疑是第一种情况。但是，哲学受损失最大的是什么情况呢？在我看来，一定是最后一种情况。因为这里没有了关于诸如是什么东西、是什么样子、是怎么一回事等等情况的论述，因而缺少了关于最一般认识的讨论。不知道这样的哲学会是什么样子。

基于以上三个问题，我认为，"是"乃是比"存在"涵盖面更为广泛的概念，也是比"存在"更为基础的概念，至少可以成为比"存在"更为基础的概念。

现在，我们从西方语言的角度来考虑。需要说明的是，前面我们已经说过同一个 being 表达不同意义的情况。那是同一个词表达两种不同的涵义，比如它可以作系词，因而有系词所表示的意义，或者，它可以表示存在，因而有存在的意思。这里要讨论的不是这样的问题，而是另一个问题。确切地说，这里要讨论的乃是两个不同的词：一个是 being，另一个是 existence。

在前面的讨论中，我们以英文"being"一词表示西方哲学从古至今最核心的一个术语，但它本身却不是自始至终使用的，比如亚里士多德用的是希腊文，相应的词是"einai"，海德格尔用的是德文，相应的词是"Sein"。就是说，用"being"来表示这个概念，也有一个翻译与理解的问题。希腊文、英文和德文之间肯定是有区别的，不同文本之间确实也会有一些区别。

"existence"一词也是哲学中一个重要的概念，它的意思是存在。在西方哲学中，这个词没有什么歧义。因此可以说，汉语"存在"一词是它不错的翻译。在西方哲学中，"being"和"existence"是两个不同的词，表示两个不同的概念。它们之间有一些联系，也有十分明确的区别。但是，由于我们用"存在"来翻译"being"，在涉及"being"与"existence"的关系时，就造成了理解方面的问题。限于篇幅，下面我仅指出其中几个主要问题。

一个问题是，在西方哲学中，"being"与"existence"这两个词的出现是有先后之分的。一般的看法是，在古希腊，"existence"这个词尚未出现，那时的存在涵义是由希腊文中的"einai"一词表示的。比如，按照卡恩的说法，在古希腊文献中，einai一词主要有三种用法，其中80%～85%是系词用法，在其余15%～20%的用法中，一种表示存在，另一种表示断定真。① 此外，我们在亚里士多德的著作中，确实看到他的一些讨论涉及"是某物"与"绝对的是"，以及"纯粹的是"与"是如此这样的"之间的区别。② 这样，在理解古希腊哲学的时候就有一些问题：究竟是being这一个词表示了两种涵义，还是古希腊哲学本身就有being和existence这两个词？这里的区别是非常大的。一个词表示了"是"与"存在"这样两种涵义或两个概念，与同时有"是"和"存在"这样两个词并分别表示两个不同的概念，乃是根本不同的。这就是前面所说的语言和语言所表达的东西之间的区别。如果认识到只有一个词，那么就有一个如何翻译和理解它的问题，即应该以"是"还是以"存在"来翻译和理解它。这样我们就又面临着前面说过的问题。此外，这里还有一个更为具体的问题。如果being这个词有两种截然不同的涵义，那么我们使用的词是不是应该反映出这两种涵义？如果找不到一个词能够反映它的这两种涵义，那么是不是应该用一个词翻译表达出其中最主要的涵义？比如对einai这个词，我们使用的词是不是应该在字面上反映出它那80%～85%的用法？③ 对于这些问题，西方人讨论时区别得比较清楚，他们讨论being的问题，在这个过程中，他们可以专门讨论它的存在（existence）涵义。二者的区别是明显的，而且首先从字面上就是明显的。但是如果我们把being翻译为"存在"，就无法说明这里所涉及的一些区别，至少首先从字面上就掩盖了这样的区别。

另一个问题是，"existence"这个词及其表达的概念本身的产生和发展

---

① 参见 Kahn, C.H.: *The Verb 'be' in Ancient Greek*, D. Reidel Publishing Company, 1973. 我曾详细介绍过他的有关思想，参见王路:《"是"与"真"——形而上学的基石》第二章，北京，人民出版社，2003年。
② 我曾讨论过这些问题，参见同上，第154—158页、第439—444页。
③ 关于这个问题的讨论，参见王路:《逻辑与哲学》，北京，人民出版社，2007年，第277—282页。

第六章 一脉相承的"是"

牵涉哲学史上非常复杂的情况。一个最直接的问题是,它与关于上帝的讨论和解释有关。由于"being"这个词的主要用法是系词,因此它的基本意思来自"S 是 P"这种句式。虽然古希腊文献中也有"S 是"这样的句式,而且亚里士多德也讨论过这样的例子,但是"S 是"这种句式毕竟不是自然语言中常见的,因此对于理解 being 的意思似乎无关紧要。换句话说,基于"S 是 P"来理解 being 的意思差不多就足够了。因此,虽然有关于 being 不同涵义的讨论,有关于存在意义上的 being 的讨论,但是并没有形成"existence"这样一个概念。但是,有了关于上帝的谈论,尤其是当关于上帝的讨论占据主导地位的时候,这种情况发生了根本性的变化。因为关于上帝的经典表述是"上帝是",根据《圣经》,它出自上帝之口,"我是我之所是"(I am who I am)。① 也就是说,关于"是"的理解和讨论,"S 是 P"这种句式不再适合,因而以前形成的理论,比如本质与偶性的区别、实体范畴与其他范畴的区别等等,都出现了问题。正是在关于"上帝是"(God is)的讨论中,人们在这个"is"上讨论出它表示活动,说明它"具有是的活动",从而说明,这里的 being 不仅表示本质,而且表示存在,即存在的是(esse existere)。② 由此可见,"existence"一词的产生及其表达概念的确定不仅与关于 being 的讨论有关,而且涉及宗教与哲学的关系,因此认识到 being 与 existence 的区别对于我们正确而深入地理解西方哲学是非常重要和必要的。但是,以"存在"来翻译 being 使我们看到的是,西方哲学在古希腊讨论的核心概念即是"存在",而中世纪最主要的命题是"上帝存在",因此相关讨论的最核心的概念也是"存在",这样我们就无法看到 being 与 existence 的区别,而且,我们只看到从古希腊关于"存在"的探讨到中世纪关于"存在"的探讨的延续性,而看不到从关于一般意义的"是"的探讨到关于存在意义的"是"的探讨的延续性,因而无法认识和体会到西方哲学中哲学与宗教之间的复杂关系,以及哲学思想的丰富性及

---

① 关于这个问题的详细探讨,参见王路:《上帝的名字及其翻译》,《世界哲学》2006 年第 6 期。
② 有关详细讨论,参见王路:《"是"与"真"——形而上学的基石》第五章,北京,人民出版社,2003 年。

其自身发展的复杂性。

还有一个问题，这就是 being 一词自身也有存在意义，但是与 existence 这个词无关。英文中有一个词组是"there is"，意思是"有"，当然表示存在。其中的"is"即是 being。因此，虽然"God is"（上帝是）这种表示存在的句式在日常表达中是非常少的，而且不是那样自然，但是"there is"却是常用的日常表达，而且是地道的自然表达。这也说明，being 一词自身有存在的涵义。因此，当西方人谈论 being 的时候，似乎确实不能说他们只是表达"是"，而没有表达"存在"。比如在讨论本体论问题的时候，奎因明确地说因为歧义而不用 exist 一词，但是仍有"is"一词可用，这显然说明用 is 也可以表示存在。看到这些论述出自他的文章 On What There Is，大概谁也不会认为他说的 is 与"there is"没有关系。① 但是，这个短语的存在涵义虽然与 being 有关，却借助于"there"的作用。按照卡恩的说法，在希腊文中，系词可以放在句首，起强调作用，即强调由它引出的名词。这样的句式是"是 NΦ"（它由"N 是 Φ"演变而来）。N 是由"是"引出的名词，Φ 一般表示 N 所处的地点。这里的"是"实际上仍然是系词。后来这种用法逐渐演变为去掉表示地点的 Φ，成为"是 N"这种句式，即表示由 N 所表达的东西。对于这样的句式，英语无法翻译，因为它不能把系词放在句首，必须在 is 的前面加上 there，由此形成了"there is"这样的表达。② 这里涉及的问题可能比较多，但是至少说明两点：一点是，being 这个词本身有存在的涵义；另一点是，being 的存在涵义与这个词自身的使用和发展密切相关，因而不能脱离它自身的主要涵义，即作为系词的涵义。

必须指出的是，existence 这个概念产生和使用之后，西方哲学家对它的研究和讨论以及对 being 与它的区别的讨论很多，看法也不一样。比如，

---

① 参见 Quine, W.V.O.: On What There Is, in Quine: *From a Logical Point of View*, Harvard University Press, 1994, p.3.
② 我曾详细介绍过卡恩的思想，特别是希腊文 einai 的存在用法。参见王路:《"是"与"真"——形而上学的基石》第二章，北京，人民出版社，2003 年。

第六章 一脉相承的"是"

笛卡尔在讨论中把"我是"（Ego sum）与"我存在"（Ego existo）并列使用，他还谈论"上帝是"和"上帝存在"[①]；康德讨论过引入存在（Existenz）所带来的问题，并且明确提出他那个著名的论题——"是（Sein）显然不是真正的谓词"[②]；黑格尔也讨论过"是"（Sein）这个系词与"存在"（Existenz）这个词的区别[③]。当然，这样的区别讨论在海德格尔那里就更多了。此外，由于有了existense这个概念，因而有了对being这个词的存在意义的明确理解和解释，因此也有一些人在翻译古希腊著作的时候在一些地方直接用existense这个词翻译einai这个词及其相关词，当然由此也就产生许多关于对古希腊哲学文本的理解和解释的讨论和争论。在我看来，在西方文献中，这些讨论是非常重要的，也是非常复杂的，但是在语言层面上却是比较清楚的，因为being与existense是两个不同的词，不会造成混淆，因此对它们形成不同的理解和解释，包括说明它们之间的区别，乃是比较容易的。相比之下，由于汉语中把"being"和"existence"都翻译为"存在"，因此从字面上看不出它们是两个不同的词，因而无法理解它们表示两个不同的概念，当然也就不容易说明它们之间的区别。近年来，人们认识到这方面的问题，试图把being和existense这两个词从字面上区别开来。但是由于把"being"翻译为"存在"，而且认为这似乎是不能更改的，因此只能在"existence"这个词的翻译上动脑筋，比如把它翻译为"实存"或"生存"，试图以此来表示并说明其间的区别。问题是"存在"和"实存"或"生存"是不是得到了区别？

在《现代汉语词典》中，"实存"没有作为一个词组出现，"生存"的解释是"保存生命"[④]。词典没有给出解释，大概说明"实存"不是通常的用法。我想，在日常表达中，大概确实没有什么人会说"实存"。而且，无

[①] 参见王路：《"是"与"真"——形而上学的基石》，北京，人民出版社，2003年，第225—237页。
[②] 参见同上书，第258—260页。
[③] 参见同上书，第315页。
[④] 中国社会科学院语言研究所词典编辑室编：《现代汉语词典》第1版，北京，商务印书馆，1978年，第1015页。

论对"实"和"生"怎样解释,比如"实"有实际、现实的意思,"生"有生命、生活的意思,"实存"和"生存"这两个词大概都无法脱离"存"这个词本身的意思,因为"实"和"生"这两个词是用来修饰"存"的,更不用说"生存"本身就属于"存"的第一种意思。① 因此可以看出,"实存"和"生存"这两个词与"存在"一词的意思是相似的,其实不太容易区别。也就是说,在汉语中,"存在"和"实存"或"生存"虽然字面上不完全一样,而且,通过讨论和定义的方式也许甚至能够赋予它们一些不同的涵义,但是它们之间的区别,至少在字面上并不明显,而且不会是根本性的,因而反映不出西方语言中 being 与 existence 这两个词之间的区别。字面上尚且如此,being 与 existense 所表达的概念之间的重大区别又怎么能够通过"存在"与"实存"或"生存"反映出来呢?

四、逻辑与哲学

西方哲学家关于 being 的讨论有一个显著特征,这就是常常会有与逻辑相关的思考。比如前面亚里士多德关于矛盾律的论述,胡塞尔在《逻辑研究》中的论述,海德格尔关于是与逻辑、逻辑的形而上学基础的论述,等等。因此,理解 being,不仅与哲学相关,而且与逻辑相关,还会牵涉到逻辑与哲学的关系。比如在前面论者关于海德格尔和托马斯·阿奎那的讨论中,就可以看到有关这种关系的论述。我认为,在西方哲学中,逻辑与哲学的关系不仅密切,而且重要。因此,探讨 being 及其相关概念,应该结合对逻辑的理解,结合对逻辑在哲学中的应用的理解,因而要结合对逻辑与哲学的关系的认识和理解。

关于 being 的翻译,确实牵涉到逻辑与哲学的关系,因而牵涉到对逻辑与哲学关系的理解。如前所述,有人认为:用"是"这个译名来翻译 being 会有一个严重的后果,即"易于把形而上学的思辨理解为纯逻辑的

---

① 中国社会科学院语言研究所词典编辑室编:《现代汉语词典》第1版,北京,商务印书馆,1978年,第181页。

第六章 一脉相承的"是"

分析";"是"可以表达命题中主词和谓词之间的关系,但是"是"的解释"有过于浓重的逻辑学倾向,而我们显然不能把哲学仅仅归结为逻辑学或语言学"。① 还有人认为,"是"的这种译法隐藏着一种倾向,这就是把"existence"(存在)从"being"(是)彻底割裂出去,从而完全从知识论甚或逻辑学的角度去理解哲学。② 这样的观点显然是说,以"是"来翻译 being,似乎会显示出过多的逻辑方面的考虑,从而掩盖,甚至阉割哲学方面的考虑。

从前面论者的论述也可以看出,他们的论述虽各不相同,却有一个共同点,这就是他们一致认为,"存在"的意义比"是"的意义乃是更基本的。而且他们的论述或多或少、或明确或不明确地表明了一种看法:"存在"的考虑与哲学相关,"是"的考虑主要与逻辑相关,而哲学的考虑乃是更为基本的。

在我国学界,持上述看法的大有人在。这大概也是人们主张以"存在"来翻译 being 的一个主要的原因。在我看来,能够看到与 being 相关的翻译和理解涉及逻辑与哲学的关系乃是必要的,但是以上观点却太简单化了。从前面的讨论可以看出,论者的论述是有问题的,不仅有对海德格尔和托马斯·阿奎那思想的解释方面的问题,也有引申理解的问题。因此他们关于"存在"的有关解释是有问题的。在下面的讨论中,我不想重复前面指出的问题,而想把重点放在简单化上,通过对这一点的分析进一步探讨这里的一些问题。

上述观点隐含着两个看法:一个看法是,"是"一词主要是在逻辑意义上理解的;另一个看法是,"存在"一词主要是在哲学意义上理解的。因此他们担心,把 being 翻译为"是",容易相应形成逻辑的理解,而削弱哲学的理解,从而凸显逻辑而消除哲学。明确了这一点,我们的讨论就可以集中在一个比较明确而具体的问题上:"是"一词主要是不是在逻辑意义上理解的?在我看来,通过对这个问题的讨论,也就可以回答:"是"的理解会

---

① 周迈:《论亚里士多德哲学中的存在(是)"on"》,载《Being 与西方哲学传统》下卷,宋继杰编,保定,河北大学出版社,2002年,第 809—810 页。
② 参见《Being 与西方哲学传统》下卷,宋继杰编,保定,河北大学出版社,2002年,第 1172 页。

不会有浓重的逻辑学倾向？会不会使我们仅仅从逻辑的角度去理解哲学。

我们可以分两步来探讨这个问题。首先我们可以问，在西方哲学家的思想中，"是"一词主要是不是在逻辑意义上理解的？然后我们可以再问，在我们的讨论中，"是"一词主要是不是在逻辑意义上理解的？这两步实际上表示出这个问题的两个方面。由此也可以看出，在我们对西方哲学家的解释中，实际上有一个层次的问题。一个层次是，西方哲学家自己的理解，另一个层次是，我们对西方哲学家的理解。因此这里显然有一个问题，这就是我们的理解与他们的理解是不是相符。认识到这样的层次，也许不一定会得到对西方哲学家思想的正确解释，但是至少有助于我们对他们的思想作出正确的解释。

所谓逻辑意义，顾名思义，一定要有逻辑作基础，作参照。否则，我们无法知道这个逻辑意义是从哪里来的。自亚里士多德创建逻辑以来，逻辑就一直为哲学家们所用，因此在哲学讨论中以逻辑作基础、作参照乃是自然而然的事情，逻辑意义上的思考也就是顺理成章的事情。问题是，即使可以在逻辑的意义上思考"是"，"是"一词主要是不是在逻辑意义上理解的？在我看来，可以在逻辑的意义上思考"是"，并不意味着"是"的意义主要就是逻辑的，因而并不意味着"是"一词主要是在逻辑意义上思考的。不过，我们可以暂且先不考虑这个问题，而只考虑在逻辑意义上思考"是"。

在西方哲学中，在逻辑意义上思考"是"显然不是从一开始就有的。由于亚里士多德是逻辑的创始人，因此在逻辑意义上思考"是"，充其量只能说是亚里士多德之后的事情。对于亚里士多德之前的哲学家，比如，对于柏拉图，我们就不能这样说。在柏拉图的讨论中，虽然很难说他所讨论的苏格拉底、泰阿泰德等人的思想不是他自己的思想或不代表他自己的思想，但是这样的讨论无疑不是逻辑意义上的，因为在他们那里还没有逻辑。那么，在这样的讨论中，being应该如何理解呢？前面我们看到，"存在"的翻译是有问题的，因为它们给我们理解柏拉图的思想造成了困难，使我们无法理解柏拉图的论述。而当我们以"是"修正了"存在"的翻译

第六章 一脉相承的"是"

之后,就消除了原有那些理解方面的问题。我的意思不是说,这样的情况是由于按照哲学的理解而出了问题,但是按照逻辑的理解而消除了原来的问题。我想说的是,柏拉图本人没有逻辑,而我们是有逻辑的。在这种情况下,我们认为前面柏拉图所说的应该是"是",而不是"存在"。那么这究竟是柏拉图自己的理解呢,还是我们强加给他的理解?

让我们换一种方式来考虑这个问题。假如 being 在柏拉图的论述中不能翻译为"是",而只能翻译为"存在",是不是就不会有什么问题了?因为这样一来,似乎就不会有逻辑的理解,而只能有哲学的理解,而且这样的情况与柏拉图所处的时代也会是相符的。但是,我们看到,在前面的讨论中,"存在"的翻译显然是有许多问题的。

假如 being 在柏拉图的论述中可以翻译为"是",甚至就应该翻译为"是",而不应该翻译为"存在",那么是不是一定会有重大问题了呢?因为在这种情况下,就会有逻辑意义上的理解,而这与历史不符。既然柏拉图时代还没有逻辑,他怎么会有逻辑意义上的理解呢?可是我们看到,在前面的讨论中,"是"的翻译确实消除了原来的那些问题。

我们似乎陷入一个两难境地:要么与历史情况相符合,但是无法理解柏拉图的思想;要么可以理解柏拉图的思想,但是与历史情况不符合。问题究竟出在什么地方呢?

问题就出在"是"一词主要是在逻辑意义上理解的这种观点本身。在我看来,"是"可以在逻辑意义上理解,同样也可以不在逻辑意义上理解。而且,它最主要的意思并不是来自逻辑,而是来自自然语言,来自自然语言的日常表达和日常用法。也就是说,这个词最主要的意义是系词意义,由于这个词主要不是在逻辑意义上理解的,因此它的系词意义首先也不是在逻辑意义上理解的。对于这个词,人们当然可以有不同的理解和讨论,比如可以有语言学方面的理解,可以有逻辑意义上的理解,等等,但是,无论怎样理解,都要基于这个词本来的意义。因此,在有了逻辑之后,人们固然可以依据逻辑提供的理论来理解它,但是也可以不依据逻辑的理论来理解它;而在没有逻辑的时候,人们依然可以理解它。所以,"是"是不是对being的正确翻译和理解,并不在于它是不是体现了逻辑的意义。依据它,我们可以对柏拉图的思想有正确的理解,而这样的理解并不是逻辑意义上的理解,至少主要不是逻辑意义上的理解。而且,这样的理解也与历史情况相符合。

由于"是"主要是系词,因此它的意义主要是以系词的方式体现的。在这种意义上,依照上述观点的方式似乎可以认为,"是"的翻译和理解有一种语言考虑的倾向。我们看到,论者中也有这样的看法,比如关于being的语言学意义和哲学意义的区别。我认为,如果这样看,无论是不是有道理,至少与历史情况还是相符合的。从柏拉图到海德格尔,他们关于being的讨论有一个共同特征,这就是有对语言的考虑。无论是胡塞尔和海德格尔具体地谈论系词或柏拉图和亚里士多德明确说到"这个词",还是他们谈论"判断""陈述""说""用",等等,都与语言有关。也许上述观点的持有者会认为,这种语言方面的考虑与逻辑意义上的考虑差不多是一回事。但是在我看来,这绝不是一回事。考虑语言,可以以逻辑为背景或工具,也可以不以逻辑为背景或工具。也就是说,同样是关于语言的考虑,可以有逻辑,也可以没有逻辑。比如,柏拉图的考虑就没有逻辑,亚里士多德的考虑就有逻辑。都是关于语言的考虑,即使都以逻辑为背景,对逻辑可以考虑得多一些,也可以考虑得少一些。比如,在关于形而上学的探讨中,同样涉及语言,亚里士多德考虑逻辑就多一些,海德格尔考虑逻辑就少一些。

如果结合例子,这个问题可以看得更加清楚。如上所述,在考虑逻辑这一点上,哲学家们无疑是有很大区别的。但是他们举的例子差不多是一样的,比如,柏拉图的"风是冷的",亚里士多德的"人是白的",胡塞尔的"金子是黄的",海德格尔的"这个杯子是银做的"。举这样的例子可以没有逻辑的考虑,因为它们本身与逻辑无关。但是它们显然与语言有关。所谓与语言有关,并不是仅仅因为它们是以语言表达的,而主要是因为它们虽然各不相同(不考虑柏拉图也举了"人是白的"这样的例子),但是无一例外都具有"S是P"这种形式,而且哲学家们都想通过它们来探讨

第六章 一脉相承的"是"

和说明"是",不管是想说明其中出现的那个"是"本身,还是想通过其中出现的那个"是"来说明它所表达的东西。这当然是语言方面的考虑或有语言方面的考虑,或者至少可以说,这表现出语言方面的考虑。这种考虑不仅表现为对所用例子的选择,而且表现为试图以所用例子显示和说明的东西。

逻辑方面的考虑,除了有关推理和论证的考虑外,大致有两种。一种是关于"S 是 P"这种句式的考虑。但是这样的考虑有一个前提,这就是在逻辑建立起来之后。也就是说,由于有了逻辑,人们认识到"S 是 P"是一种基本句式。比如胡塞尔说的"例如 S 是 P 或不是 P",他是在逻辑的背景下谈论知识,以逻辑提供的这种句式作例子,当然表现出逻辑的考虑。另一种是关于真的考虑。需要指出的是,逻辑中关于真的考虑,往往是结合"S 是 P"这样的句式进行的。这一点,在亚里士多德关于矛盾律的论述中可以看得非常清楚。矛盾律无疑是具有规律性的东西。人们可以认为它是逻辑规律,也可以认为它是其他规律,比如关于思维的规律、关于语言的规律、关于事物的规律等等。亚里士多德认为它是论证的出发点,对它本身有非常详细而清晰的论述。如前所述,他不仅有关于句法方面的论述,即围绕矛盾律的核心概念"是"进行的论述,而且有语义方面的论述,即围绕着真假进行论述,而且,这两方面的论述是结合在一起进行的。这一点,从前面胡塞尔的论述也可以看出来。他不仅从系词的角度谈论"是"的意义,还从真的角度谈论"是"的意义。虽然表达不同,谈论的东西也不同(他谈的不是矛盾律),但是胡塞尔所谈的方式与亚里士多德的方式是完全一样的:既有句法方面的考虑,也有语义方面的考虑。由此可以看出,逻辑的考虑与单纯的语言的考虑乃是不同的。看到这里的区别,不仅有助于我们理解逻辑与哲学的关系,而且有助于我们更好地认识和理解西方哲学家相关的复杂而深刻的思想。

关于这一点,我想再多说几句。西方哲学家在讨论中常常提到"ways of being",人们通常把它翻译为"存在方式"。我发现,在我们的讨论中,一般不太重视这个短语。但是这是一个非常重要的概念,它是自古希腊以来西方哲学家经常谈论的一个概念。这个概念显然与"being"有关。但是"存在方式"实在是不怎么容易理解。前面说过，存在的意思是"有，或占据时间和空间的位置"。"存在方式"也只能是这样的方式。那么这会是什么方式呢？看到的解释往往是"作为某某物或某种情况而存在"。我不明白西方哲学家为什么要考虑这样的问题，即作为什么东西或什么样子而存在。在我看来，这样的问题本来是不存在的。因为这里说的不是"存在方式"，而是"是的方式"，因而可以是事物自身所是的方式，可以是人们对事物的认识的方式，或者可以是人们对这种认识的表达的方式。因为"是人"与"是白的"或"是七尺高"乃是不同的，因而形成了不同的"是"，所以有了各种不同的范畴。当然，这里还有文本上的细节区别。比如亚里士多德说的"事物被说成'是'，可以在偶性的意义上，也可以依其自身"，"人们可以在好几种意义上说一事物是"；托马斯·阿奎那说的"是者本身乃是以两种方式谈论的。以第一种方式它分为十种范畴。以第二种方式它表示命题的真"①；还有海德格尔常常谈论的"是者是""此是""在世界中是"，以及"什么—是""如何—是"；等等。② 这些实际上都是在谈论"是的方式"。所有这样的讨论，联系"S 是 P"这种句式，联系哲学家们给出的例子，都是可以理解的，而且也比较容易理解。但是如果以"存在"来翻译和解释，以上所有内容就无法理解，而且意思也完全不一样了。

由于本书所引的译文中没有 ways of being 这个短语，人们可能会以为这里的讨论脱离了所引译文，似乎有些扯远了。其实不然。前面的引文曾提到"being of a being"（being of beings）这个表达，论者把它翻译为"存在者之存在"。在我看来，being of a being 这个表达与 ways of being 这个短语乃是相关的。从前面的讨论可以看出，being of a being 这个表达中的 being 应该翻译为"是"，比如这个表达可以翻译为"是者之是"。与它同

---

① Thomas von Aquin: *Das Seiende und das Wesen*, Lateinisch/Deutsch, uebersetzt von Beeretz, F.L., Philipp Reclam, 1987, s.4; Thomas Aquinas: *On Being and Essence*, tr. By Maurer, A., The Pontifical Institute of Mediaeval Studies, 1950, p.26-27.
② 详细的讨论参见王路:《"是"与"真"——形而上学的基石》第八章，北京，人民出版社，2003 年。

第六章 一脉相承的"是"

时说出的还有系词的暧昧性,海德格尔的目的是通过系词的暧昧性与它的对应来说明它所表达的一种"内在多重结构"。而所有这些,即系词的暧昧性,它的内在多重结构,乃是通过引文中的四点规定性来说明的。由于这四点规定性非常明确,即是某某、是—什么、是—如何、是—真的,因此我们对于这里所说的"是者之是"也就有了比较明确的认识。这四点规定性明显是有区别的,而它们相互之间的区别不是正好说明了"是"的不同方式吗?

在逻辑和语言方面作出区别,也有助于我们这里的讨论。既然有逻辑和语言方面的区别,对于同样的问题,当然可以有逻辑意义上的考虑,也可以有语言意义上的考虑。现在我要问:"是"一词的语言意义上的考虑是不是哲学考虑?我想,大概不会有人认为这不是哲学考虑。因为如果这样看,那么从柏拉图到海德格尔,所有那些关于语言的考虑都要被排除在哲学考虑之外。这样一来,不知道与"是"相关的哲学思考还会留下些什么东西。但是,如果承认"是"一词的语言意义上的考虑可以是哲学考虑,那么为什么就不能承认"是"一词的逻辑意义上的考虑也可以是哲学考虑呢?如果认为哲学可以从语言的角度来思考问题,那么为什么不能认为哲学可以从逻辑的角度来思考问题呢?在我看来,哲学思考问题的方式是多样的,既可以从与语言的角度,也可以从逻辑的角度,还可以从其他许多不同的角度。而且,这些不同的角度,不仅不会削弱哲学的思考能力,而且还会加强哲学的思考能力,因而会区别哲学讨论的层次,加强哲学理论的深度,丰富哲学讨论的内容,一句话,可以促进哲学思想的发展。认识到哲学探讨问题的不同角度,将有助于我们更好地认识哲学思想的发展。这里我们可以以柏拉图的思想为例来说明这个问题。

如前所述,在柏拉图关于"是"的探讨中,有非常明确的关于语言的考虑。除此之外,我们还可以看到,其中也有关于"真"的论述。比如,他不仅谈到"我的感觉对我来说是真的",而且论述了"达到是"与"达到真"的关系,并且明确谈到"把握是与真"。我们不会认为柏拉图关于"是"的讨论不是哲学思考,我们也不会认为其中他关于语言方面的考虑不是哲学思考。由于他没有逻辑，因此这些关于是与真的论述不是从逻辑出发的论述，我们当然也不会认为它们不是哲学思考。那么，在这样的论述中，我们除了可以看出柏拉图的哲学思考，包括有关语言的思考之外，难道就看不出其他一些什么东西来吗？我不这样认为。在我看来，在这样的论述中，还显示出一种非常重要的东西，这就是努力向着逻辑方向的思考。由于在柏拉图这里逻辑还没有形成，因此可以说逻辑是未来的东西。在这种意义上，我认为可以说它只是一个方向。我们说柏拉图的思考向着这个方向，并不是说他知道这个方向，而是指他的思考方式与后来亚里士多德所建立的逻辑实际上是一致的。如前所述，是与真体现了逻辑思考的两个方面：句法和语义的方面。在亚里士多德建立逻辑之后，人们在进行哲学讨论的时候，可以非常明确地从这两个角度出发。但是，这并不意味着在逻辑建立之前，就不存在这样两个考虑问题的角度，在哲学讨论中就不可以从这样两个角度出发。实际上，柏拉图正是这样做的。由此我们看出，柏拉图的对话不仅反映出他的哲学思考，而且显示出他循着逻辑的方向进行的思考。因此，理解和认识柏拉图这样一种思考问题的方式，不仅可以清楚地认识柏拉图哲学的一种特征，而且有助于我们更好地理解他的哲学思想。在这种意义上，尽管他没有建立起逻辑，但是他的工作不仅有向着逻辑的方向的努力，而且也代表了亚里士多德之前古希腊哲学家为建立逻辑这门科学所作出的孜孜不倦的努力，从中我们也可以看到西方哲学思想的延续性。所以在我看来，在西方哲学中，逻辑与哲学是紧密结合在一起的。正确地认识逻辑与哲学的关系，可以有助于我们更好地理解西方哲学。

现在我们可以对前面的问题——"是"一词是不是主要在逻辑意义上理解——作出正面的回答。不是！"是"乃是自然语言中的一个词。哲学家在探讨哲学问题的时候发现这个词的重要性，因此围绕着它进行探讨。在思考它的过程中，哲学家尝试各种不同的方式，包括从语言的角度、从逻辑的角度，也包括从其他角度。这些不同的角度反映出哲学思考的多样性和复杂性，正因为如此，这些不同角度的认识有助于我们更好地理解哲学。

逻辑是在哲学发展过程中建立起来的。因此，尽管它后来形成一个专门的领域，但是它最初是与哲学交织在一起的，而且是不分彼此的。它所考虑的"是"就是哲学所考虑的那个"是"，它所考虑的"真"也是哲学所谈论的"真"。正因为如此，尽管后来它有了自己的理论体系，有了自己的专门地位，但是它的一些东西与哲学也是共同的。比如它所谈论的"是"依然是哲学中所考虑的那个"是"，它所谈论的那个"真"，还是哲学中所谈论的"真"。不同的是，它形成了自己的理论，因此为哲学研究从理论上提供了帮助。而且，哲学家们承认逻辑重要，在哲学研究中运用逻辑所提供的理论和方法。正是由于运用逻辑的理论和方法，同样是关于"是"和"真"的讨论，却产生了不同的结果。这样的结果的不同，并不是"是"（和"真"）这个词本身是不同的，也不是它的词义有什么变化，有什么不同，而是哲学讨论的不同。这种不同的主要表现是：有逻辑支持还是没有逻辑支持；有逻辑为背景还是没有逻辑为背景；讨论者的知识结构中有没有逻辑，有多少逻辑。

五、"是"与知识

如果仔细分析前面的观点，其实可以看出，它们的表述除了涉及逻辑之外，还涉及了其他东西。比如，一种观点认为"不能把哲学仅仅归结为逻辑学或语言学"，另一种观点认为"是"这种译法隐含着"完全从知识论甚或逻辑学的角度理解哲学"的倾向。上一节讨论了"是"与逻辑的关系，顺便也论述了"是"与语言（学）的关系。若要全面回应这种观点，似乎还需要讨论一下"是"与知识论的关系。

在中文中，知识论大概不是一个十分明确的概念，至少不像逻辑和语言学那样明确。为了讨论的方便，我把它大致理解为与知识相关的认识或理论。上述论者显然是认为，除了知识论和逻辑的理解以外，哲学还有其他许多方面的理解，因此，只从知识论和逻辑的角度来理解哲学乃是不对的。我觉得这样的看法没有什么不可以。因为对这个问题的认识，不仅牵涉到对知识论和逻辑的理解，实际上还要牵涉到对哲学本身的理解。只要对哲学的理解不同，那么理解哲学的角度就会不同——找出一个不是知识论或逻辑的角度似乎并不难。正因为如此，我认为"完全"一词在这里不会有什么实际意义，它只有论辩的作用，只是为了保证所说的观点不至于失效，但是对于理解所讨论的问题没有什么帮助。所以我不讨论是不是还有其他角度理解哲学，还有什么样的角度理解哲学。

在我看来，可以把"完全"这个词改为"主要"。这样，这个论点就变为："是"的这种译法隐含着一种倾向，这就是主要从知识论的角度理解哲学。我想，这大概也是论者本来要表达的意思。我认为，这样一种倾向论是可以讨论的，而且这样的讨论也是有意义的。下面我就来讨论这个问题。

从前面的讨论可以看出，柏拉图在《泰阿泰德篇》中探讨知识是什么。我们选择的论述有两部分内容：一部分关于人是万物的尺度，这部分讨论直接从"知识无非就是感觉"这个结论出发；另一部分与如何通过感官来感觉对象有关，这部分讨论也与知识密切相关。所以，粗略地说，柏拉图关于"是"的讨论乃是与知识相关的。

"求知是人的本性"，这是亚里士多德在《形而上学》一书开篇的名言。它不仅说明一个道理，而且也表明了《形而上学》这部著作的主旨。我们选择的论述主要来自第四、第五、第七卷，但是从引用的第一段译文就可以看出，亚里士多德关于"是"的论述涉及学科分类，因而与知识相关。所以，粗略地说，亚里士多德关于"是"的论述也与知识相关。

从题目看，胡塞尔的《逻辑研究》是一部逻辑著作，但是实际上却是一部哲学著作，而且是现象学的重要著作。虽然它涉及逻辑，但是实际上主要探讨的却是科学与知识。从我们选择的内容来看，他探讨知识的明证性，探讨知识中的真，探讨科学的规范性。所以，尽管这些只是《逻辑研究》非常小的一部分内容，但是明显与知识相关。所以，粗略地说，胡塞尔关于"是"的论述同样与知识相关。

有了这样一番粗略的说明，我们大致可以看出，在柏拉图、亚里士多德和胡塞尔的论述中，是与知识相关。基于这个结论，且不论"是"的翻

第六章 一脉相承的"是"

译是不是隐含着一种知识论的倾向，我们明显可以看出，"是"的这种译法与知识论乃是一致的，至少不是相悖的。正因为如此，至少在柏拉图、亚里士多德和胡塞尔的论述中，"是"与知识论相一致。因此，即使"是"的这种译法隐含着从知识论的角度理解哲学的倾向，也不会有什么问题。因为这不会影响我们对这些哲学家思想的理解。

海德格尔与上述哲学家不同，他直接探讨"是"，并把这看作是形而上学的核心问题。他的探讨是不是与知识相关，牵涉到他对形而上学本身的理解，至少似乎字面上是这样。所以，粗略地说，他关于"是"的论述（似乎）不与知识相关。那么"是"这种译法在海德格尔这里是不是有道理呢？在海德格尔这里如何理解"是"与知识论的关系呢？

假定海德格尔所说的形而上学与知识论无关。[①] 在我看来，即便如此，"是"的这种译法也不会有什么问题。这是因为，他的论述基于他以前的哲学家，也就是说，基于以上哲学家的思想。且不论他是胡塞尔的学生，与胡塞尔本人的思想有什么直接或间接的联系，至少他的思想来源于柏拉图和亚里士多德乃是毫无疑问的。因此，他可以、可能、也许，甚至确实以自己的方式谈出一些不同以往的东西，但是他与柏拉图、亚里士多德和胡塞尔所谈的不可能是不同的东西。就是说，他所谈的"是"与他们所谈的"是"乃是同一个东西，只不过他提出了一些新的解释。用我们前面区别出的语言和语言所表达的东西这两个层面来说，他们所谈的都是"是"这个词，但是在对这个词的解释的过程中，对它提出了不同的解释，以此阐述了不同的思想，形成了不同的理论。因此，即使"是"的这种译法隐含着从知识论的角度理解哲学的倾向，也不会有什么问题，因为这不会影响我们对海德格尔思想的理解。也许，正因为"是"有知识论意义上的理解，或者主要是知识论意义上的理解，才更显示出海德格尔思想的创见呢。

---

① 我不知道谁会这样认为。我自己不这样看。关于这个问题，我不想在这里展开讨论，而是仅提醒人们从以下几个方面思考。第一，自康德以后，谁的形而上学会断然抛弃知识论的内容？第二，海德格尔本人若是不包括知识论的内容，难道不是一个巨大的缺陷吗？第三，即使在他的《形而上学导论》中，他也探讨了是与表象、是与思的关系等等。

以上我们以一种粗略的方式粗略地得出一个结论：在上述大多数哲学家的论述中，"是"都是与知识相关的，因而"是"的这种译法隐含着从知识论的角度理解哲学的倾向，也就没有什么问题；在以上个别哲学家的论述中，"是"似乎与知识论无关，但是鉴于哲学讨论的延续性，"是"的这种译法也不会有什么问题。不过，这毕竟是一种粗略的说明。为了真正说明我们想说明的问题，还需要一些进一步的、比较细致的说明。

在我看来，"是"的译法隐含着逻辑倾向的看法主要有两个问题。一个问题在于认为"是"主要不是与知识论相关。以上我们已经说明，这种看法是不对的。另一个问题在于如何理解其中的"隐含"一词。顾名思义，"隐含"大概指字面上没有，而字面背后有。按照我的理解，"是"这个词似乎隐含着一种意思：being 本来主要不是知识论意义上的，但是以"是"来翻译它，就藏有这样一种意思了；而且，"是"这个词不仅背后藏着这样一种意思，而且还隐藏着译者在这样翻译时要求这样理解的意图。这种看法与前面提到的"用'是'来强行翻译 being 一词"的看法实际上异曲同工。我不赞同这种看法。在我看来，"是"一词具有知识论的涵义，这不是隐含的意思，而是字面上就有的意思；主张"是"的这种译法，不是隐含着从知识论的意义上理解哲学，而是明确认识到它体现了西方哲学的知识论意义上的特征；而且，主张"是"的这种译法，不仅是强调要在西方哲学的翻译中表现出这种非常主要而重要的知识论意义上的特征，而且强调要理解西方哲学这种知识论的意义。

古希腊哲学是西方哲学的源头。众所周知，关于世界，希腊哲学家询问世界的本原是什么；关于人，希腊哲学家询问什么是勇敢，什么是正义。当然，他们还询问什么是知识。这种"是什么"构成了人们提问的基本方式。围绕着这种提问，人们作出各种不同的回答，比如说，世界的本原是水，世界的本原是火，如此等等。这种"是如此这般的"构成了人们回答的基本方式，也是人们表达自己看法的基本方式。因此，在人们探讨世界的过程中，在人们提出问题和回答问题的过程中，"是"乃是一个基本用语。当人们对这个词进行思考的时候，或者，当人们对这个词所表达的东

第六章　一脉相承的"是"

西进行思考的时候,"是"不仅是一个基本用语,而且成为一个核心概念。比如,按照柏拉图的论述,事物向人们呈现的样子,就是事物所是的样子,人对事物的感觉则是事物向人们呈现的样子。因此,风才会是各种不同的情况,比如是冷的、是热的、是有点冷的或者是非常冷的。不考虑这种论述的走向,比如它的目的是为了反驳人是万物的尺度,因而是不是会有所偏颇,仅从论述的方式就可以看出,这里都是些日常表达,没有什么稀奇古怪、人为制造的术语。但是,"是如此这般的"这种表达方式却十分清晰。以此来说明人"既是是的事物是的尺度,也是(那)不是的事物不是的尺度"这一观点是不是有道理,无论结果怎样,至少例子与所要说明的东西乃是一致的。而且,正由于例子是具体的,而所要说明的东西具有普遍性,二者的差异显而易见,因此我们可以看出,"是"这个词从语言中一个具体使用的用语成为一个具有普遍意义的讨论对象。

又比如在亚里士多德的论述中,除了与柏拉图的相似之处外,还有一些完全不同的论述。按照他的说法,某一门科学只研究是的一部分,而他所说的这门科学要普遍地探讨是本身。从他举的例子可以看出,比如是偶数、是奇数等等,乃是关于数学的论述,这样的是只与数学相关,因此只限于是的一部分;而是健康的、是有疗效的等等,就不属于数学研究,而是属于其他科学(比如医学)。所谓普遍地研究是本身,就是不考虑上述这样的东西,而是考虑超出它们范围的,比如实体、偶性等等这样的东西。这样的考虑不仅适用于"是健康的",也适用于"是偶数",而且还适用于其他任何这样的表达方式。也就是说,关于是本身的探讨乃是适用于"是如此这般的"这种表达方式的。由此可见,他要通过这种具有普遍性的表达方式来探讨这种具有普遍性的科学。

在我看来,"是"或"是本身",乃是"是如此这般的"的缩写或简要表达。"是如此这般的"无疑可以表达任何东西,不仅可以表达认识,而且可以表达其他许多东西,比如情感、信念等等。因此,"是"本身就与认识相关。古希腊哲学家所讨论的问题包罗万象。也许我们不能说他们的讨论都与认识相关,但是我们起码可以说,他们的讨论肯定与认识有关,绝不会与认识无关。问题是，他们的讨论是不是主要与认识相关？

我认为，哲学这种爱智慧的活动主要是表达人们关于世界的看法。比如，普罗泰戈拉提出"人是万物的尺度"，这无疑是一种关于世界的看法。柏拉图讨论了这种看法，并通过围绕这种看法的讨论表达了自己关于世界的看法。又比如，亚里士多德认为，"是如此这般的"可以表示为实体（是什么），也可以表示为质、量等等；比如"是人"表示的是实体，而"是白的""是三肘长"表示的是质、量等等；"是人""是白的"等等显然是关于世界的认识，而区分它们表达了实体、质、量等等，显然是关于这样的认识的探讨。

尽管柏拉图与亚里士多德的论述不同，探讨也有区别，但是我们还是可以看出，他们的探讨都与人们的认识相关。而且，正是通过关于人们的认识的探讨，他们提出自己关于世界的看法。因此我认为，哲学表达的主要是人们的认识，哲学活动主要是与人们的认识相关的。看不到这一点，说明我们对于西方哲学的理解有缺陷。相反，只要认识到这一点，就会看到，"是"本身与认识相关，因而可以成为表达认识的主要用语和哲学讨论的核心概念，乃是非常自然的事情。因此，这样的意思在哲学讨论中乃是实实在在的，而不仅仅是一种倾向，更不是一种隐含的东西。

认识到"是"与知识论相关，还有更为重要的意义。比如胡塞尔关于规范科学与理论科学的区别的论述。值得注意的是，这里的区别乃是以"是"与"应当是"表达的。熟悉哲学史的人都知道，休谟早就有关于事实判断和价值判断的区别，而那个区别实际上也是围绕着"是"和"应当是"作出的。休谟说的是判断，胡塞尔说的是科学，但是他们作出的区别差不多是一样的，他们作出区别的方式差不多也是一样的。之所以这样，乃是因为，事实判断需要用"是如此这般的"的方式表达，因而要以"是"来表达，而价值判断要在这样的表达上增加一些词，比如"应当"。这样，"是"与"应当是"这种语言层面上的区别表达出判断层面的区别，因而围绕着"是"，我们可以区别出不同类型的判断，从而深化我们关于判断的认识。与此相似，理论科学也要以"是如此这般的"的方式来表达，因而要以"是"来表达,而规范科学要在这样的表达上增加一些词,比如"应当"。这样,"是"与"应当是"这种语言层面上的区别显示出科学类型之间的区别,因而可以围绕"是"区别出科学的不同类型,从而对不同科学进行更为专门而深入的研究。胡塞尔的论述无疑是有传统的。正如他所遵循的这种传统乃是围绕着"是"进行的研究一样,他自己的研究同样围绕着"是"。科学无疑表达认识。规范科学与理论科学的区别则反映出认识上的区别。"是"能够反映出不同科学类型之间的区别,实际上是反映出相关的不同认识之间的区别。因此,"是"本身乃是直接与认识相关的。

六、中西差异

人们常常谈论不同语言、思想、文化之间的差异。我认为,在哲学研究中,有关 being 及其相关问题的认识、理解、翻译和讨论,比较典型地反映了这方面的差异。

中国接纳西方哲学一百多年,从一开始即以"存在"来翻译和理解 being,并且形成了传统。一个明显的事实是,我们已经有了这样一个历史,尽管是一个不太长的历史。然而,本书的讨论表明,这样的翻译和理解是有问题的。那么,我们为什么会有这样一段历史呢?换句话说,我们为什么没有能够形成以"是"来翻译和理解 being 的传统和历史呢?在我看来,这里是有一些深层次的原因的。

在古代汉语中,"是"这个词最初并不是系词,到了汉代以后,它才逐渐演变为系词。① 在很长的时间里,汉语没有专门的语法理论,因此人们对"是"的系词作用没有清楚的认识。近代语法理论产生以后,人们逐渐认识到有"主—系—表"这样的语法结构,因而认识到"是"的系词作用。但是也有人认为这样的语法理论是按照西方人的语法理论建立起来的,并不完全符合汉语自身的语法特征。因此,"S 是 P"最初并不是汉语的基本

---

① 参见王力:《汉语语法史》,北京,商务印书馆,1989 年,第 194 页。

句式，即使在今天，"是"似乎也不是必不可少的语法要素，比如"他脸红了""他口若悬河，滔滔不绝"等等，依然是自然而正确的表达。因此在汉语中，人们大概一般不会特别重视"是"这个词，因而也不会强调对这个词的系词作用的认识，当然也就不会把它作为一个对象加以考虑和讨论。

从思想文化的角度说，我国古代文献基本上没有关于"是"的论述和讨论，尤其是没有把它作为一个初始的、核心的、重要的概念来强调和讨论。因此在我们的文化传承中，没有这样的内容和相关讨论。在这样一种文化背景下，当人们接触西方哲学并遇到being的时候，人们只能在自己的知识结构中寻找相应的东西，以此来认识、理解、说明它。由于不具备对"S是P"这种句式的认识，由于已有文献中没有关于"是"的讨论，大概人们甚至不会想到要用"是"来翻译和理解being。但是，文化背景里面没有关于"是"的相关讨论和明确认识，不意味着不能解释西方人说的being。不能以"是"来解释being，不意味着不能用其他概念来解释。之所以比较容易接受"存在"这一概念，大概是因为在我们的文化传统中，有一些与它相似的概念，比如关于"有"和"无"的论述，因为"存在"的意思即是"有"。而且，"天下万物生于有，有生于无"，以及诸如此类的说法显然把"有"和"无"当作基础性的东西、初始的东西。这与being这一概念的主要特征似乎也是相似的。因此，从中国思想文化的角度说，"存在"这一概念以及关于"存在"的讨论，乃是可以接受的，理解起来似乎也是比较容易的。

此外，马克思主义哲学传入中国以后，开始是新兴的哲学，后来成为主流哲学，而且成为起指导作用的哲学。在很长一段时间里，它是以辩证唯物主义和历史唯物主义的形式出现的，其核心内容即是"唯物主义"。所谓唯物主义，不过是强调物质第一性，简言之，物质存在。这样的哲学观是强势的，是起指导作用的。前面曾提到《现代汉语词典》中关于"存在"的第二种解释，即把它等同于物质，实际上也反映出这样一种哲学观。有了这样一种哲学观作指导，探讨being时自然也可以接受"存在"这一概念，因为以唯物、唯心来解释西方哲学史，似乎"存在"自然可以是一个核心

第六章 一脉相承的"是"

概念。

如果以上解释有道理，那么可以说人们最初没有意识到"是"的问题，没有想到要用"是"来翻译和理解 being，因而比较容易地接受了"存在"这种翻译和解释。随着对西方哲学越来越多的学习和越来越深入的了解和认识，西方哲学如今逐渐成为我们哲学研究中的重要内容，成为我们文化背景的组成部分，成为我们知识结构中的要素，人们也逐渐认识到了关于 being 的问题。除了关于"是"与"存在"的讨论外，在一些译著、译文和专著的相关段落中，我们看到在"存在"一词后面加上了括号，注明"是"，或者在"是"一词后面补充括号，注明"存在"，或者在二者的后面注明原文。这些都说明人们在西方哲学研究中认识或意识到有关 being 的问题。但是从整体上说，人们还是不太容易接受以"是"来翻译和解释 being。那么，这又是为什么呢？在我看来，这也是有原因的。

首先，把"是"作为一个抽象的概念，甚至作为哲学的一个核心概念，在汉语中似乎有些难以理解。因为这个词没有那么大的语法作用，而且，它与其他动词不一样。比如"存在"，无论是作动词还是作名词，都是比较自然的，但是"是"这个词作动词没有什么问题，作名词就不太自然（"实事求是"这样的表达除外）。

其次，我们翻译西方哲学著作或讨论其中的问题，一般是从某一个人的某一部著作，甚至是从其中某一章或某一节或某一个地方出发。这样，以"存在"来理解 being 有时候似乎没有什么问题，以"是"反而好像不太容易理解。基于这样的理解，似乎也可以逐步把它推而广之。因此，根据上下文考虑以"存在"或"是"来翻译 being 似乎就是顺理成章的事情，甚至通盘以"存在"来翻译和理解也是有道理的。这里实际上有两个问题。一个问题与理解者的知识结构有关。有没有关于"是"的考虑，为什么要有关于"是"的考虑，关于"是"的考虑究竟是一种什么样的考虑，这些都是值得认真对待的问题。而且，这样的问题是每一个人从一开始接触西方哲学的时候就存在的。虽然目前已经有了关于"是"与"存在"的区别的认识和讨论，但是一个初学者的情况与我国最初接触西方哲学的情况差不多是一样的。另一问题则涉及对整个西方哲学史的理解。具体地说，这里涉及对西方哲学的整体把握、对哲学史发展的脉络和渊源的详细梳理、对西方语言文字和不同文本的认真考据、对逻辑与哲学的关系的深刻认识等等。这样，一个人关于西方哲学的知识是逐渐积累的，而有关 being 的问题必须放在整个哲学史框架内来考虑。因此这里是有很大矛盾的。

最后，我们已经有了大量西方哲学翻译著作，许多人最初都是借助它们进入西方哲学领域的。目前许多一线学者也都有自己的翻译著作和探讨西方哲学的著作。在这样的情况下，以"是"来翻译和理解 being，或者说，接受以"是"来翻译和理解 being，实际上是改变"存在"这个汉语翻译和理解，因此需要对所有作过的翻译重新审视，对所有考虑过的相关问题重新思考。这样做不仅涉及这个词本身的改变，而且势必引起许多相关翻译和理解的改变，导致对自己已经形成的看法的改变。正如有人指出的那样，这是"牵一发而动全身的"[①]。因此这不是一件简单的事情，在某种意义上，甚至可以说会有代价，甚至是比较大的代价。

尽管如此，我还是认为，在西方哲学研究中，应该以"是"来翻译和理解 being，并且把这样的翻译和理解贯穿始终。当然，针对我这样的看法，人们也可能会问，为什么一定要放弃"存在"而接受"是"的翻译和理解呢？实际上，本书一直在讨论这个问题，也可以说，一直在回答这个问题。这里，我想基于前面的讨论，进一步明确地回答这个问题。

首先应该看到，从柏拉图到海德格尔，他们都探讨了 being，形成了不同的理论。也就是说，他们讨论的是同一个东西，只是作出了不同的解释。所谓同一个东西，指的是在涉及 being 的问题上，尽管他们使用的语言不同，却表达相同的意思或概念。正因为如此，我们才可以简单地用 being 泛指从柏拉图到海德格尔共同探讨的东西。换句话说，尽管他们使用不同的语言，他们所谈论的（einai, esse, being, Sein 等）却是同一个词，他们以此所讨论的也是同一个东西。

---

① 参见梁志学：《译后记》，载《逻辑学》，黑格尔著，北京，人民出版社，2002 年，第 407—408 页。

第六章 一脉相承的"是"

　　看到这一点，就很容易认识到，我们的翻译有比较明显的随意性。因为对同一个 being，我们有"是""存在""在"这些不同的译法。因此在西方哲学家那里的同一个词，在我们这里变成了几个不同的词；即使在同一个人的著作中，甚至在同一段上下文里，对于同一个 being，我们也会有"是"和"存在"或"是"和"在"这样的不同译法。例如，在海德格尔的举例中，同一个 Sein，既翻译为"在"，又翻译为"是"；在托马斯·阿奎那的论述中，同一个 esse（Sein），既翻译为"是"，又翻译为"是/存在"，还翻译为"存在/是"；在胡塞尔关于科学的论述中，同一个 Sein，既翻译为"存在"，又翻译为"在"（规范科学），有时候还不翻译出来（例子）。在我看来，这还仅仅是直观上的问题。我要问的是，为什么会产生这样的随意性呢？或者，为什么会产生这样的情况呢？回答这样的问题，就不能满足于上述字面上的笼统说明，而需要对一些翻译和理解作一些细致的分析。

　　以前面胡塞尔论述规范科学的中译文为例。要说明的是"应当在"，举的例子是"一个战士应当勇敢"。由于例子中没有"在"，因此举的例子与所要说明的东西不符，从而说明不了所要说明的东西。而在原文中，例子中本来是有与"应当在"相应的这个"在"（sein）的。表面上看，把例子中的"在"如此轻易地去掉确实有些随意。但是实际上，如前所述，这是因为这个"在"在例子中根本无法翻译出来。可以想象，谁也不会说"一个战士应当在勇敢"。

　　再以前面海德格尔所举的 14 个例子的中译文为例。要说明的是"在"，举的例子有 11 个含有"在"，但是有 3 个例子没有这个"在"，而含有"是"。表面上看，译者在"是"的后面加注原文，并非随意。但是我想，译者不会不明白，海德格尔旨在用这 14 个例子中的"ist"来说明"Sein"，因此这 14 个 ist 一定是相同的。把它们翻译为"在"和"是"，不能不说是有些随意的。其实，如前所述，这也是表面现象，根本原因在于对那 3 个例子，无论如何也无法以"在"来翻译。尽管译者借助中文"在"一词的歧义可以翻译出"狗在花园里"，因而模糊甚至歪曲了原文中 ist 的涵义，但是译者大概非常明白，没有人会说"这本书在我的"这样的话。

译者和赞同这样翻译的人可能会认为，这样的翻译并不是随意的，而是基于对原文的理解。这样的翻译大概也符合按不同语境来翻译 being 这样的观点，比如同样一个 ist，之所以会有"狗在花园里"和"这本书是我的"这样两种截然不同的翻译，乃是因为语境的不同。但是在我看来，这样的翻译是随意的，因为它不符合西方哲学家的本意，而且非常明显。既然胡塞尔和海德格尔所举的例子与所要说明的东西是相符的，在我们的翻译中，不仅要翻译出他们所要说明的东西和他们用以说明的例子，而且要把这种相符翻译出来。特别是，从前面的讨论可以看出，我们不是翻译不出这样的相符，而是可以翻译出来的，只不过译者没有这样翻译而已。所以，在这样的地方，我认为存在着翻译的随意性。而且，这样的随意性是有问题的，确实给我们理解西方哲学家的思想造成了困难。因此，这样的随意性是不对的，对于我们正确地理解西方哲学是有严重阻碍的。

其次应该看到，从柏拉图到海德格尔，在他们探讨 being 的时候，都有关于语言的论述，因此他们的相关思想牵涉到语言与语言所表达的东西之间的关系。所谓谈论语言，指的是谈论 being 这个词，所谓谈论语言所表达的东西，指的是谈论 being 这个词所表达的东西或者它的意义。正是由于他们都谈论系词或与系词相应的东西，因此我们才能够把 being 理解为系词，并且从系词或相应于系词的东西的角度来理解 being，理解 being 所表达的东西或意义。

看到这一点，也就应该认识到，在我们翻译和理解 being 及其相关概念的时候，应该区别这两个层次。也就是说，一方面，我们应该有一个词，它与 being 这个词相对应，是对它的翻译，哪怕仅仅是字面的翻译；另一方面，我们应该有另一个词，它与 being 这个词所表达的东西或意义相对应，是对后者的翻译。这样就有了两个问题：一个是一个词和一个词所表达的东西或意义；另一个是它们之间的关系，比如它们是不是对应，如何对应。具体地说，在西方语言中，这样的两个层次可以通过不同的语法形式表现出来，但是中文不是语法语言，没有与西方语言相应的变形和变格，因此就有一个如何把这两个不同层次的东西表达出来的问题。

第六章 一脉相承的"是"

以海德格尔谈论 Sein 的动名词、不定式和第三人称单数形式为例。他明确地说，Sein 的动名词的意义来自不定式，而不定式的意义来自第三人称单数，因此 Sein 这个词的意义主要来自第三人称单数。如前所述，所谓第三人称单数形式，即 ist，不过是 Sein 这个词的动词形式，而动名词不过是不定式（sein）的大写形式，亦即 Sein 本身。这就说明，海德格尔这些探讨首先是关于语言的。从海德格尔所给出的例子可以看出，ist 主要是系词。因此，即使不考虑他关于系词的论述，也可以看出，Sein 的意义最主要的是来自系词。这样，在我们的翻译中，首先应该把 Sein 这个词翻译出来，而且应该翻译出与它相应的词，比如不定式和第三人称单数。而且，这样的翻译应该使我们看到这个词与不定式和第三人称单数的相应之处。只有这样，我们才会看到这个词来自它的动词的演变，它的意义来自它的动词形式的意义。只有这样，我们才会明白所举的那些例子对它的说明，才会进一步理解有关这个词的其他论述。

认识到这些情况，就会明白，"存在"不是一个合适的翻译。因为它不是与 Sein 对应的词，反映不出 Sein 的第三人称单数形式。前面说过，与"存在"这个词相比，"在"乃是更为含糊的词。用"在"来翻译 Sein 尚且有问题，用"存在"来翻译问题会更大。比如，"狗在花园里"的问题在于曲解了其中 ist 的意思，尽管如此，也算是翻译了；但是若用"存在"一词，则根本就无法翻译。

不少人愿意谈论 being 的存在涵义，也习惯于这样谈论。我不反对有这样的看法，但是我认为，一定要区别语言与语言所表达的东西。假如这样的看法不是混用两种语言来表述，那么该怎么说呢？我想问的是，究竟该谈论"存在"的存在涵义，还是谈论"是"的存在涵义呢？前一种说法不会有什么问题，后一种说法也不会有什么问题。"是"首先是一个词，它是不是有存在的意思，乃是可以讨论的。这是两个不同层面的东西，是可以区别清楚的，也应该区别清楚。问题是，在翻译和理解西方哲学的时候，哪一种说法有道理，或者至少更有道理呢？在语言中，究竟是"是"这个词的表达具有普遍性，还是"存在"这个词的表达具有普遍性呢？因而，在谈论语言的时候，西方哲学家探讨的究竟是"是"这个词还是"存在"这个词呢？相应地，在谈论语言所表达的东西的时候，他们探讨的究竟是"是"这个词所表达的东西，还是"存在"这个词所表达的东西呢？

我认为，西方哲学家谈论的乃是"是"这个词。它的意义主要是它作系词所表达的意思。这个词可以有存在的意思，但这不是它最主要的意思。此外，"存在"乃是与"是"不同的词，它是对 existence 的正确翻译和理解。"存在"这个词的产生和形成与"是"这个词有非常密切的关系，它所表达的东西与"是"所表达的东西也有密切联系。对于这样一些问题的理解和认识牵涉到对西方哲学发展过程的理解和认识。因此，它们之间的区别是重要的，也是必要的。

第三应该看到，从亚里士多德到海德格尔，关于 being 的探讨往往会与逻辑相关。其主要特征有两个：一个是关于"S 是 P"这种句式的谈论，另一个是关于真的谈论。这主要是因为，自亚里士多德之后，逻辑成为一门独立的学科，开创独立的研究，同时逻辑也成为一种工具，为哲学家们所用。而亚里士多德所创立的逻辑最主要的特征就是基于"S 是 P"这种句式。在这个句式中，"是"乃是一个核心用语。基于逻辑，因而基于这样的句式来谈论 being，显然是因为其中的"是"与 being 乃是同一个词。正因为如此，通过逻辑提供的理论，有望得到对是的明确说明。此外，虽然在柏拉图那里还没有逻辑，但是可以看到一些向着逻辑方向的思考，一些与亚里士多德非常相似的表述。比如关于"是"和"不是"的论述，特别是结合给出的例子可以非常清楚地看出，他所论述的实际上也是相当于"S 是 P"这样的句子，他也考虑了这样的句子的句法和语义。

看到这一点，也就应该认识到，西方哲学家关于 being 的论述与逻辑的联系非常密切，因此应该联系逻辑来理解。而从逻辑出发来考虑这个问题，就应该围绕"S 是 P"这种句式来考虑。这样，being 就只能是"是"，而不能是"存在"。需要指出的是，"S 是 P"这种句式所表达的东西不是不能表示存在，比如一般认为，"有的 S 是 P"这样的句子就表示存在。但是应该看到，在这样的句子中，所谓"存在"的涵义是由其中那个量词表

第六章 一脉相承的"是"

示的[①]。也就是说,"存在"的涵义是由其中的"有的"表示的,而其中那个"是"并没有变,它的逻辑作用还是连接 S 和 P。

认识到这些情况,也就可以理解,"存在"不是一个合适的翻译。它无法反映出"S 是 P"这种句式,因而无法反映出西方哲学家从逻辑的角度来探讨 being,这样也就无法反映出逻辑与哲学的密切关系。正因为这样,它不仅不能反映出亚里士多德建立起逻辑以后的情况,而且也不能反映出亚里士多德之前的情况,因为它无法反映出比如柏拉图那种向着逻辑的方向的努力,因而反映不出逻辑在哲学研究的过程中是如何产生与形成的。

如前所述,有人担心"是"的翻译有逻辑倾向,会使人们仅从逻辑的角度来理解 being。在我看来,这种担心其实是不必要的。柏拉图和亚里士多德都有关于"是"的论述,而且是非常相似的论述。这恰恰说明"是"的翻译不仅仅是逻辑的理解,不全是逻辑的理解,而且主要不是逻辑的理解。既然"是"的翻译有这样的特征,那么对它的理解应该是一贯的,不仅在亚里士多德之前是这样,在亚里士多德之后也应该是这样。而且,这样的理解不仅有助于我们正确地理解西方哲学,而且有助于我们正确地认识逻辑与哲学的关系,包括认识到逻辑是如何在哲学的发展过程中产生并建立起来的。

最后应该看到,从柏拉图到海德格尔,关于 being 的论述都与知识相关。这样说可能会有一些问题。因为在这一点上,如前所述,柏拉图、亚里士多德和胡塞尔的情况非常明显,而海德格尔的情况不是那样明显。由此来看哲学史,我们可以说得保守一些:绝大部分哲学家关于 being 的论述与知识相关;哲学史主线上的哲学家关于 being 的论述与知识相关。或者,在我看来,除了本书论述的这三位哲学家之外(海德格尔若是不算),至少笛卡尔、莱布尼兹、休谟、康德、黑格尔等人的论述与知识相关。从知识的角度来考虑,则可以看到,"是什么?"和"是如此这般的"无疑是人们提出问题和回答问题的基本方式。因此,理解 being,应该结合这种

[①] 关于"存在"这个词与"存在"这个概念,由于现代逻辑的运用,已经有了许多深入的讨论和认识,例如 Williams, C.J.F.: *What is Existence?* Clarendon Press, 1981.

提出问题和回答问题的方式,至少不能也不应该脱离这种方式。

看到这一点,也就可以认识到,为什么围绕着"是"会有那么多问题。这是因为,人们以它来表达认识,而人们的认识是非常丰富而复杂的。从哲学史可以看出,人们对认识有许多不同的论述,这些论述表达了人们对这些认识的认识,比如本质的和偶性的、潜在的和现实的、主观的和客观的、感性的和理性的、先验的和后验的、普遍的和特殊的、个别的和一般的、抽象的和具体的、实在的和反实在的等等。而所有这些,都是通过"是如此这般的"这种方式表达出来的。在这个表达方式中,"如此这般的"是变化的,而那个"是"乃是恒定的。也就是说,以上所有认识都是通过探讨"如此这般的"所表示的东西而得到,但是,由于"如此这般的"离不开这个"是",因此,所有探讨都要围绕着这个"是"。反过来看,由于这个"是"能够表达各种各样的认识,因此人们能够通过谈论它来谈论认识,或者人们希望能够通过谈论它来谈论认识。

认识到这些情况,也就可以明白,"存在"不是一个合适的翻译。它反映不出"是什么?"这种提问的方式,也反映不出"是如此这般的"这种回答问题的方式,因而无法反映围绕 being 所具有的与知识相关的东西和所形成的知识论意义上的理论成果。我始终认为,讨论"存在"无法反映知识论意义上的东西,而这是西方(至少是我所说的这些主线上的哲学家的)哲学最主要的内容和特征。确切地说,我不认为他们讨论的主要是事物是不是存在,即有还是没有。在我看来,他们讨论的主要是事物是什么,是什么样子。用亚里士多德的话说,就是要探讨"是本身",而这样的探讨可以转换为"实体"。所谓实体,就是一事物是什么。因为我们只有知道了一事物的实体,才能够真正认识一事物,所以他区别出实体、质、量、关系等等。所有这些范畴,如果用例子来表达,则可以是是动物、是白的、是七肘长等等。借用海德格尔总结出来的方式,即是某某、是什么、是如何、是真的,我们也可以看得非常清楚。说法尽管不同,但是与亚里士多德谈论的思路其实是一样的。

国内学界探讨西方哲学时喜欢使用"终极"或"最终"一词。比如对

第六章 一脉相承的"是"

于一个哲学家的思想，人们可能会说，尽管这里他是此种意思，那里他是彼种意思，但是他最终的意思或在终极意义上他的意思是如此这般的。而且，正由于有这样的理解和认识，人们甚至往往会根据他最终的意思或在终极意义上的意思来理解他的论著中某一部分的意思。在我看来，这样理解不是不可以，但问题是，这种终极意义上的理解是如何形成的？难道没有对局部意思的理解就会有对终极意义的理解吗？更为重要的是，难道终极意义的理解能够与局部的理解相冲突吗？就理解 being 这个问题而言，今天已经有不少人认为，在西方哲学家的著作中，它在许多地方是系词，在这种意义上，它表示的乃是是，而不是存在，但是这个词的最终涵义还是"存在"。有人则认为，这个词的动词形式，都应该翻译为"是"，而它的名词形式，都应该翻译为"存在"。这实际上也隐含着同样的认识，即这个词最终的意思还是表示存在。我不知道这种终极的意义是从哪里来的。如果 being 这个词的字面意义是系词，那么我们首先就应该在系词的意义上来理解。如果在什么地方可以读出这个词有存在的意思，那么也可以理解，这个或那个地方所说的这个"是"含有存在的意思。退一万步，即使接受这个词的终极意义是存在，我们至多也只能说，"S 是 P"中的"是"这个词的终极意义是存在。因此我们讨论的出发点也依然应该是"是"，而不是"存在"。

人们在谈论终极意义的时候，往往不考虑，甚至排斥逻辑因素。人们常常区别出这是哲学的考虑，那是逻辑的考虑。在我看来，人们所说的逻辑考虑，往往并不是逻辑方面的考虑，而只是语言方面的考虑。即使不分逻辑和语言，这样的区别也是有问题的。比如探讨亚里士多德的形而上学，如此区分逻辑与哲学，这种做法究竟对不对，是不是有道理，当然也是可以讨论的。但是，从终极意义的角度考虑，基于这种区分来理解他所说的 being，难道会是有道理的吗？排除了逻辑的因素，如何还会有终极意义的考虑呢？不理解亚里士多德的逻辑，不考虑亚里士多德的逻辑思想，难道真能够在终极意义上把握亚里士多德所说的 being 吗？又比如在胡塞尔这里，他的著作题目就叫《逻辑研究》，难道其中能够没有逻辑的考虑吗？

可是我们又如何能够区别其中哪些是逻辑的考虑，哪些是哲学的考虑呢？不考虑他关于逻辑、基于逻辑的论述，认识不到他那些与逻辑相关的论述，我们又如何能够得到他说的"Sein"的终极意义呢？

我不喜欢用"终极"这个词来解释哲学家的思想。在我看来，这个词会为人们曲解文本保留太大的空间。不是说不可以参考其他文本，也不是说其他文本的理解对当下文本的理解没有帮助。问题是它们不能阻碍对当下文本的理解，也不能造成对当下文本的曲解，更不能成为对当下文本不求甚解的理由。

本书只从柏拉图、亚里士多德、胡塞尔和海德格尔的著作中引用了一些话，而且我的分析和讨论也仅围绕这些译文，因此我的讨论没有依据或者尽量没有依据更多的东西。这四位哲学家的思想当然不止这些译文，理解他们的思想当然应该与对其他文本的理解结合起来，由此得出关于他们全部思想的理解。在这种意义上，人们可能会认为我对这些哲学家思想的解释只是对一些片断的解释，并不能代表他们的主要思想，更不能代表他们的全部思想；人们甚至可能还会认为，我关于being的看法只是它的系词意义，而不是它的全部意义或终极意义。这里我不指望人们一下子改变已有的看法，但是我想请大家至少能够认真想一想：就本文所引用的中译文来看，我所指出的那些问题是不是存在？我作出的修正是不是有道理？这些问题若是存在，它们是不是会妨碍我们理解这些哲学家的思想呢？如果消除了这些问题，是不是会有助于我们更好地理解这些哲学家的思想呢？这一点应该是不难做到的吧！

参考文献

中文文献

[1] 柏拉图. 泰阿泰德篇 [M]// 柏拉图全集：第二卷. 王晓朝，译. 北京：人民出版社，2003.

[2] 邓晓芒. Being 的双重含义探源 [M]// 宋继杰. Being 与西方哲学传统：上卷. 保定：河北大学出版社，2002.

[3] 海德格尔. 存在与时间 [M]. 陈嘉映，王庆节，译. 熊伟，校. 北京：生活·读书·新知三联书店，1987.

[4] 海德格尔. 形而上学导论 [M]. 熊伟，王庆节，译. 北京：商务印书馆，1996.

[5] 胡塞尔. 逻辑研究：第一卷 [M]. 倪梁康，译. 上海：上海译文出版社，1994.

[6] 黄裕生. 宗教与哲学的相遇——奥古斯丁与托马斯·阿奎那的基督教哲学研究 [M]. 南京：江苏人民出版社，2008.

[7] 梁志学. 译后记 [M]// 黑格尔. 逻辑学. 北京：人民出版社，2002.

[8] 苗力田. 亚里士多德全集 [M]. 北京：中国人民大学出版社，1993.

[9] 宋继杰. Being 与西方哲学传统：下卷 [M]. 保定：河北大学出版社，2002.

[10] 宋继杰. 海德格尔与存在论历史的解构——《现象学的基本问题》引论 [M]. 南京：江苏人民出版社，2008.

[11] 王力. 汉语语法史 [M]. 北京：商务印书馆，1989.

[12] 王路. "是"与"真"——形而上学的基石 [M]. 北京: 人民出版社, 2003.

[13] 王路. 上帝的名字及其翻译 [J]. 世界哲学, 2006（6）.

[14] 王路. 逻辑与哲学 [M]. 北京: 人民出版社, 2007.

[15] 王晓朝. 读《关于"存在"和"是"》一文的几点意见 [M]// 宋继杰. Being 与西方哲学传统: 上卷. 保定: 河北大学出版社, 2002.

[16] 赵敦华. "是"、"在"、"有"的形而上学之辨 [M]// 学人: 第四辑. 南京: 江苏文艺出版社, 1993.

[17] 赵敦华. 中国的西方哲学研究中的十个误解——从 Being 的意义谈起 [J]. 哲学动态, 2004（10）.

[18] 中国社会科学院语言研究所词典编辑室. 现代汉语词典: 第1版 [Z]. 北京: 商务印书馆, 1978.

[19] 周迈. 论亚里士多德哲学中的存在（是）"on" [M]// 宋继杰. Being 与西方哲学传统: 下卷. 保定: 河北大学出版社, 2002.

外文文献

[1] Aristotle: *The Works of Aristotle*, Vol.Ⅷ, By Ross, W.D., Oxford, 1954.

[2] Aristoteles: *Metaphysik*, Buecher Ⅰ-Ⅵ, griech.-dt., in d. uebers. von Bonitz, H.; Neu bearb., mit Einl. u. Kommentar hrsg. von Seidl, H., Felix Meiner Verlag, 1982.

[3] Aristoteles: *Metaphysik*, Buecher Ⅶ-ⅩⅣ, griech.-dt., in d. uebers. von Bonitz, H.; Neu bearb., mit Einl. u. Kommentar hrsg. von Seidl, H., Felix Meiner Verlag, 1982.

[4] Frede, M. / Patzig, G., C.H.: *Aristoteles'Metaphysik Z'*, Text, uebers. u. Kommentar, Beck'sche Verlagsbuchhandlung, Muenchen, Band I, 1988.

[5] Hamilton, E. / Otto, W.F. / Grassi, E. / Plamboeck, G.: *Platon, Saemtliche Werke* (4), Rowohlt Taschenbuch Verlag GmbH, Hamburg, 1958.

[6] Hamilton, E. / Cairns, H.: *Plato, The Collected Dialogues*, Bollingen

Series LXXI. Princeton University Press, 1978.

[7] Heidegger, M.: *Einfuehrung in die Metaphysik*, Max Niemeyer Verlag Tuebingen, 1958.

[8] Heidegger, M.: *Metaphysische Anfangsgruende der Logik*, Vittorio Klostermann GmbH. Frankfurt am Main, 1978.

[9] Heidegger, M.: *Sein und Zeit*, Max Niemeyer Verlag Tuebingen, 1986.

[10] Husserl, E.: *Logische Untersuchungen*, Max Niemeyer Verlag Tuebingen, Band I, 1980.

[11] Kahn, C.H.: *The Verb 'be' in Ancient Greek*, D. Reidel Publishing Company, 1973.

[12] Kirwan, C.: *Aristotle's <Metaphysics>, books Γ, Δ, and E*, tr. with notes, Oxford University Press, 1971.

[13] Page, T.E.: *Plato*, II, Greek-English text, trans. by Fowler, H.N., Harvard University Press, 1952.

[14] Quine, W.V.O.: On What There Is, in Quine: *From a Logical Point of View*, Harvard University Press, 1994.

[15] Thomas Aquinas: *On Being and Essence*, tr. by Maurer, A., The Pontifical Institute of Mediaeval Studies, 1950.

[16] Thomas von Aquin: *Das Seiende und das Wesen*, Lateinisch/Deutsch, uebersetzt von Beeretz, F.L., Philipp Reclam, 1987.

[17] Williams, C.J.F.: *What is Existence?* Clarendon Press, 1981.